KGB/FSB

WŁADCY ROSJI

Redakcja
Paweł Goźliński

Korekta
Milena Szary

Projekt graficzny serii
Przemek Dębowski i Wojtek Kwiecień-Janikowski

Skład
Elżbieta Wastkowska

Projekt graficzny okładki
Przemek Dębowski i Wojtek Kwiecień–Janikowski

Zdjęcie na okładce
Shen Bohan/Xinhua Press/Corbis/Fotochannels

AGORA SA
ul. Czerska 8/10, 00-732 Warszawa

Wydawnictwo książkowe:
Dyrektor wydawniczy: **Małgorzata Skowrońska**
Redaktor naczelny: **Paweł Goźliński**
Koordynacja projektu: **Magdalena Kosińska**

Warszawa 2015
ISBN 978-83-268-1395-5

Druk: Drukarnia Perfekt

ANDRIEJ SOŁDATOW
IRINA BOROGAN

KGB/FSB
WŁADCY ROSJI

TŁUMACZENIE: AGNIESZKA SOWIŃSKA

WSTĘP

CZEKIŚCI I ARYSTOKRACI

Wacław Radziwinowicz

„Władcy Rosji" Andrieja Sołdatowa i Iriny Borogan do rosyjskiego czytelnika wędrowali bardzo okrężną drogą. Moskiewscy wydawcy bali się zaryzykować i wypuścić na rynek coś, co traktuje o rosyjskich służbach specjalnych w poważny sposób, a nie jest peanem na ich cześć.

Odczekali więc, aż przetłumaczona z rosyjskiego na angielski książka wyjdzie najpierw w USA („The New Nobility", PublicAffairs, 2010). Dopiero potem, kiedy już mieli na kogo zwalić winę za ujawnienie krytycznych analiz działania czekistów (od Czeka – pierwszej, założonej jeszcze przez Feliksa Dzierżyńskiego bolszewickiej bezpieki), przetłumaczony przez Amerykanów z rosyjskiego na angielski tekst przełożyli z powrotem na rosyjski i wydali książkę u siebie.

Irina Borogan i Andriej Sołdatow, jak sami mi przyznali, z niepokojem czekali na pojawienie się ich książki na rodzimym rynku. Nie z obawy o to, co powie Kreml i jej bohaterowie. Obawiali się, że książka się nie sprzeda. Trafiła przecież na półki jeszcze przed „białymi protestami", które zimą 2011 i 2012 roku wstrząsnęły Moskwą. Zanim wybuchły, wydawało się, że rosyjskie społeczeństwo tkwi w letargu. Polityka, praca służb nie są dla niego zbyt chodliwym towarem.

A jednak „Władcy Rosji" sprzedawali się w Rosji jak ciepłe bułeczki. Wydawcy musieli dodrukowywać kolejne tysiące egzemplarzy. Sukces książki był jedną z pierwszych zapowiedzi tego, że Rosja uśpiona przez Władimira Putina, zniechęcona przez niego do polityki, budzi się i znów zwraca swe zainteresowanie ku sprawom publicznym.

A polityka u naszych sąsiadów, ideologia ich państwa, zaprowadzone w nim porządki to przestrzeń zagospodarowana niemal wyłącznie przez służby specjalne.

Nikt chyba nie jest w stanie opisać tych mechanizmów tak dobrze i kompetentnie jak Sołdatow i Borogan, uważani za najlepszych rosyjskich ekspertów od służb specjalnych. Swój autorytet zawdzięczają niezliczonym tekstom na ich temat publikowanym w moskiewskiej prasie – również w tytułach, które zostały wyeliminowane z rynku m.in. za to, że drukowały ich śmiałe teksty. Niezmiennie dobrą opinią cieszy się też prowadzona przez nich od lat, a poświęcona sytuacji w służbach strona internetowa agentura.ru.

Od jesieni 1999 roku nieprzerwanie – choć na różnych stanowiskach – Rosją rządzi czekista, przy tym dosyć przeciętny. Władimir Putin, przesłużywszy 15 lat w KGB, doszedł do rangi majora i dopiero przechodząc do „czynnej" rezerwy (na czym ona polega, przeczytacie w książce), dostał drugą, podpułkownikowską gwiazdkę. Jak na agenta, zwłaszcza działającego za granicą, marnie.

Kiedy Borys Jelcyn mianował czekistę (sam Putin słusznie twierdzi, że nie istnieją byli czekiści) swym „dziedzicem", Grigorij Jawlinski, przywódca demokratycznej partii Jabłoko, wykrakał, że przyszły prezydent w swej polityce będzie stosował tylko dwie metody – „werbowanie i operacje specjalne".

Putin, wtedy już premier pewnie idący ku prezydenturze, 20 grudnia 1999 roku, w dzień narodzin sowieckich służb specjalnych (rocznica założenia w 1917 Wszechrosyjskiej Komisji Nadzwyczajnej do Walki z Kontrrewolucją i Sabotażem, czyli Czeka), odwiedził swych świętujących kolegów na moskiewskiej Łubiance. Tam niby żartem złożył im meldunek o udanym zakończeniu specjalnej operacji przejęcia władzy w kraju. Ale doza żartu była w jego słowach nie tak wielka.

W ślad za nim do władzy i na kluczowe pozycje w gospodarce przyszli czekiści. I nie chodzi tylko o Kreml, gdzie zapadają kluczowe dla Rosji decyzje i skąd krajem rządzi współczesne „biuro polityczne" złożone wyłącznie z „nie byłych", jak sami siebie opisują, czekistów. Światowa opinia publiczna wie znacznie mniej o tym, w jak wielkim stopniu sytuację na rosyjskiej prowincji również kontrolują ludzie służb.

Czekiści mocno siedzą też na szczytach biznesu. Na przykład największą rosyjską spółką naftową kieruje wywodzący się ze służb Igor Sieczyn, kolejom Rosji szefuje też czekista Władimir Jakunin. Są obecni w mediach i związkach sportowych. Ale również rosyjską politykę zagraniczną dzisiejsze „biuro polityczne" realizuje zgodnie z zapowiedziami Jawlinskiego. Bo służby aktywnie werbują. Były kanclerz Niemiec Gerhard Schröder po zakończeniu kariery w polityce poszedł na służbę do Gazpromu. Niedrogo – za 1 milion euro rocznie. Kiedy trzeba, daje swój coraz mniej liczący się głos w obronie Moskwy.

Moskwa stara się też kaperować całe państwa. Za 50 milionów dolarów próbowała skłonić mikronezyjską republikę Nauru, by uznała niepodległość Abchazji i Osetii Południowej, dwóch prowincji, które Rosja oderwała od Gruzji. Coś jednak nie wyszło i Nauru, wziąwszy pierwszą ratę, niczego nie uznało.

Bardziej ambitną i znacznie droższą akcję werbunkową Rosjanie prowadzą w Europie. Próbując rozerwać jedność Unii Europejskiej, starają się podkupić już za miliardy dolarów a to Węgry, a to Cypr, a to Grecję.

Dla tych, którzy kupić się nie dają, mają w zanadrzu „operacje specjalne". Za pomocą takich metod władza rozmawia ze swymi rosyjskimi oponentami. Starannie kontrolowane przez Kreml federalne kanały telewizyjne często próbują kompromitować opozycjonistów, publikując nagrania ich rozmów telefonicznych lub spotkań w kawiarniach czy prywatnych mieszkaniach. Te materiały przekazują redakcjom najpewniej agenci służb stale podsłuchujących przeciwników Kremla.

Operacją specjalną na wielką skalę była też aneksja Krymu w marcu 2014 roku dokonana przez anonimowych, zamaskowanych „uprzejmych ludzi", którzy broń i mundury mieli nabyć, jak zapewniał Putin, „w sklepie". Operacją specjalną jest również wojna hybrydowa potajemnie prowadzona przez Rosjan na Ukrainie.

Operacją specjalną są też wybory. Przed każdą kolejną kampanią zmienia się ordynacja. Władza zmienia przepisy tak, by zapewnić swoim kandydatom i ugrupowaniom bezapelacyjne zwycięstwo, a potencjalnie groźnych przeciwników wyeliminować z wyborczej gry.

Funkcjonariusze służb – i ci czynni, i ci, których nie można uznać za „byłych" – w szczególny sposób uzasadniają swoją uprzywilejowaną rolę we współczesnej Rosji. Tworzą i propagują swoją legendę jako nowej arystokracji, soli ziemi, która jedna jedyna jest w stanie utrzymać imperium przy życiu, obronić je przed wrogami zewnętrznymi i wewnętrznymi.

Tak było już wcześniej. Bo i w ZSRR nazywano agentów służb „rycerzami płaszcza i kindżału". W popularnych piosenkach śpiewano o ich służbie, że „niebezpieczna i trudna, i do tego jakby niewidoczna". Ale nawet wtedy ich rola w państwie nie była tak ważna jak dziś. Podlegając kontroli ze strony partii komunistycznej, czekiści nie działali tak samowolnie jak we współczesnej Rosji. Dzisiaj czekiści – koniecznie prawosławni, bo do swego arsenału włączyli i religię, którą niegdyś zwalczali – uzurpują sobie szczególne miejsce w społeczeństwie, uważając się za nową arystokrację. Bez jej patriotyzmu, bez jej ofiarności – twierdzą – Rosji nie będzie. Ale za te poświęcenia należą się im tytuły, majątki, iście magnackie siedziby.

O tym, jak pracują dziś u naszych sąsiadów ich służby specjalne, jak w kontrolowanym przez siebie kraju widzą swoje miejsce funkcjonariusze, opowiada ta niezmiernie ciekawa i wyjątkowa książka.

WSTĘP DO POLSKIEGO WYDANIA

KTO ZACZĄŁ NOWĄ ZIMNĄ WOJNĘ

Andriej Sołdatow, Irina Borogan

WIELE SIĘ W ROSJI WYDARZYŁO od czasu, gdy napisaliśmy „Władców Rosji".

W grudniu 2011 roku przez Moskwę przepłynęła wielka fala protestów, Władimir Putin ponownie objął stanowisko prezydenta, Rosja zorganizowała igrzyska zimowe w Soczi, okupuje Krym i wplątała się w awanturę na Ukrainie.

We wszystkich tych wydarzeniach rosyjskie służby specjalne, a przede wszystkim Federalna Służba Bezpieczeństwa, czyli FSB, odegrały niepośledznią rolę, nawet jeśli pozostawały za kulisami.

KIEDY W GRUDNIU 2011 ROKU NA PLACU BŁOTNYM pojawiły się dziesiątki tysięcy Rosjan oburzonych fałszowaniem wyników wyborów do Dumy Państwowej, FSB była zupełnie na to nieprzygotowana. Jak to się stało, że służby specjalne, których zadaniem jest także informowanie Kremla o zagrożeniu stabilności politycznej, nie umiały odpowiednio wcześnie uprzedzić o narastających nastrojach społecznego buntu?

Główną przyczyną był z całą pewnością konflikt wewnątrz służb, który narastał od połowy pierwszej dekady XXI wieku. Wywołały go błędy ich kierownictwa. Tarcia wewnątrz tandemu Putin – Miedwiediew doprowadziły do narastającego kryzysu zaufania w resortach siłowych, które mają decydujący wpływ na kształt polityki Rosji. Stosunków między służbami specjalnymi a Federalną Służbą Ochrony zajmującą się ochroną politycznych liderów, w tym prezydenta i premiera, nie poprawiał fakt, że Aleksandra Łaszczuka, wicedyrektora FSO, uparcie nazywano na korytarzach szefem nieoficjalnego sztabu wyborczego Miedwiediewa.

Z kolei stosunki między wojskiem i specsłużbami popsuły się już ostatecznie, gdy FSB polecono zacieśnienie kontroli nad wojskiem.

Jednak najważniejszym powodem kryzysu była polityka kadrowa Władimira Putina. To on mianował obecnych szefów służb specjalnych. Wybierał wśród ludzi, których znał osobiście z zarządu FSB w Sankt Petersburgu. Wszyscy oni należeli też do jego generacji, mieli więc w 2011 roku mniej więcej 60 lat.

Tymczasem ich młodsi koledzy stracili nadzieję na awans. Z kolei generałowie nie wiedzieli, czego mogą się spodziewać po trzeciej prezydenckiej kadencji Putina, i bali się o swoje stanowiska. Kryzys spowodował paraliż kierownictwa, a tarcia między pokoleniami – bierność oficerów średniego szczebla.

Władimir Putin po powrocie na Kreml nie rozwiązał jednak tego kryzysu. Przeciwnie – jeszcze go zaognił, przedłużając dopuszczalny wiek pracy w służbach państwowych do 70 lat. W sytuacji tak ostrego konfliktu pokoleń jedna z głównych funkcji FSB – informowanie głowy państwa o tym, co się dzieje na kluczowych dla Kremla odcinkach – została faktycznie sparaliżowana.

WŁADIMIR PUTIN nie był zadowolony z działania FSB podczas protestów w Moskwie. Na krytykę Kremla służby specjalne odpowiedziały w sposób standardowy – zażądały nowych pełnomocnictw. Pod koniec 2012 roku otrzymały je. Specsłużby przepchnęły przez Dumę ustawę, która zmieniała pojęcie zdrady państwa: postępowaniu karnemu podlega teraz nie tylko ujawnienie tajemnicy państwowej, ale również każda pomoc udzielona obcemu państwu, międzynarodowej albo zagranicznej organizacji, jeśli działalność tychże wymierzona jest w bezpieczeństwo Federacji Rosyjskiej. Za szpiegów mogą być teraz uznani również ci, którzy udzielili „konsultacji albo innej pomocy (...) organizacji zagranicznej", a pojawienie się nowego artykułu 283 w kodeksie karnym pozwala karać nie tylko tego, kto przekazał albo ujawnił tajemnicę, ale również tego, kto ją usłyszał. Poprawki te poszerzyły krąg ludzi, którzy mogli się znaleźć w sferze działań FSB.

Rozszerzenie pojęcia zdrady było jasnym sygnałem, że państwo nie potrzebuje więcej międzynarodowej wymiany idei, podobnie jak jakichkolwiek ekspertyz z zewnątrz, i zmienia się w hermetycznie zamknięty, nieprzepuszczalny system.

JEDNOCZEŚNIE FSB ZWIĘKSZAŁA NIEUSTANNIE SWOJE MOŻLIWOŚCI zbierania informacji. Dotyczyło to przede wszystkim systemów elektronicznej inwigilacji obywateli i instytucji.

Rosyjski system podsłuchowy nazywa się SORM (System Kroków Operacyjno-Dochodzeniowych). Pozostaje pod kontrolą FSB i jej poprzedników od ponad dwudziestu lat.

Taktyczno-techniczne założenia systemu zostały opracowane w połowie lat 80. XX wieku w jednym z instytutów kryminalistyki KGB. Pierwotnie zakładany był na analogowych liniach telefonicznych. Gdy pojawiły się nowe technologie telekomunikacyjne, udoskonalano technologię SORM-u. W efekcie mamy dziś SORM-1, który odpowiada za podsłuchiwanie rozmów telefonicznych, łącznie z komórkowymi, SORM-2 przechwytujący transmisję danych w internecie i SORM-3, który odpowiada za zbieranie informacji ze wszystkich środków łączności, przechowywanie ich oraz dostęp do danych o abonentach. SORM pozwala przy tym na korzystanie z urządzeń mobilnych. To notebooki, które można podłączać bezpośrednio do węzłów łączności, a potem przechwycić i zapisać transfer dowolnych danych. W dokumentacji dostawców usług telekomunikacyjnych SORM często opisywany jest zachodnim terminem LI (Lawful Interception – legalne przejęcie). Choć zarówno rosyjskie, jak i zachodnie specsłużby mają dziś podobne możliwości pozyskiwania danych cyfrowych, jest między nimi zasadnicza różnica.

W USA i Europie Zachodniej każda specsłużba musi otrzymać sądową zgodę na zastosowanie inwigilacji, a następnie przesłać ją operatorowi, który zgrywa potrzebne informacje i przesyła je służbom specjalnym. W Rosji oficer FSB teoretycznie również powinien otrzymać zgodę sędziego. Tyle tylko, że nie jest zobowiązany pokazywać jej nikomu oprócz swoich zwierzchników. Dlatego cały system zorganizowany jest inaczej: FSB ma do dyspozycji stałe łącza z serwerami operatora. Żeby zacząć kogoś podsłuchiwać, funkcjonariusz służb specjalnych musi tylko wprowadzić odpowiednią komendę do terminalu SORM-u, który znajduje się w każdym gmachu lokalnego zarządu FSB. System ten kopiowany jest w całym kraju: w każdym obwodzie miejscowy zarząd FSB jest połączony stałymi łączami ze wszystkimi regionalnymi operatorami telekomunikacyjnymi.

Otrzymane przez nas informacje świadczą o tym, że SORM wykorzystywany jest w Rosji coraz częściej. Zgodnie ze statystykami Sądu Najwyższego w roku 2007 rosyjskie sądy wydały 265 937 pozwoleń na zainicjowanie podsłuchu i rejestrowanie rozmów telefonicznych oraz danych przekazywanych drogą elektroniczną. Po pięciu latach, w 2011 roku, takich pozwoleń wydano już 466 152. O 75 proc. więcej.

System ten wciąż jest rozwijany – pod koniec 2013 roku SORM został udoskonalony i może dziś żądać od operatorów oraz dostawców internetu, by zapewnili mu dostęp do poczty Gmail.com i Yahoo.com, a nawet komunikatorów internetowych, i możliwość przechowywania informacji przez 12 godzin. Zmiany te znacznie poszerzają pole inwigilacji. FSB może teraz czytać wiadomości znajdujące się na serwerach zachodnich serwisów pocztowych, a także przechwytywać pocztę, do której nie ma dostępu innego niż przez udostępnione służbom specjalnym wejścia do systemu.

Poza tym rosyjskie służby specjalne w ostatnich latach sprawiły sobie systemy monitoringu blogosfery oraz serwisów społecznościowych, a od listopada 2012 roku w kraju działa wszechstronna cenzura w sieci.

WSZYSTKIE TE NOWE MOŻLIWOŚCI zostały w pełni wykorzystane podczas zimowych igrzysk olimpijskich w Soczi w lutym 2014 roku. Stały się one wielkim sukcesem zarówno Putina osobiście, jak i FSB, która odpowiadała za bezpieczeństwo sportowców i gości. Na potrzeby Soczi ulepszono i wzmocniono system SORM, ale również po raz pierwszy do obserwacji wydarzeń na olimpiadzie zostały wykorzystane drony. Dwa organy bezpieczeństwa – Służba Graniczna FSB oraz MSW – zakupiły specjalnie do tego celu drony Zala 421 oraz bezzałogowy śmigłowiec Horizon Air S-100. W Soczi stworzono też specjalny system monitoringu oraz zainstalowano ponad 5500 kamer cyfrowych, z których obraz spływał do centrum operacyjnego wyposażonego w najnowocześniejsze izraelskie technologie. Ministerstwo Obrony kupiło również dwa sonary do wykrywania łodzi podwodnych, żeby chronić wybrzeże w Soczi przed atakiem z morza.

Trzy miesiące przed igrzyskami FSB jeszcze bardziej poszerzyła swoje możliwości inwigilacji elektronicznej na olimpiadzie: 8 listopada 2013 roku premier Miedwiediew podpisał specjalną uchwałę, która umożliwiła tworzenie bazy danych użytkowników wszelkich rodzajów łączności, korzystających z publicznych sieci bezprzewodowych. Zawierała ona nie tylko imię i nazwisko abonenta, ale również bardziej szczegółowe dane, które gwarantowały jego stuprocentową identyfikację. W języku służb specjalnych nazywa się to zbiorem metadanych. Do bazy tej trafili organizatorzy igrzysk, pracownicy Międzynarodowego Komitetu Olimpijskiego, Światowej Agencji Antydopingowej WADA, Sportowego Sądu Arbitrażowego, członkowie międzynarodowych federacji sportowych, narodowych komitetów olimpijskich, sami sportowcy, lekarze, sędziowie oraz personel techniczny reprezentacji. Ale na liście znalazły się również zagraniczne media i agencje prasowe, a akapit niżej, na wszelki wypadek, jeszcze raz wymienieni zostali akredytowani dziennikarze i fotoreporterzy.

Informacje zebrane w bazie danych w trakcie olimpiady mają być przechowywane przez trzy lata. FSB ma do nich stały i nieograniczony dostęp. Do 2017 roku może z dystansu badać, do kogo, kiedy i jak często dzwonili sportowcy, sędziowie i dziennikarze, którzy przybyli na igrzyska.

NA FALI SUKCESU IGRZYSK W SOCZI Władimir Putin rzucił kraj w katastrofalną awanturę na Ukrainie, anektując Krym oraz wspierając separatystów w Donbasie. Wydarzenia na Ukrainie, poczynając od zwycięstwa Majdanu, są najpoważniejszym kryzysem od początków rządów Władimira Putina. Przy okazji stały się widoczne wszystkie braki i luki w zbudowanym przez niego systemie służb specjalnych.

Podczas igrzysk w Soczi, za bezpieczeństwo których odpowiadał osobiście wicedyrektor FSB Oleg Syromołotow, nie wydarzyło się to, czego wszyscy bali się najbardziej – zamachy terrorystyczne. Dzięki temu międzynarodowy prestiż FSB znacznie wzrósł. System bezpieczeństwa z Soczi chciano nawet wykorzystywać przy organizacji innych światowych imprez sportowych.

Lecz nagle, półtora miesiąca po ceremonii zamknięcia olimpiady, wszystko to diabli wzięli: 4 kwietnia MSZ Ukrainy skierowało do Moskwy notę, w której żądało wyjaśnienia obecności w Kijowie 20 i 21 lutego generała-pułkownika FSB Siergieja Biesiedy. Następnego dnia agencja Interfax – powołując się na źródło w służbach specjalnych – potwierdziła, że Siergiej Biesieda w tych dniach rzeczywiście znajdował się w stolicy Ukrainy.

Pytanie, co generał-pułkownik FSB Siergiej Biesieda ze świtą robił w Kijowie, jest być może kluczowe zarówno dla zrozumienia roli służb specjalnych w obecnym kryzysie, jak i całej ukraińskiej strategii Kremla.

W FSB generał-pułkownik Siergiej Biesieda stoi na czele 5. Zarządu (Zarządu Informacji Operacyjnej oraz Kontaktów Międzynarodowych). W jego skład wchodzi również departament informacji operacyjnej, którym Biesieda kierował do 2009 roku. Od końca lat 90. ubiegłego wieku wydział ten odpowiada za prowadzenie działalności wywiadowczej, przy czym – z uporem – wyłącznie na terytorium byłego ZSRR.

Gdy czekiści z FSB formowali własne struktury wywiadu zagranicznego, przywoływali mnóstwo powodów, dla których Rosja potrzebuje trzeciej, po GRU i SWR, służby wywiadowczej. Tłumaczyli, że po utworzeniu niezależnej służby wywiadu w FSB i tak pozostały pododdziały odpowiadające za „wywiad z terytorium", czyli werbowanie obcokrajowców, którzy przyjechali do Rosji. Dlatego potrzebna jest struktura, która koordynowałaby z Łubianki ich działania. Jednak dość szybko okazało się, że organy wywiadu FSB nie zamierzają się ograniczyć do „prowadzenia wywiadu z terytorium". To zresztą całkowicie zrozumiałe: na czele Rosji po raz pierwszy w historii stanął kadrowy oficer służb specjalnych, który przywykł przede wszystkim ufać informacjom zebranym przez służby specjalne. Bliska zagranica zaś to priorytetowy kierunek dla Kremla. Brak informacji z krajów powstałych po rozpadzie ZSRR od najważniejszej rosyjskiej specsłużby wydawał się Putinowi zwyczajnie nielogiczny.

W ciągu piętnastu lat aktywnej działalności wywiad FSB wypracował własny styl działania. Okazało się na przykład, że wywiad FSB w odróżnieniu od kolegów z SWR i GRU nie wstydzi się znajdować w świetle reflektorów, a generałowie FSB lubią zjawiać się z wizytą u najwyższych urzędników sąsiadujących z Rosją państw.

Drugą cechą wyróżniającą oficerów wywiadu z Łubianki było stawianie wyłącznie na skorumpowane elity pozostające przy władzy (historia z cyklu „jeśli kontrolujemy szacha, to kontrolujemy kraj") i lekceważenie masowych protestów ulicznych.

Poza oczywistą strategiczną przegraną – na Ukrainie FSB stawiała na ludzi byłego prezydenta Janukowycza – takie podejście owocowało słabą orientacją w rzeczywistej sytuacji w kraju. Problem pogłębiły fatalne dla uczestników konfliktu doświadczenia z przeszłości. W przypadku Ukrainy wyglądało to w ten sposób, że jedni generałowie dawniej służący w sowieckim KGB (obecnie funkcjonariusze Służby Bezpieczeństwa Ukrainy) opowiadali innym generałom z KGB (obecnie z FSB), co się dzieje na placach Kijowa. Nic dziwnego, że doprowadziło to do sytuacji, w której najpopularniejszą teorią tłumaczącą wydarzenia na Majdanie stała się ta mówiąca o zmowie zachodnich służb specjalnych. Przy okazji z miejscowych oraz rosyjskich specsłużb całkowicie zdjęto odpowiedzialność za nietrafne informacje i diagnozy przekazywane głowom państw.

Obraz ten staje się jeszcze mroczniejszy, gdy uświadomimy sobie, że na Kremlu informacje te trafiały na biurka wyższych dygnitarzy, którzy w przeszłości również pracowali w KGB: według danych „New York Timesa" w kręgu ludzi, którzy podjęli decyzję o inwazji na Krym, poza Putinem znaleźli się Siergiej Iwanow, Nikołaj Patruszew i Aleksandr Bortnikow – wszyscy bez wyjątku byli funkcjonariusze KGB.

Wszystkie te okoliczności, niestety, wykluczają optymistyczny scenariusz konfliktu między Rosją i Ukrainą, który zdążył się już przekształcić w konflikt z Zachodem.

Wychodźcom z radzieckiego KGB udało się zainicjować drugą zimną wojnę.

CZĘŚĆ 1.

FSB ODZYSKUJE SIŁY

WSTĘP

W PIERWSZYM DZIESIĘCIOLECIU XXI WIEKU Federalna Służba Bezpieczeństwa Rosji, następczyni KGB (Komitet Bezpieczeństwa Państwowego), a więc radzieckiej tajnej policji, na tyle skutecznie rozszerzała swoje wpływy, że zaczęła odgrywać rolę nowej elity państwa. Było jej o tyle łatwiej, że nie podlegała jakiejkolwiek formie kontroli zarówno ze strony społeczeństwa, jak i parlamentu. Kluczowe było jednak to, że przez osiem kolejnych lat weteran tej organizacji Władimir Putin pełnił funkcję prezydenta Federacji Rosyjskiej, następnie został premierem, by ponownie objąć urząd prezydenta. Budżet FSB nie jest upubliczniany, liczba pracowników pozostaje tajemnicą, ale według najostrożniejszych szacunków jest nie mniejsza niż 200 000[1]. W epoce Putina FSB stała się najważniejszą specsłużbą Rosji: struktury i kompetencje dawnego KGB zostały znacznie poszerzone. Otrzymała m.in. prawo działania poza granicami Rosji. Może gromadzić tam informacje wywiadowcze i prowadzić akcje specjalne. Również likwidacje.

Za rządów Putina byli i obecni agenci służb specjalnych zajęli kluczowe pozycje w biznesie oraz rosyjskich strukturach władzy, a w samej FSB zaczął się stopniowo odradzać kult dawnych idoli KGB: Feliksa Dzierżyńskiego, założyciela i szefa Czeka (poprzedniczki KGB, założonej już w 1918 roku Wszechrosyjskiej Komisji Nadzwyczajnej do Walki z Kontrrewolucją i Sabotażem), oraz Jurija Andropowa, najbardziej znanego szefa KGB i pierwszego sekretarza KC KPZR.

W roku 2000, gdy Władimir Putin po raz pierwszy wygrał wybory prezydenckie, sytuacja rosyjskich służb specjalnych przedstawiała się dość żałośnie. Lata 90. XX wieku, gdy wprowadzano reformy rynkowe oraz rodziła się demokracja, przypominały wyścig bez reguł. Służby specjalne znalazły się na uboczu. Pokusa dużych pieniędzy wyrwała z ich szeregów co bardziej rozgarniętych ludzi, którzy rzucili się, by łowić ryby w mętnej wodzie nowego rosyjskiego kapitalizmu. Tym, którzy zostali, przyszło pracować w bezprecedensowo trudnej sytuacji: wojna w Czeczenii, porwania zakładników, rozkwit terroryzmu, który doczołgał się zarówno do Moskwy, jak i do innych rosyjskich miast. Od środka zżerała zaś FSB korupcja, której skala w czasach radzieckich byłaby nie do pojęcia i nie do przyjęcia. Negatywny stosunek społeczeństwa, konsekwencja zarówno reputacji radzieckiego KGB, jak i bałaganu pierwszego postsowieckiego dziesięciolecia, nie mógł się nie odbić na działalności specsłużby. Między FSB a byłymi kolegami z KGB, którzy przeszli do innych służb, zaczęła się okrutna wojna o wpływy. A także ograniczone środki z budżetu państwa.

Jednak nowy prezydent wyznaczył FSB nową i o wiele ważniejszą niż dotychczas rolę – miała zagwarantować stabilność panującego reżimu politycznego, a więc władzy samego prezydenta.

Nie należy myśleć, że wszystkie te zmiany oznaczały odrodzenie się radzieckiego KGB, choć wielu dawnych dysydentów, dziennikarzy, a nawet same służby specjalne tak postrzegały nową sytuację. Przy całej swojej potędze Komitet Bezpieczeństwa Państwowego podlegał strukturom politycznym: wszystkie jego oddziały i pododdziały były kontrolowane przez partię komunistyczną. Nie przypadkiem KGB sama siebie nazywała „szpicą" KPZR.

W odróżnieniu od swojej poprzedniczki FSB jest bezprecedensowo niezależną organizacją, nie podlega ani kontroli partyjnej, ani nadzorowi parlamentu. A jeśli ma jakąkolwiek ideologię, jest nią misja utrzymania stabilności oraz porządku władzy. Z kolei jeśli chodzi o tradycję, dzisiejsi funkcjonariusze FSB uważają się zarówno za następców KGB, jak i carskiej ochrany, której głównym celem była walka z politycznym terrorem wymierzonym w rządy caratu.

Pod koniec 2000 roku Nikołaj Patruszew, który zastąpił Putina na stanowisku dyrektora FSB, zgodnie z tradycją udzielił wywiadu w kolejną rocznicę założenia Czeka. O pracownikach FSB powiedział: „Nie chcę używać wielkich słów, ale nasi najlepsi funkcjonariusze, nasza duma i chwała, nie pracują dla pieniędzy. Gdy przychodzi mi wręczać naszym chłopcom nagrody państwowe, uważnie wpatruję się w ich twarze. Intelektualiści o wysokim czole, barczyści i ogorzali żołnierze specnazu, milczący saperzy, surowi śledczy, powściągliwi oficerowie kontrwywiadu... Wszyscy oni różnią się między sobą wyglądem, ale mają też jedną ważną cechę, która ich łączy – to rycerze, jeśli wolicie: współczesna »nowa szlachta«"[2].

Celem tej książki jest ukazanie, w jaki sposób owa „nowa szlachta" rosła w siłę i czym się zajmowała przez ostatnie dziesięciolecie. W okresie tym służby specjalne uznały się za jedyną siłę zdolną uchronić Rosję przed jej wewnętrznymi i zewnętrznymi wrogami. Za zbawców narodu, który ucierpiał podczas burzliwych i chaotycznych lat 90. Być może, pod wpływem radzieckich filmów propagandowych, w których oficerowie KGB byli przedstawiani jako wcielenie intelektualnej elity, współcześni funkcjonariusze FSB uważają się za kwiat narodu.

W rzeczywistości wszystko to jest znacznie bardziej skomplikowane. Rosyjskie służby specjalne wróciły na piedestał, ale oprócz tego, gdy stanęły do walki z terroryzmem i korupcją, nabrały cech, które w sposób istotny odróżniają je zarówno od dawnych radzieckich służb specjalnych, jak i od agencji wywiadowczych krajów Zachodu. FSB najbardziej przypomina bezlitosne „mukhabaraty" – służby specjalne w krajach arabskiego Bliskiego Wschodu: głównym jej zajęciem jest obrona autorytarnego reżimu. Jest przy tym podporządkowana wyłącznie najwyższej władzy w państwie, pozostaje nieprzenikniona dla społeczeństwa, skorumpowana, w walce zaś z tymi, których podejrzewa o terroryzm albo odmienne poglądy polityczne, posługuje się bezwzględnymi i okrutnymi metodami. W ciągu dziesięciu lat FSB nie stała się więc wcale opiekunem praworządności. Przed Rosją jeszcze bardzo daleka droga do prawdziwej demokracji.

Jak już wspomnieliśmy, jedną ze znamiennych innowacji wprowadzonych w okresie rządów Putina było upoważnienie FSB do działania poza granicami kraju. I choć kwestia efektywności zagranicznych operacji pozostaje otwarta, sfera działalności rosyjskich służb specjalnych – przy pełnej aprobacie ze strony państwa – znacznie się poszerzyła.

Przez wiele lat służbowy ubiór oficerów FSB przypominał tradycyjny zielony mundur wojskowy. W 2006 roku Władimir Putin zrobił jeszcze jeden krok podkreślający szczególny status FSB – podpisał dekret o zmianie koloru mundurów służb specjalnych. Na czarny. Kolor nocy nigdy nie cieszył się popularnością w rosyjskich specsłużbach, jednak decyzja Putina miała symboliczne tło: była to aluzja do czasów rosyjskiej wojny domowej z lat 20. XX wieku, gdy w Białej Gwardii przegrywającej wojnę z bolszewikami dla podniesienia ducha walki utworzono specjalne oddziały składające się z wyselekcjonowanych oficerów. Oficerowie ci, wyróżniający się szczególną pobożnością, nosili czarne mundury, które miały podkreślać ich oderwanie od spraw tego świata. Żołnierze pułku podporucznika Siergieja

Markowa nazwali się „bractwem mnichów-rycerzy, którzy swoją wolę, krew i życie zanieśli na ołtarz służby Rosji”[3].

DOKOPAĆ SIĘ DO PRAWDY O FSB jest bardzo trudno, nie tylko z powodu wyjątkowej tajemniczości tej instytucji, ale również dlatego, że w państwie autorytarnym ludzie często unikają ujawniania własnego zdania i dzielenia się informacjami. Dlatego zbierając dane o służbach specjalnych, działaliśmy jako niezależni dziennikarze i wykorzystywaliśmy wszystkie możliwe źródła. Nie korzystaliśmy z oficjalnych archiwów ani dokumentów wewnętrznych FSB. Byliśmy jednak w stałym kontakcie z tymi pracownikami specsłużb, którzy chcieli z nami rozmawiać.

Książka ta w znacznym stopniu oparta jest na naszym dziennikarskim doświadczeniu. Od ponad dziesięciu lat piszemy o rosyjskich służbach specjalnych. W 2000 roku założyliśmy stronę internetową agentura.ru specjalizującą się w monitorowaniu działalności rosyjskich specsłużb. W ciągu kilku ostatnich lat zmuszono nas do odejścia z czterech rosyjskich gazet. Wielokrotnie przesłuchiwano nas w FSB.

W 2005 roku przestały wychodzić „Moskowskie Nowosti” – jeden z najbardziej popularnych liberalnych tygodników końca lat 80. i początku lat 90. Obydwoje tam pracowaliśmy. W listopadzie tego roku zastanawialiśmy się, co ze sobą w tej sytuacji robić. Jewgienija Albac, znana dziennikarka polityczna oraz autorka książki o KGB „The State Within a State” („Państwo w państwie”), zaproponowała nam napisanie serii artykułów dla internetowego Jeżedniewnogo Żurnała (jednej z niewielu stron, gdzie jak dawniej można publikować niezależne teksty i komentarze polityczne). Ich tematem miało być odrodzenie metod KGB we współczesnej Rosji[4]. Do tego czasu w struktury FSB został włączony wywiad radiotechniczny oraz służby ochrony granic; otrzymała ona prawo do prowadzenia operacji wywiadowczych poza granicami kraju; w ramach FSB powstał pododdział specjalizujący się w ściganiu przestępstw politycznych; w siedzibie głównej znów pojawiła się tablica poświęcona pamięci Jurija Andropowa, najdłużej panującego szefa KGB. Dlatego na początku pomysł porównania FSB i KGB wydał się nam bardzo obiecujący. Wielu uważało, że – jeśli wziąć pod uwagę skalę okrucieństwa oraz wszechobecność – KGB jest absolutnym fenomenem. Wystarczy uświadomić sobie totalną inwigilację, której poddane było społeczeństwo Związku Radzieckiego, prześladowanie dysydentów czy spektakularne zabójstwa poza granicami ZSRR. Radzieckie służby specjalne cieszyły się reputacją, która sprawiła, że niektórzy dysydenci byli pewni, iż Putin to tylko nic nieznacząca marionetka, element ogromnego spisku KGB planującego zagarnięcie władzy po upadku Związku Radzieckiego. Na tym tle wzmocnienie kompetencji FSB wyglądało jak kolejny krok na drodze do odrodzenia radzieckich służb specjalnych. Jednak po przeanalizowaniu informacji, które zebraliśmy w ciągu dziesięciu lat, doszliśmy do odmiennych wniosków.

Obserwowaliśmy rozwój dramatu w Biesłanie w 2004 roku, gdy oddziały specjalne FSB szturmowały szkołę zajętą przez terrorystów. Zginęły wówczas 334 osoby. Uczestniczyliśmy w procesach sądowych, podczas których FSB wprowadziła nowy system walki ze szpiegostwem, w ramach którego kilku rosyjskich uczonych zostało oskarżonych o współpracę z obcymi agencjami wywiadowczymi i skazanych na wieloletnie więzienie. Naświetlaliśmy zagraniczne operacje rosyjskich specsłużb: zabójstwo byłego prezydenta Czeczenii Zalimchana Jandarbijewa w Katarze (2004 rok), wiele zagadkowych zabójstw w Azerbejdżanie i Abchazji (2006–2007). Mamy nadzieję, że obserwując i analizując z nami te wydarzenia, czytelnikom łatwiej będzie zrozumieć siły oraz szczególne cechy procesu, w wyniku którego FSB stała się tym, czym jest dzisiaj.

1. ŚWIT NOWEJ ERY

NARODZINY FSB

KOMITET BEZPIECZEŃSTWA PAŃSTWOWEGO – KGB – w epoce radzieckiej był organizacją absolutnie wszechwładną. Założony w 1954 roku był spadkobiercą kilku radzieckich specsłużb. Nowej organizacji powierzono mnóstwo różnych zadań: wywiad zagraniczny, obrona granic państwa, ochrona przedstawicieli władzy, kontrwywiad, kontrola dysydentów, ustawiczny nadzór nad wszystkimi aspektami życia w ZSRR – od działalności Cerkwi po siły zbrojne. Żeby Komitet Bezpieczeństwa Państwowego mógł wypełnić wszystkie te niezliczone zadania, władza radziecka przydzieliła mu szczodry budżet, który wystarczał na utrzymanie nawet własnych formacji wojskowych oraz elitarnych oddziałów specjalnych[1].

Kwatera główna KGB znajdowała się w Moskwie, ale zgodnie z tradycją organów bezpieczeństwa z czasów stalinowskich KGB dysponowało siecią urzędów w każdym z obwodów Związku Radzieckiego. Każdego obcokrajowca, który otrzymał pozwolenie na podróż po kraju, śledzili agenci KGB. W każdej radzieckiej uczelni wyższej, w każdej fabryce znajdował się tak zwany pierwszy oddział. Oficjalną funkcją pierwszych oddziałów było przeciwdziałanie przenikaniu do radzieckich instytucji obcych agentów. Ale z braku szpiegów ich pracownicy zajmowali się poprzez sieć zwerbowanych donosicieli pilnowaniem „moralnego ducha kolektywu". Oddział pierwszy ingerował również w życie osobiste swoich „podopiecznych". W owym czasie rozwód czy małżeńska zdrada nie były aprobowane przez państwo. Ujawnienie takich faktów mogło zakończyć karierę i stać się chociażby podstawą do zakazu wyjazdu obywatela poza granice kraju.

Wszechwładza KGB była ograniczona jedynie tym, że podlegało ono władzy Partii Komunistycznej. Na każdym poziomie struktur KGB, również w zarządzie centralnym, znajdowała się komórka partyjna – była ona dziurką od klucza, przez którą państwo podpatrywało swoich agentów. Ustawa o Komitecie Bezpieczeństwa Państwowego przyjęta w 1959 roku głosiła: „Partyjne organizacje(...) zapewniają rozwój służbowej krytyki i samokrytyki. Partyjne organizacje i każdy komunista ma prawo(...) sygnalizować niedostatki w pracy organów bezpieczeństwa państwowego odpowiednim organom partyjnym"[2]. Przetrzebione w czasie stalinowskich czystek Politbiuro, kontrolując służby specjalne, chciało uniknąć powtórki z historii.

Będąc integralną częścią radzieckiej biurokracji, KGB miało te same przywary co ona. Agenci wywiadu nie byli przy tym najbardziej doświadczonymi czy najbardziej zdolnymi jej przedstawicielami. Wielu oficerów wywiadu wysyłanych za granicę czerpało informacje z zachodnich gazet, podając je za sekretne dane zdobyte dzięki „źródłom". A przy tym kwitł w KGB praktycznie otwarty nepotyzm – najlepsze stanowiska otrzymywali ci, którzy mieli najlepsze „plecy". Zamiast wykształconych agentów za granicę wysyłano synów działaczy partyjnych, doskonale zdających sobie sprawę z przywilejów, jakie dawała praca na Zachodzie. W tym samym czasie agenci

KGB w Armii Czerwonej, których zadaniem było tropienie korupcji wśród wyższych oficerów oraz generalicji, nierzadko sami mieli w tym względzie niejedno na sumieniu.

Organizację na wskroś przenikały rywalizacja i konkurencja. Szefostwo wywiadu zagranicznego, czyli I Zarząd Główny – jeden z najpotężniejszych wydziałów KGB – zawsze patrzyło z góry na oficerów kontrwywiadu. Byli w ciągłym kontakcie z Zachodem, więc uważali, że są bardziej wyrafinowani i oświeceni niż ograniczeni i zacofani agenci kontrwywiadu. Rozdzierane przez frakcyjne walki, intrygi i konflikty KGB wcale nie było monolitem.

Atmosfera wyjątkowej poufności pomagała ukrywać wewnętrzne tarcia. Gdy u schyłku epoki Breżniewa ułomności systemu radzieckiego stały się oczywiste dla wszystkich, szef KGB Jurij Andropow z premedytacją zaszczepił w świadomości społeczeństwa mit o tym, że KGB to jedyna organizacja nietknięta przez korupcję i zdolna uratować kraj. Andropow, który był kluczową postacią w tłumieniu węgierskiego powstania w 1956 roku oraz Praskiej Wiosny w 1968 roku, gdy w listopadzie 1982 roku został pierwszym sekretarzem KPZR, zaczął głosić legendę o tym, jakoby KGB nie było okrutną tajną policją, lecz elitarną organizacją złożoną z najinteligentniejszych ludzi w całej Rosji. Robił też wszystko, by rozszerzyć władzę KGB również na gospodarkę (czyli sferę teoretycznie niemającą bezpośredniego związku z działaniem tajnych służb). W ten sposób dążył do realizacji swojego ukrytego celu – stworzenia całkowicie podporządkowanego mu zespołu, który przejąłby w pełni rządy w kraju. Jako metody przezwyciężenia zastoju Andropow wybrał dyscyplinę pracy oraz walkę z korupcją. Jednak w czasie jego niedługich rządów (był gensekiem niecałe dwa lata) wszystkie te próby spełzły na niczym. Niemniej jednak, gdy w 1991 roku upadł Związek Radziecki, legenda o wielkości KGB wciąż trzymała się mocno.

WŚRÓD CZŁONKÓW Państwowego Komitetu ds. Sytuacji Nadzwyczajnych – spiskowców, którzy w 1991 roku podjęli próbę obalenia prezydenta Michaiła Gorbaczowa – był ówczesny szef KGB Władimir Kriuczkow. Przeciw puczystom stanął opowiadający się za demokratycznymi zmianami Borys Jelcyn, rok wcześniej wybrany na funkcję premiera Federacji Rosyjskiej. Jelcyn był dość czujny w relacjach z KGB. Jego celem było osłabienie wpływów służb bezpieczeństwa. Dlatego podzielił wszechwładną dotąd bezpiekę na kilka niezależnych agencji. Uważał, że kontrolować służby specjalne można tylko wówczas, gdy wyraźnie określi się sfery ich odpowiedzialności: wywiadowi nie pozwoli się działać wewnątrz kraju, a kontrwywiadowi za jego granicami. Ale w warunkach chaosu, który nastąpił po upadku Związku Radzieckiego, Jelcyn nie zdecydował się na całkowitą likwidację KGB[3]. Niemniej jednak w siedzibie KGB na Łubiance panowało zamieszanie: funkcjonariusze obawiali się, że organizacja przestanie istnieć. 23 sierpnia 1991 roku czekiści z lękiem patrzyli z okien na tłumy mieszkańców Moskwy, którzy zrzucali z postumentu pomnik Feliksa Dzierżyńskiego.

Obawiając się rozwiązania, służby specjalne zaczęły bezprecedensową kampanię jawności. Oficerowie KGB wpuszczali do swoich archiwów obrońców praw człowieka badających sprawy represjonowanych obywateli ZSRR, generałowie występowali w programach telewizyjnych, a szefostwo organów bezpieczeństwa zapraszało dysydentów do zwiedzania budynku na Łubiance[4].

KGB otworzyło drzwi przed ludźmi, którym nawet się nie śniło, że kiedykolwiek zostaną wpuszczeni do najtajniejszych archiwów specsłużb strzegących informacji o dziesięcioleciach represji. Nikita Pietrow, historyk i pracownik stowarzyszenia Memoriał, wspomina dzień, kiedy po raz pierwszy został zaproszony do podmoskiewskiego miasteczka Kuczino, by przeprowadzić kwerendę materiałów znajdujących się w archiwum

KGB. Jego pracownicy dosłownie oniemieli, gdy zobaczyli Pietrowa. „Byli zszokowani widokiem człowieka w dżinsach w miejscu, gdzie wcześniej nie wpuszczano nawet wszystkich oficjeli KGB z Łubianki" – opowiadał Pietrow[5].

KGB zaproponowało nawet organizacjom zajmującym się obroną praw człowieka, by dołączyły swoich przedstawicieli do gremiów pracujących nad reformą organów bezpieczeństwa. Siergiej Grigorjanc, który dziewięć lat spędził w więzieniu, został zaproszony do komisji nadzorującej pracę KGB. Odmówił jednak, obawiając się, że jego nazwisko zostanie wykorzystane do wybielania wizerunku służb specjalnych, a przy tym on sam nie będzie miał żadnego realnego wpływu na działania komisji[6].

Pod koniec 1991 roku Związek Radziecki przestał istnieć, a KGB uległo restrukturyzacji. Został z niego wydzielony potężny wydział – początkowo nazywany Ministerstwem Bezpieczeństwa, potem Federalną Służbą Kontrwywiadu (FSK) i w końcu Federalną Służbą Bezpieczeństwa (FSB) – odpowiedzialny za kontrwywiad oraz walkę z terroryzmem[7]. Były wydział wywiadu został przekształcony w nową agencję nazwaną Służbą Wywiadu Zagranicznego – SWR. Wydział KGB odpowiedzialny za wywiad radioelektroniczny oraz kryptografię został przemianowany na Federalną Agencję Łączności i Informacji Rządowej – FAPSI. Zagadkowy oddział KGB zarządzający tajnymi obiektami specjalnego przeznaczenia kontynuował niezależną działalność pod nową nazwą: Główny Zarząd Programów Specjalnych – GUSP. Na bazie wydziału KGB odpowiedzialnego za ochronę przywódców partii i rządu została utworzona Federalna Służba Ochrony – FSO i Służba Bezpieczeństwa Prezydenta – SBP. Radzieccy pogranicznicy zaś zostali przekształceni w niezależną Federalną Służbę Graniczną – FPS.

Wszystkie te zmiany oznaczały, że nowa agencja kontrwywiadu, która po 1995 roku otrzymała nazwę FSB, została zwolniona z funkcji wywiadu zagranicznego pełnionej wcześniej przez KGB. Ochrona rosyjskich liderów również nie wchodziła już w zakres jej kompetencji, tajne bunkry także przestały jej podlegać i zostały przekazane pod bezpośrednią kontrolę prezydenta. FSB zachowała zaś nominalne przedstawicielstwo w wojsku. W nowym kształcie FSB można było porównać w pewnym stopniu do brytyjskiego kontrwywiadu MI5.

Poza tym kontrola partyjna nad urzędem była już przeszłością. Dlatego plan Jelcyna zakładał, że jej funkcje przejmie konkurencja między nowymi służbami. W ten sposób żadna ze służb nie powinna realnie zagrozić władzy. Za Jelcyna Służba Wywiadu Zagranicznego miała więc bezpośredniego konkurenta w postaci wywiadu wojskowego; FSB rywalizowała z Federalną Agencją Łączności i Informacji Rządowej, która zajmowała się monitoringiem społeczno-politycznej sytuacji w Rosji. Jelcyn mógł porównać sprawozdanie dyrektora FSB ze sprawozdaniem dyrektora FAPSI. Struktura ta odgrywała jeszcze jedną szczególnie ważną rolę: podlegał jej centralny elektroniczny system liczenia głosów (GAS „Wybory"), a co za tym idzie, agencja miała możliwość dostarczania Kremlowi wyników z okręgów wyborczych w czasie rzeczywistym[8].

W 1993 roku powstał nowy organ, którego celem miała być poprawa katastrofalnie niskiej ściągalności podatków w Rosji – policja podatkowa. Tym samym rywalizacja między służbami jeszcze się zaostrzyła. Policja podatkowa wkroczyła na drogę twardej konkurencji z Departamentem Bezpieczeństwa Gospodarczego – jednym z wydziałów FSK, a później FSB. W tym samym czasie Aleksandr Korżakow, były ochroniarz Jelcyna, szef ochrony prezydenta, wynajmował parapsychologów i jasnowidzów, którzy przygotowywali – równolegle z FAPSI i FSB – prognozy oraz analizy polityczne dla głowy państwa[9].

W CZASIE SWOICH RZĄDÓW Michaił Gorbaczow był ostro krytykowany za krwawe dławienie ruchów niepodległościowych na Litwie, Łotwie, w Estonii oraz Azerbejdżanie i Gruzji. Próby siłowych rozwiązań tylko przyspieszyły rozpad Związku Radzieckiego. W odróżnieniu od Gorbaczowa Borys Jelcyn zwrócił się do republik, w których trwały zamieszki, z następującą propozycją: „Bierzcie tyle suwerenności, ile zdołacie przełknąć". Powiedział to w okresie, gdy w roli podmiotu, od którego „brało się suwerenność", występował Związek Radziecki. Jednak kiedy Jelcyn został powołany na stanowisko prezydenta Rosji, musiał przeciwstawić się temu procesowi. Już w 1992 roku wybuchł konflikt osetyjsko-inguski na Kaukazie Północnym. Ingusze wdarli się na ziemie Osetyjczyków, a Jelcyn siłami rosyjskiej armii wsparł napadniętych. Doprowadziło to w konsekwencji do czystki etnicznej na wielką skalę: z Rejonu Prigorodnego, który stał się punktem zapalnym konfliktu, zostali przepędzeni wszyscy Ingusze wraz z rodzinami. W sprawozdaniu Human Rights Watch z 1996 roku możemy przeczytać, że „przedstawiciele Rosji przekazali do dyspozycji północnoosetyjskich władz ogromną ilość broni, która następnie została przekazana oficerom północnoosetyjskich służb specjalnych, a także grupom paramilitarnym i ochotnikom(...) Siły rosyjskie albo pomogły w ewakuacji cywili narodowości inguskiej – choć raczej »uprzejmie« zmusiły ich do ewakuacji – albo prowokowały ataki na miejscowości znajdujące się w rękach inguskich bojowników, wykurzając z nich za jednym zamachem również cywilów"[10].

Doświadczenia z konfliktu osetyjsko-inguskiego utwierdziły rosyjskie resorty siłowe oraz samego Jelcyna w przekonaniu, że użycie siły do zduszenia konfliktów etnicznych na Kaukazie Północnym może być skutecznym rozwiązaniem. I właśnie to podejście stało się przyczyną katastrofy, która zaczęła się w listopadzie 1994 roku, gdy władze samozwańczej Republiki

Iczkerii zaczęły natarczywie żądać niepodległości Czeczenii. W ramach tajnej operacji FSK zorganizowała szturm Groznego i przedstawiła go jako wystąpienie sił antyniepodległościowej opozycji. Ludzie, którzy uczestniczyli w szturmie, byli jednak czynnymi żołnierzami rosyjskiej armii. FSK zwerbowała do tej operacji również rosyjskich czołgistów. Kapitan Andriej Rusakow, porucznik Aleksiej Rastopka oraz kapitan Aleksandr Szychalew uczestniczący w szturmie opowiadali później, jak oficer FSK sprawujący opiekę nad ich pułkiem wzywał do siebie członków załogi i przedstawiał ich dwóm oficerom kontrwywiadu z Moskwy. Oficerowie ci proponowali czołgistom podpisanie kontraktu na uczestnictwo w operacji, przy czym jedyna kopia kontraktu „ze względów bezpieczeństwa" pozostawała u oficera FSK. Zwerbowanych oficerów oraz żołnierzy przetransportowano do Mozdoku w Osetii Północnej, gdzie formowano z nich załogi. Czołgi pozbawione były wszelkich znaków rozpoznawczych. Pod koniec listopada trzy kolumny pojazdów pancernych w kamuflażu sił czeczeńskiej opozycji ruszyły w stronę Groznego w celu demonstracji siły. Adresatem demonstracji był lider czeczeńskich separatystów Dżochar Dudajew, były generał Armii Radzieckiej[11].

Siergiej Kozłow, niewysoki, mocno zbudowany były oficer specnazu, człowiek prostolinijny i twardy, wspominał, jak pod koniec 1994 roku werbowano go, by wziął udział w czeczeńskiej operacji. Opowiedział nam, że FSK przekonywała go, by stanął na czele grupy 40 byłych specnazowców, która miała udać się do Groznego i ostrzelać pałac Dudajewa z miotaczy ognia. W ramach wynagrodzenia zaproponowali Siergiejowi tysiąc dolarów. „Gdy dowiedziałem się, w jakim planie mam wziąć udział, pomyślałem, że ta kwota wystarczy akurat na mój pogrzeb" – powiedział nam Kozłow o przyczynach swojej odmowy[12].

Jako że cała ta operacja pomyślana była jako demonstracja siły, kolumny czołgów skierowały się w stronę czeczeńskiej stolicy bez uprzedniego przygotowania wywiadowczego. I bez osłony. Na czołgach zostały umieszczone dodatkowe kanistry z benzyną – to dowód na to, że planowany był tylko demonstracyjny przejazd, a nie walka. Nikt przy zdrowych zmysłach nie umieszczałby kanistrów na czołgach, które miałyby brać udział w działaniach bojowych. Jednak 26 listopada „siły opozycyjne" nadziały się na czeczeńską zasadzkę, a ich czołgi spłonęły na ulicach Groznego. Kilku pozostałych przy życiu oficerów zostało wziętych do niewoli przez bojowników czeczeńskich. W tym czasie władze na Kremlu głosiły, że byli to najemnicy opłaceni przez niezależne siły. Po tym incydencie Kreml poważnie zwątpił w możliwości FSK.

W 1995 roku FSK została przemianowana na FSB i już pod nową nazwą zaliczyła jeszcze jedną wpadkę – tym razem w walce z mafią. W 1996 roku w FSB powstał tajny wydział nazwany Zarządem do Walki z Przestępczością Zorganizowaną (URPO). Wkrótce zyskał on sławę najmniej przebierającego w środkach, bezlitosnego i najbardziej skorumpowanego elementu w strukturach FSB[13]. Najwidoczniej już w chwili swoich narodzin otrzymał carte blanche na użycie niezbyt czystych metod w walce z przestępczością[14]. 17 listopada 1998 roku oficerowie tego wydziału zorganizowali konferencję prasową, na której ogłosili, że powierzono im misję zabicia znanego i wpływowego oligarchy Borysa Bieriezowskiego. Po tej konferencji wydział został rozwiązany[15]. Historia ta kosztowała również stanowisko ówczesnego dyrektora FSB Nikołaja Kowaliowa.

Również w tym czasie, a więc w połowie lat 90., zaostrzyła się rywalizacja między dwiema specsłużbami – FSB i Federalną Agencją Łączności i Informacji Rządowej – FAPSI. Zarząd śledczy FSB oskarżył generała-majora Walerija Monastyrieckiego, naczelnika Finansowo-Gospodarczego Zarządu FAPSI, o korupcję. Zostało wszczęte śledztwo. Monastyrieckiemu postawiono zarzut, że w zamian za korzystny kontrakt otrzymał

1,5 miliona marek od koncernu Siemens-Nixdorf[16]. Opierając się jednak na informacjach otrzymanych z pewnych źródeł, uważamy, że prawdziwym celem owej akcji był nie tyle Monastyriecki, ile ówczesny dyrektor FAPSI Aleksandr Starowojtow. Informacje o całej sprawie zostały przekazane mediom[17], jednak tuż przed wyborami prezydenckimi w 1996 roku Jelcyn wolał stanąć po stronie FAPSI. Bowiem to Federalna Agencja Łączności kontrolowała elektroniczny system liczenia głosów. Jelcyn poza tym sądził, że zaognienie rywalizacji między służbami pomoże mu zachować nad nimi pełną kontrolę.

Pod koniec ery Jelcyna ten chwiejny i niedoskonały system trzymał się dosłownie „na słowo honoru". 25 czerwca 1998 roku prezydent mianował na stanowisko dyrektora FSB Władimira Putina – mało znanego kremlowskiego funkcjonariusza, byłego oficera KGB z Sankt Petersburga. W tym czasie Putin wydawał się wielu outsiderem w walce o władzę na Kremlu – po części dlatego, że szczytem jego 16-letniej kariery w KGB było zaledwie stanowisko podpułkownika, a w burzliwych latach pieriestrojki nie było go w kraju – służył w Niemczech.

Rok 1998 był dla Rosji wyjątkowo trudny. Kryzys finansowy zrujnował miliony ludzi, którzy, co za tym idzie, zwątpili na dobre w dobrodziejstwa zachodniego modelu kapitalizmu. Rosjanie szukali prostych odpowiedzi na swoje bolączki, wielu z nich zaczęło mówić, że słaby i niezdecydowany Jelcyn powinien zostać zastąpiony przez jakąś silną politycznie figurę. Pragnienie „silnej ręki" osiągnęło apogeum we wrześniu 1999 roku, gdy w Moskwie wybuchły dwa budynki mieszkalne, pod ruinami których zginęło 216 osób. Putin, który w tym czasie zajmował stanowisko premiera, za winnych uznał Czeczenów i obiecał „utopić ich w wychodku". Energiczną i zdecydowaną retoryką wkrótce zyskał popularność – i zaczął nową wojnę w Czeczenii.

W noworoczną noc 31 grudnia 1999 roku Jelcyn ogłosił, że zrzeka się funkcji prezydenta i na pełniącego obowiązki głowy państwa do chwili rozpisania nowych wyborów wyznaczył Władimira Putina – człowieka, którego światopogląd został ukształtowany przez niemal dwudziestoletnią służbę w KGB.

W MIARĘ ZBLIŻANIA SIĘ PUTINA do szczytów władzy coraz głośniejsze stawały się pogłoski o planach połączenia wszystkich samodzielnych rosyjskich służb specjalnych[18]. Pogłoski te zaczęły przybierać realne kształty, gdy szefowie specsłużb epoki Jelcyna – ludzie agresywnie strzegący interesów swoich resortów – zaczęli jeden po drugim tracić stanowiska. W grudniu 1998 roku zdymisjonowany został Aleksandr Starowojtow, założyciel FAPSI. W lutym 1999 roku zmuszono do dymisji Siergieja Ałmazowa, twórcę policji podatkowej. W kwietniu 2000 roku został zmuszony do opuszczenia swojego stanowiska Wiaczesław Trubnikow, dyrektor Służby Wywiadu Zagranicznego[19].

Wszystko to było preludium do wielkiej reorganizacji, która rozpoczęła się w 2003 roku. W marcu Putin zlikwidował policję podatkową, FAPSI i służbę graniczną – wszystkie one przestały istnieć jako niezależne organy[20]. Wojska ochrony pogranicza zostały po prostu włączone w skład FSB. Policję podatkową czekał o wiele bardziej dramatyczny los. W latach 90. była ona najbardziej aktywną ze wszystkich służb specjalnych. Wykształciła własną kulturę korporacyjną i ideologię. Stała się pierwszą rosyjską specsłużbą, która wyprodukowała serial telewizyjny kreujący jej wizerunek. Nosił tytuł „Marosiejka 12" (to adres głównej siedziby policji podatkowej), a role funkcjonariuszy grali w nim znani rosyjscy aktorzy. Mimo dość wątpliwej reputacji prawdziwych podatkowych policjantów serial cieszył się sporą popularnością. Jednocześnie policja podatkowa wciąż poszerzała zakres swoich uprawnień i rywalizowała z FSB na obszarze przestępstw gospodarczych.

Tymczasem w 2003 roku wszyscy oficerowie policji podatkowej zostali włączeni do nowo utworzonej służby zajmującej się walką z przemytem i handlem narkotykami (Gosnarkontrol), na której czele stanął Wiktor Czerkiesow, były śledczy KGB i bliski przyjaciel Putina. (Czerkiesow był znany w KGB z tego, że zainicjował ostatnią w ZSRR sprawę z artykułu „antysowiecka agitacja i propaganda")[21]. Jednak ani policja podatkowa, ani Czerkiesow nie mieli żadnego doświadczenia w walce z dilerami narkotyków. Nic dziwnego, że nowe służby zaczęły swoją działalność od prześladowania weterynarzy, którzy używali ketaminy (anestetyku używanego wyłącznie w leczeniu zwierząt), oraz moskwian, którzy sadzili na daczach ozdobny mak[22].

W tym samym czasie najpotężniejsza konkurentka FSB, Federalna Agencja Łączności i Informacji Rządowej, również przestała istnieć: jej funkcje zostały rozdzielone między FSB a Federalną Służbę Ochrony (FSO). W ciągu 12 lat istnienia FAPSI przekształciło się w prawdziwe imperium w sferze bezpieczeństwa informatycznego. W latach 90. agencja wydawała licencje na używane w Rosji programy ochrony danych i ich archiwizacji, cyfrowe narzędzia identyfikujące użytkowników sieci, programy kodujące itp. Z przywileju tego szefowie FAPSI korzystali bardzo aktywnie, udzielając licencji oraz podpisując kontrakty z państwowymi firmami, które pozostawały pod kontrolą agencji. (FAPSI próbowało nawet – co prawda bez powodzenia – ustanowić kontrolę nad rosyjską giełdą papierów wartościowych, niezbędnymi do dokonywania przelewów kodami SWIFT oraz całym rosyjskim internetem)[23].Chęć zyskania pełnej kontroli nad siecią wynikała z przekonania, że internet jako wynalazek Amerykanów powinien w Rosji pozostawać pod specjalnym i permanentnym nadzorem. W roku 1996 generał Władimir Markomienko, zastępca dyrektora agencji, na przesłuchaniach w Dumie mówił wprost: „Internet jest zagrożeniem bezpieczeństwa narodowego"[24]. I oto w 2003 roku upadło imperium FAPSI, a FSB połknęła najważniejszy wydział swojego dawnego rywala – radioelektroniczny wywiad zagraniczny. Z kolei Federalna Służba Ochrony przejęła kontrolę nad liniami łączności rządowej, strukturami analitycznymi oraz służbami „socjologicznymi”[25].

W okresie rządów Putina FSB przejęła również tajną kontrolę nad Ministerstwem Spraw Wewnętrznych. Oficerowie kontrwywiadu zajęli kluczowe stanowiska w MSW: od wiceministra po szefa Departamentu Bezpieczeństwa Państwa. Włączenie oficerów FSB w struktury MSW wyjaśniono oficjalnie koniecznością wzmocnienia dyscypliny i morale w skorumpowanych organach władzy. Mniej oficjalnym celem było rozszerzenie wpływów Federalnej Służby Bezpieczeństwa. Zwieńczeniem tych działań było objęcie pod koniec 2003 roku stanowiska ministra spraw wewnętrznych przez Raszyda Nurgalijewa – generała FSB i bliskiego przyjaciela Nikołaja Patruszewa (ówczesnego szefa FSB).

Kreml, na czele z Putinem, postawił też przed FSB nowe zadanie – zbadać nastroje w wojsku i zapobiec dojrzewającym protestom. W lutym 2000 roku prezydent podpisał nowy „dekret o uprawnieniach FSB w siłach zbrojnych”, rozszerzający zakres działania kontrwywiadu wojskowego oraz nadający FSB prawo do walki z przestępczością zorganizowaną. Dekret Putina dawał nowe pełnomocnictwa oficerom FSB oddelegowanym do pracy w strukturach wojska: mieli się zająć wykrywaniem potencjalnych zagrożeń ze strony armii wobec panującej władzy. Poza tym ich zadaniem była walka z „niezgodnymi z prawem formacjami wojskowymi, grupami przestępczymi, osobami oraz organizacjami społecznymi, stawiającymi sobie za cel siłową zmianę ustroju konstytucyjnego Federacji Rosyjskiej, siłowe przejęcie albo utrzymanie władzy za pomocą siły”[26]. FSB skupiła więc w swoich rękach imponującą władzę.

Nawiasem mówiąc, rozszerzenie kompetencji odbywało się nie tylko poprzez fuzje i przejęcia. Gdy FSB nie udało się wchłonąć konkurenta (Służby Wywiadu Zagranicznego), stworzyła własny wydział zajmujący się szpiegostwem poza granicami kraju. Oficjalnie struktura ta otrzymała nazwę „organu wywiadu zagranicznego FSB". Funkcjonowała w ramach Departamentu Analiz, Prognoz oraz Planowania Strategicznego, analitycznej komórki FSB[27]. W ten oto sposób FSB zaczęła działać na polu, na którym wcześniej było tylko dwóch graczy – Służba Wywiadu Zagranicznego oraz Wywiad Wojskowy.

Ludzie stojący za reformą systemu służb specjalnych byli grupą przyjaciół, którzy pracowali kiedyś razem w Sankt Petersburgu i Karelii. W kręgu tym znajdowali się Putin, Patruszew, Nurgalijew i Czerkiesow. Dołączył do nich m.in. Wiktor Iwanow – zastępca szefa kremlowskiej administracji odpowiadający za kadry, oraz Igor Sieczyn – jeszcze jeden zastępca szefa administracji prezydenta, który w latach 2000–2008 sprawował opiekę nad służbami specjalnymi. Wszyscy oni wspierali się nawzajem, ale też pomagali młodszym kolegom, których wprowadzali na stanowiska w centralnym aparacie FSB. Społeczeństwo nazwało tę grupę krótko: „piterscy".

FSB MIAŁA ZNACZNĄ WŁADZĘ również w czasie, gdy Jelcyn stosował taktykę hamowania i przeciwwagi, starając się za wszelką cenę nie dopuścić, by służby specjalne wymknęły mu się spod kontroli. Później, już w okresie rządów Putina, FSB zawęziła kompetencje innych służb specjalnych. Już kilka lat po jej narodzinach stało się jasne, że nowa (z nazwy przede wszystkim) specsłużba nie podlega nadzorowi parlamentu ani nie ma konkurencji[28]. Dlatego nie można mówić, że FSB to reinkarnacja KGB z czasów ZSRR. Sowiecka specsłużba zmutowała się w zupełnie nową organizację. Niestety, o wiele bardziej wpływową niż jej radziecki poprzednik. Choćby dlatego, że nigdy wcześniej oficer kadrowy służb specjalnych nie władał krajem przez dziesięć lat. Nawet najpopularniejszy w FSB szef KGB Jurij Andropow nie był oficerem kadrowym, tylko partyjnym aparatczykiem delegowanym przez KC do czuwania nad bezpieczeństwem państwa.

2. PRZYJACIELE NA STANOWISKACH

TROSKA O SŁUŻBY SPECJALNE

DZIESIĄTKI TYSIĘCY PRACOWNIKÓW KGB przyjęło upadek Związku Radzieckiego jako osobistą porażkę. Przytłaczająca większość oficerów organów bezpieczeństwa państwa pracowała w nich nie dlatego, że wierzyła w komunistyczne ideały czy też by realizować swoją awanturniczą naturę. Pociągała ich stabilna, dobrze płatna praca, emerytura, opieka medyczna i gwarancja otrzymania mieszkania. Istniały całe dynastie pracowników KGB, liczące po kilka pokoleń. Pracownicy tej ogromnej organizacji żyli w świecie personalnych układów, oswajali się z jej hierarchiczną strukturą i wewnątrz twierdzy na Łubiance czuli się zabezpieczeni przed wpływami świata zewnętrznego. Wewnątrzkorporacyjna kultura organizacji narzucała znaczne ograniczenie kontaktów z osobami z zewnątrz. Nic dziwnego, że w 1991 roku wielu oficerów KGB opłakiwało koniec Związku Radzieckiego. Większość z nich nie mogła sobie wyobrazić życia w nowej rzeczywistości. Najbardziej bali się o swoje wypłaty, miejsca w klinikach dla uprzywilejowanych oraz emerytury – wszystko, co zapewniało im radzieckie państwo. U zarania nowej epoki byli oficerowie KGB z niepokojem obserwowali postępy gospodarki rynkowej w Rosji.

Jednak niektórzy weterani KGB potrafili zrobić użytek ze swoich umiejętności. Okazały się one bardzo przydatne w warunkach dzikiego kapitalizmu. W czasach gdy konflikty w interesach rozwiązywały strzelaniny na ulicy, największy popyt na emerytowanych oficerów bezpieki panował w prywatnych agencjach ochrony. Szczególnie dotyczyło to specnazowców z elitarnego oddziału „Alfa" – ich umiejętności bojowe nie budziły najmniejszych wątpliwości. Dużym powodzeniem cieszyli się również specjaliści od inwigilacji, przydatni zwłaszcza w szpiegostwie przemysłowym. Prywatne agencje ochrony, których struktury kopiowały wewnętrzną architekturę KGB, tyle że w mniejszej skali, bardzo sobie ceniły byłych generałów i pułkowników[1]. Tym, którzy mimo wszystko pozostali w organach, nie pozwoliły na odejście albo uczucia patriotyczne, albo strach przed zmianą, albo i jedno, i drugie. Nawiasem mówiąc, wkrótce i dla nich znalazła się robota. Dla czekistów, wyspecjalizowanych w ochronie interesów państwa, pojawiła się nowa szansa: ochrona oligarchów. Ci ostatni doskonale rozumieli, że korzystanie z usług służb specjalnych jest o wiele tańsze niż utrzymywanie prywatnej służby bezpieczeństwa. Jednocześnie oligarchowie, którzy wynajmowali czynnych oficerów KGB, często nie mniej niż umiejętnościami byli zainteresowani ich kontaktami w służbach specjalnych[2]. Wielu biznesmenów uważało, że wygodniej jest płacić za podsłuchiwanie rozmów telefonicznych konkurencji oficerom FSB i MSW, niż zlecać to własnym ochroniarzom.

Tym zaś, którzy pozostali wierni służbie państwowej, nie było łatwo poradzić sobie z zawiścią wobec byłych kolegów parkujących pod Łubianką swoje luksusowe samochody. Uczciwi oficerowie zmuszeni byli wykonywać rozkazy przekupnych generałów, co nie mogło nie wpływać fatalnie na morale w służbie. Oficerowie, którzy pozostali w strukturach, stali się apatyczni i pasywni, a swoje obowiązki wykonywali wyłącznie formalnie. (Znane są przypadki, gdy pracownicy FSB, zamiast werbować agentów, prosili po prostu studentów, przyjaciół swoich dzieci, by wypełnili niezbędne ankiety. Proponowali im za to bezpłatną naukę języka angielskiego na kursach FSB)[3].

Obserwując cały ten wczesnokapitalistyczny krajobraz, szefowie FSB robili wszystko, by przywrócić do istnienia rozwiązany w 1993 roku Zarząd Śledczy. W 1995 roku ich wysiłki zostały uwieńczone sukcesem[4]. Federalna Służba Bezpieczeństwa otrzymała z powrotem prawo do prowadzenia śledztw, w tym również dotyczących przestępstw gospodarczych, łącząc w ten sposób funkcje specsłużby oraz organu stojącego na straży prawa. W rezultacie możliwości skorumpowanych oficerów znacznie się rozszerzyły: otrzymali dostęp do uczestnictwa w biznesowych grach o wielkie pieniądze[5].

Jedynym skutecznym środkiem przeciwko korupcji zżerającej służby specjalne i ogarniającej coraz więcej rozczarowanych oficerów FSB wydawała się w tej sytuacji totalna kontrola ze strony państwa. Wyjątkowo atrakcyjnie prezentował się przy tym model chiński: rozwój kapitalizmu pod ustawiczną kontrolą autokratycznego państwa[6]. To dlatego pod koniec lat 90. oficerowie FSB witali z nadzieją mianowanie Putina na stanowisko szefa służb specjalnych. Liczyli, że uda mu się zaprowadzić porządek.

W tym czasie podszyta antysemityzmem irytacja wobec oligarchów była coraz bardziej widoczna. (Za Jelcyna wypowiedzi o „żydkach", którzy „sprzedali Rosję", stały się normą na korytarzach Łubianki. Dyktowane były oczywiście bezsilnym lękiem przed nuworyszami, którzy z łatwością manipulowali prezydentem i obwiniani byli o wszystkie nieszczęścia spadające na Rosję)[7]. Pracownicy specsłużb, którzy pozostawali na stanowiskach, za rosnącą korupcję obwiniali demokratów początku lat 90., którzy – jak mawiano – zniszczyli KGB i osłabili całą służbę bezpieczeństwa Rosji. Na Łubiance uważało się byłych dysydentów za marionetki w rękach zachodnich służb specjalnych, realizujących plan Zachodu, którego celem jest zniszczenie rosyjskiego mocarstwa. Wszyscy ci ludzie charakteryzowali się pełnym kompleksów, prowincjonalnym i zawężonym do resortowych horyzontów spojrzeniem. Ale to właśnie oni formowali obowiązujący światopogląd organów bezpieczeństwa państwa.

FSB składa się z dwóch nierównych części – aparatu centralnego, którego liczebność nigdy nie przekroczyła kilku tysięcy osób, oraz lokalnych oddziałów, w których pracują dziesiątki tysięcy funkcjonariuszy. Ustrojowa transformacja lat 90. w szczególności dotknęła aparat centralny, podczas gdy lokalne zarządy specsłużb nie zmieniały się przez dziesiątki lat. Dziś to właśnie dzięki nim rozpowszechnia się prowincjonalna mentalność. Jednocześnie lokalne struktury FSB są źródłem, z którego aparat centralny czerpie swoje kadry, a razem z nimi przeszczepia na Łubiankę prowincjonalne i nieodpowiadające współczesnym wyzwaniom wyobrażenia o życiu i polityce.

Rosyjska Cerkiew Prawosławna również wniosła wkład w rozwój ksenofobii w FSB. W ciągu ostatnich dziesięciu lat te dwie instytucje coraz bardziej się do siebie zbliżały. W grudniu 2002 roku niedaleko placu Łubiańskiego, w sąsiedztwie siedziby FSB, został odbudowany chram Świętej Sofii, Mądrości Bożej. Poświęcił go osobiście patriarcha Aleksiej II, a w ceremonii wziął udział ówczesny dyrektor FSB Nikołaj Patruszew[8]. Nie zważając na dawne prześladowania ze strony radzieckiego KGB, Rosyjska Cerkiew Prawosławna nie przestała nigdy być ściśle związana z państwem. Do czasów rewolucji na czele Cerkwi stał de facto car, a rosyjskie prawosławie propagowało doktrynę Moskwy jako trzeciego Rzymu oraz wspierało ideę rosyjskiego samodzierżawia. Według Cerkwi Rosja otoczona jest niezliczonymi wrogami, z którymi FSB powinna walczyć. Poza tym Cerkiew zawsze obawiała się katolickiej ekspansji, a FSB pomagała jej bronić się przed prozelityzmem. Tylko w 2002 roku FSB wydaliła z Rosji pięciu katolickich księży, obwiniając niektórych z nich o szpiegostwo[9]. W odpowiedzi Cerkiew pobłogosławiła służby specjalne w ich walce z wrogami państwa.

W CZASACH RADZIECKICH ludzie KGB byli elitą. Ale gdy Związek Radziecki przestał istnieć i Rosja pogrążyła się w „mrokach nowego kapitalizmu", tylko bardzo niewielu oficerów KGB dało się poznać jako odnoszący sukces biznesmeni. Bardzo szybko wyprzedzili ich młodsi i aktywniejsi oligarchowie. Weteranom KGB przyszło zadowolić się drugo- i trzeciorzędnymi rolami: stanęli na czele służb bezpieczeństwa finansowych imperiów oligarchów. Tymczasem Putin dał pokoleniu weteranów służb szansę na powrót na wyższe stanowiska. Znów przeniknęli do telewizji i na uniwersytety, do banków i do ministerstw. Żeby ich rozpoznać, nie trzeba szukać pagonów na ich marynarkach. Weszli do władz przebrani w zwykłe garnitury: dziś władza wykorzystuje ich jak agentów, jutro sami będą wprowadzać do kierowanych przez siebie struktur swoich ludzi.

„Nie ma byłych czekistów" – to powiedzenie mówi o faktach. Wielu oficerów, formalnie na emeryturze, zostało w ciągu ostatnich lat wprowadzonych jako czynni agenci w struktury biznesu, mediów oraz organizacji społecznych. W celu opisania tej nowej sytuacji został nawet ukuty specjalny eufemizm – „oficer CR", czyli „oficer czynnej rezerwy". Termin ten ma swoją długą historię: wprowadzony został w latach 20. i był wykorzystywany do lat 90. XX wieku. W 1998 roku „oficerów CR" przemianowano na „oficerów AOP" (aparat oddelegowanych pracowników). Jednak sens pozostał taki sam. Status agenta czynnej rezerwy to tajemnica państwowa. Ktoś, kto go posiadł, nie może o tym mówić – prawo tego zabrania.

W rzeczywistości ta armia tajnych pracowników FSB nie życzy sobie po prostu, by ją utożsamiać z resztą społeczeństwa. W strukturach, do których zostali oddelegowani, prowadzą klasyczną agenturalną działalność – werbują agentów, piszą sprawozdania dla swojego kierownictwa. Trudno określić dokładną liczbę oficerów pracujących w czynnej rezerwie, jednak prawdopodobnie są ich tysiące.

Jednym z robiących największe wrażenie przykładów wprowadzenia oficera czynnej rezerwy na wysokie stanowisko była kariera byłego sekretarza prasowego FSB generała Aleksandra Zdanowicza. W czerwcu 2002 roku służący dotąd w wojskowym kontrwywiadzie, a później zajmujący stanowisko głównego historyka FSB oficer został wicedyrektorem medialnego koncernu, do którego należy Rossija, najważniejsza oficjalna stacja telewizyjna w kraju[10]. Na początku deklarowano, że Zdanowicz odpowiada tylko za bezpieczeństwo firmy, jednak z czasem stało się jasne, że jego pełnomocnictwa są znacznie szersze[11]. Gdy w październiku 2002 roku terroryści wzięli zakładników w rosyjskim teatrze na Dubrowce podczas przedstawienia musicalu „Nord-Ost", Zdanowicz wydawał polecenia prezenterom wiadomości, w jaki sposób mają relacjonować wydarzenia. Jednocześnie w czasie operacji uwalniania zakładników był oficjalnie włączony w skład sztabu operacyjnego: kontrolował wychodzące z telewizji informacje[12]. We wrześniu 2004 roku, gdy terroryści zajęli szkołę w Biesłanie w Osetii Północnej, autorzy tej książki widzieli Zdanowicza niedaleko epicentrum wydarzeń kilka godzin przed szturmem służb specjalnych. Znalazł się tam na zaproszenie służb, a raczej rozkaz, choć formalnie był pracownikiem stacji telewizyjnej. W grudniu 2004 roku rolę Zdanowicza jako wyznaczającego zasady, na jakich Kreml pozwala telewizji naświetlać „gorące tematy", potwierdził Władimir Putin, podpisując dekret wyrażający wdzięczność Zdanowiczowi za „aktywne wsparcie informacyjne wyborów prezydenckich w Czeczenii”[13]. W kolejnych latach Zdanowicz sprawował opiekę nad produkcją programów telewizyjnych, których celem było opiewanie sukcesów FSB. W latach 2005–2006 na ekrany wszedł serial „Tajna straż” opowiadający o pracy agentów tajnych służb. Był emitowany przez kanał Rossija, a w jego produkcji wzięła udział sama FSB.

Wszystko to krańcowo się różniło od tego, w jaki sposób telewizja funkcjonowała w latach 90. W tamtym czasie prywatna stacja NTW występowała otwarcie przeciwko polityce władz i w wieczornych wiadomościach emitowała nieocenzurowane reportaże z pierwszej wojny czeczeńskiej. Teraz to Zdanowicz, Putin i służby specjalne bezpośrednio wpływali na to, co zobaczą miliony Rosjan na ekranach swoich telewizorów.

Jednak nie wszyscy oficerowie czynnej rezerwy FSB zajęli tak eksponowane stanowiska. Wielu świadomie unikało zwracania na siebie powszechnej uwagi, choć mieli bardzo konkretną władzę. Przykładem jest Michaił, mężczyzna około pięćdziesiątki o wschodnich rysach twarzy i pierwszorzędnych manierach, który podobny jest do każdego, tylko nie do pułkownika FSB.

Ten mężczyzna narodowości tatarskiej wstąpił do służby w KGB, będąc – według naszych dzisiejszych wyobrażeń – bardzo młodym człowiekiem. Na wczesnym etapie kariery otrzymał zadanie inwigilacji ruchów islamskich w Uzbekistanie. Po rozpadzie Związku Radzieckiego został przeniesiony do Moskwy, do Aparatu Centralnego FSB, gdzie jego kompetencje okazały się bardzo pożądane w Służbie Kontrwywiadu. (Choć jego prawdziwe imię brzmi całkiem po tatarsku, zmęczyły go ksenofobiczne uwagi kolegów i od czasu przeprowadzki do Moskwy zaczął się przedstawiać jako Michaił). Uczestniczył w pierwszej wojnie czeczeńskiej, zaś w połowie pierwszej dekady XXI wieku otrzymał awans na pułkownika i został skierowany do pracy we władzach Moskwy w charakterze „oficera czynnej rezerwy". Jego zadaniem było nadzorowanie polityki władz miasta w stosunku do muzułmanów. Michaił zajmował się takimi kwestiami jak budowa nowego miejskiego meczetu czy osłabienie napięcia między tatarską i azerbejdżańską społecznością w stolicy. Równolegle prowadził agenturalną robotę w diasporach, śledził sytuację, zbierał informacje i przekazywał je FSB.

ZGODNIE Z ZASADAMI FSB przejętymi od KGB oficer czynnej rezerwy ma prawo do tylko jednego wynagrodzenia. Jeśli jego wynagrodzenie w FSB jest wyższe niż pensja w urzędzie, firmie, koncernie, dokąd został „oddelegowany", oficer może zostawić sobie różnicę. Ale jeśli pensja w FSB jest niższa, nadwyżkę „zewnętrznej" pensji powinien zwrócić służbom specjalnym. Jeśli oficer nie chce tego zrobić, a większość się na to nie zgadza, może zrezygnować z wynagrodzenia z FSB. W ten sposób oficerowie czynnej rezerwy znaleźli się między przysłowiowymi dwoma żłobami. FSB liczyła na to, że agent, skierowany do pracy w innej firmie, zachowa lojalność w stosunku do macierzystej służby. Jednak podczas burzliwego rozwoju rosyjskiego kapitalizmu wielu z oficerów czynnej rezerwy zaczęło być znacznie bardziej lojalnymi wobec swoich rozkwitających firm niż wobec więdnących organów. W niektórych przypadkach za swojego zwierzchnika zaczęli uważać firmę i jej bossów, a legitymacja FSB w kieszeni miała tylko zapewnić dostęp do cennych informacji i niezbędnych ludzi wewnątrz służb specjalnych. Inaczej było z oficerami oddelegowanymi do niewielkich firm – zwłaszcza majorami i pułkownikami. Pozostali oni lojalni wobec służb i nie rezygnowali z wynagrodzenia z FSB, licząc na kontynuację kariery w organach. Jeśli zaś chodzi o generałów czynnej rezerwy, podkupywały ich sobie nawzajem największe korporacje, proponując im ogromne pensje. Najczęściej to więc generałowie szybko zapominali o swoich stosunkowo skromnych generalskich uposażeniach. W rezultacie stawali się przedstawicielami biznesu wewnątrz FSB. Większość z nich miała już zresztą pod sześćdziesiątkę (albo ją przekroczyła) i doskonale zdawała sobie sprawę, że w służbach specjalnych raczej nie czeka ich żadna przyszłość. W rezultacie na Łubiance zaczął się tlić ukryty konflikt między różnymi pokoleniami oficerów. Z tym że niezadowolenie tych z najkrótszym stażem w specsłużbach wkrótce osiągnęło punkt krytyczny. Pułkownicy i majorowie zaczęli utyskiwać przeciwko polityce, która premiowała wyłącznie generałów i ich interesy. Jeden z pułkowników czynnej rezerwy FSB, który rozmawiał z autorami tej książki pod warunkiem zapewnienia mu anonimowości, tak opisał całą sytuację: „Kością niezgody była właśnie kwestia podwójnej pensji. Nie wolno mi było jej pobierać, a jednocześnie nie miałem prawa się afiszować z przynależnością do FSB. Dlatego musiałem najpierw wykonywać swoje oficjalne obowiązki, a po godzinach pracować dla FSB. Nie było wyjścia, z agentami spotykałem się po nocach. Więc jakim prawem nie płacili mi drugiej pensji? Ta zasada była ustanowiona tajnym rozkazem dyrektora FSB, ale przecież rozkaz ten nigdy nie został zarejestrowany w Ministerstwie Sprawiedliwości, co oznacza, że nigdy nie nabrał mocy prawnej".

Nikt pewnie nie wiedział więcej o czynnej rezerwie niż Putin. W ostatnich latach zimnej wojny jako oficer KGB służył on w NRD. Gdy w 1990 roku wrócił do Rosji, został włączony do czynnej rezerwy i oddelegowany na Leningradzki Uniwersytet Państwowy. Rok później został przeniesiony na etat do merostwa Leningradu, gdzie pracował dla znanego demokraty Anatolija Sobczaka. 20 sierpnia 1991 roku zwolnił się z KGB[14]. Ale gdy tylko został prezydentem, pracownicy bezpieki zaczęli się szybko przemieszczać na kierownicze stanowiska w biznesie i władzy. W wielu przypadkach Putin bezpośrednio awansował na wysokie stanowiska ludzi, którzy w swoim czasie służyli w KGB albo innych służbach specjalnych. Szeregi tak zwanych siłowików przy Putinie powiększyły się wielokrotnie. Na przykład Igor Sieczyn, który służył w wywiadzie wojskowym, został zastępcą premiera oraz prezesem rady dyrektorów Rosnieftu – gigantycznej państwowej kompanii naftowej. Siergiej Iwanow, były pracownik Zarządu Wywiadu Zagranicznego KGB, został zastępcą premiera. Były agent KGB Wiktor Iwanow trafił na stanowisko zastępcy szefa administracji prezydenta, a następnie stanął na czele służby walczącej z handlem narkotykami. Władimir Szulc, były wicedyrektor FSB, wszedł do kierownictwa Rosyjskiej Akademii Nauk. Na czele największego rosyjskiego imperium biznesowego Alfa Group stanął były wicedyrektor Federalnej Służby Ochrony Anatolij Procenko. Władimir Jakunin, były oficer radzieckiego wywiadu pracujący w Nowym Jorku, został prezydentem Kolei Rosyjskich, właściciela jednej z największych na świecie sieci trakcyjnych. Jurij Zaostrowcew, były naczelnik Służby Bezpieczeństwa Ekonomicznego FSB, został mianowany wiceprezesem Wnieszekonombanku – głównej państwowej agencji zajmującej się obsługą długu państwowego i zarządzaniem funduszem emerytalnym.

Jednak najbardziej zagadkowa i niewiarygodna jest kariera generała Aleksandra Pieriełygina. Zaczynał w KGB: zajmował się obsługą techniczną grup wywiadowczych. Na początku lat 90. XX wieku został zastępcą naczelnika UFSB w Moskwie i Obwodzie Moskiewskim. Pod koniec lat 90. był już doradcą ds. bezpieczeństwa mera Moskwy Jurija Łużkowa. Kiedy zwolnił się z FSB (i czy w ogóle się zwolnił) – nie wiadomo. Ale ciekawe jest, jak często znajdował się na skrzyżowaniu interesów polityki resortów siłowych i biznesu. Pieriełygin na przykład wielokrotnie odwiedzał Łotwę, co skończyło się tym, że Łotysze oskarżyli go o mieszanie się do ich polityki wewnętrznej. Na tej podstawie w listopadzie 2000 roku odmówiono mu wizy wjazdowej[15]. Później Pierieługin stał się potężnym graczem na moskiewskim rynku nieruchomości – został mianowany zastępcą kierownika departamentu zajmującego się we władzach Moskwy inwestycjami budowlanymi. Faktycznie zaś był pośrednikiem między służbami specjalnymi a deweloperami w jednej z najdelikatniejszych kwestii – przy zakupie terenów należących do służb specjalnych[16]. Był to intratny biznes, bowiem ceny nieruchomości w Moskwie na początku pierwszej dekady XXI w. można było porównać tylko z nowojorskimi i londyńskimi, zaś rosyjskie służby specjalne jeszcze od czasów stalinowskich posiadały olbrzymie działki w samym centrum miasta. Zmieniając jedno stanowisko na drugie, Pierieługin z lekkością i swobodą przemieszczał się między państwem a biznesem. Później został mianowany jeszcze zastępcą dyrektora generalnego spółki Norylski Nikiel, najpotężniejszego na świecie producenta niklu i palladu – kierował służbą bezpieczeństwa tego przemysłowego giganta. Jego talenty i kompetencje są ciągle pożądane. I, jak się zdaje, nieograniczone. W ostatnich latach na przykład próbował ratować reputację rosyjskich biatlonistów niedopuszczonych do wzięcia udziału w olimpiadzie z powodu przyłapania ich na dopingu[17].

W MIARĘ JAK służby specjalne nowej Rosji zajmowały się coraz to innymi rodzajami działalności, zamiast pełnić swoje „tradycyjne" funkcje, w ich szeregach rosło niezadowolenie. Argumenty niezadowolonych zostały wyłożone w opublikowanym 9 października 2007 roku liście otwartym Wiktora Czerkiesowa. Czerkiesow to bliski przyjaciel Putina, jego żona była właścicielką prywatnej agencji informacyjnej oraz jednej z petersburskich gazet. W swoim czasie był oficerem KGB. Jego list, opublikowany pod tytułem „Nie można dopuścić, by wojownicy zmienili się w handlarzy", zawierał specyficzną analizę lat

90., w których – zdaniem autora – Rosja znalazła się w otchłani chaosu, ale została uratowana dzięki „czekistowskiej kotwicy". „Niektórzy chcieli, by [Rosja] spadła na dno i rozpadła się na kawałki – napisał Czerkiesow – ale społeczeństwo utrzymało się na tej kotwicy". Niemniej jednak, kontynuował, wewnątrz służb specjalnych również obserwuje się niszczące konflikty. Wielu spośród najlepszych pracowników KGB opuściło formację w poszukiwaniu lepszych zarobków. Zastępca samego Czerkiesowa w rezultacie sporów między służbami specjalnymi znalazł się w więzieniu. W liście Czerkiesow martwił się, że twarda rywalizacja nastawia pracowników służb specjalnych przeciwko sobie, a „czekistowska wspólnota" z radzieckich czasów została bezpowrotnie utracona. „Już teraz eksperci i dziennikarze mówią o »wojnie frakcji« wewnątrz służb specjalnych – przestrzegał. – W tej wojnie nie będzie zwycięzców. Wojna »wszystkich przeciwko wszystkim« zakończy się całkowitym rozkładem służb... Gdy wojownicy stają się handlarzami, kasta rozpada się od wewnątrz"[18].

GDY SPOJRZYMY NA LUDZI PODOBNYCH DO PIERIEŁYGINA, staje się jasne, że w FSB zapanował nowy ład. W jego ramach służby specjalne gwarantowały swoim oficerom wynagrodzenie oraz stabilność zatrudnienia, zapewniając im wysokie stanowiska w biznesie oraz strukturach władzy. Jednak dotyczyło to tylko wybrańców, co wraz z twardą konkurencją między byłymi kolegami pogłębiło jeszcze podziały w specsłużbach.

3. TEGO WYMAGA INTERES PAŃSTWA

SZPIEGOMANIA

W MAJU 1999 ROKU Putin był już dyrektorem FSB oraz szefem Rady Bezpieczeństwa przy prezydencie Federacji Rosyjskiej. Sytuacja w kraju w tym czasie niezwykle się skomplikowała: minęło zaledwie kilka miesięcy od wybuchu głębokiego kryzysu ekonomicznego. Prezydent Borys Jelcyn ewidentnie tracił kontrolę nad sytuacją. W czerwcu Putin udzielał wywiadu gazecie „Komsomolskaja Prawda". Na pytanie: „Krąży pogłoska, że pan albo pana koledzy przeprowadzą zamachu stanu", odpowiedział: „A po co mielibyśmy przeprowadzać zamach stanu, gdy i tak to my rządzimy? Przeciwko komu więc mielibyśmy przeprowadzić zamach?". Gdy usłyszał od dziennikarza, że przeciw prezydentowi, uśmiechnął się tylko i odrzekł: „Ale to on nas przecież namaścił".

W charakterze największego niebezpieczeństwa dla Rosji Putin wymienił nie wewnętrzne zagrożenia, tylko międzynarodową infiltrację. Ogłosił: „Niestety, obce specsłużby bardzo aktywnie wykorzystują w swoich działaniach różne organizacje ekologiczne i społeczne, a także firmy oraz fundacje zajmujące się działalnością dobroczynną. Właśnie dlatego wszystkie owe struktury zawsze będą się znajdowały pod naszą baczną obserwacją, nawet jeśli będą naciskały na nas media i społeczeństwo. Tego wymaga od nas interes państwa"[1]. FSB odebrała te słowa jako sygnał. W ciągu ostatnich lat wszystkie wymienione przez Putina organizacje stały się obiektami prześladowań. Fala procesów przeciwko domniemanym szpiegom, która przetoczyła się przez Rosję, stała się jednym z najbardziej zauważalnych świadectw poważnej zmiany kursu.

W latach 90., gdy gospodarka kraju znajdowała się na skraju bankructwa, Zachód zaproponował Rosji finansową pomoc. Jelcyn z wdzięcznością ją przyjął. Jednak nieustanna zależność od zachodnich kredytów oraz wstrząsy społeczne wywołały w ludziach poczucie poniżenia i potrzebę buntu. Kryzys 1998 roku i nowa wojna w Czeczenii, która wybuchła w 1999 roku, pogorszyły tylko sytuację. Odpowiedzią na te wydarzenia był wzrost popularności Putina, który proponował proste rozwiązania – również z użyciem siły. Polowanie na zagranicznych szpiegów było tylko jednym z elementów nowej strategii. W roku 2000 o działalność szpiegowską zaczęto oskarżać fundacje dobroczynne oraz organizacje zajmujące się obroną praw człowieka. W sierpniu FSB oskarżyła brytyjską organizację charytatywną Halo Trust zajmującą się rozbrajaniem min i niewybuchów o to, że jej przedstawiciele szpiegowali w Czeczenii oraz szkolili bojowników, jak konstruować miny i bomby[2]. W roku 2002 trzydziestu pracującym w Rosji wolontariuszom Korpusu Pokoju odmówiono przedłużenia wiz wjazdowych. Stała za tym Federalna Służba Bezpieczeństwa, która podejrzewała Amerykanów o to, że zbierają „informacje o społeczno-politycznej oraz ekonomicznej sytuacji w Rosji"[3]. W roku 2006 na celowniku znalazły się już rosyjskie organizacje pozarządowe. Najbardziej znane z nich, walczące o prawa człowieka, w tym Moskiewska Grupa Helsińska, zostały oskarżone o branie pieniędzy od brytyjskiego wywiadu. W telewizji państwowej wyemitowano film dokumentalny, w którym kilku brytyjskich dyplomatów zostało zdemaskowanych jako agenci wywiadu zajmujący się finansowaniem rosyjskich NGO-sów[4].

Za wszystkimi tymi oskarżeniami stał sam Putin. 7 lutego 2006 roku na posiedzeniu Kolegium FSB ogłosił: „Rosyjski wywiad zadziałał profesjonalnie. I można tylko wyrazić żal, że skandal ten rzucił cień na organizacje pozarządowe. Ale wy nie macie z tym nic wspólnego. Należy być bardziej ostrożnym przy wyborze tych, od których przyjmuje się finansową pomoc"[5]. W listopadzie 2007 roku Putin zarzucił opozycji politycznej, że „sępi od zagranicznych ambasad"[6].

Osobna kategoria to naukowcy. W okresie zimnej wojny kontakty radzieckich instytutów naukowo-badawczych z zagranicznymi odpowiednikami były mocno ograniczone i ściśle kontrolowane. Jednak w latach 90. uczonym pozwolono przyjmować zachodnie granty na badania. Taki stan rzeczy trwał około dziesięciu lat, ale już w pierwszych latach XXI wieku FSB zmieniła zasady gry i ogłosiła, że demokratyczne reformy doprowadziły do masowego wycieku tajemnic państwowych i konieczne jest odbudowanie reżimu poufności. W roku 2004 rosyjskimi naukowcami wstrząsnęło oskarżenie Walentina Daniłowa, fizyka, dyrektora Centrum Krasnojarskiego Państwowego Uniwersytetu Technicznego, o szpiegostwo. Chodziło o kontakty jego Centrum z Chinami. Skazano go na czternaście lat pozbawienia wolności[7]. Najgłośniejszym przykładem podobnych akcji FSB była jednak sprawa wytoczona norweskiej ekologicznej organizacji Bellona. Jej współpracownik, były oficer i kontroler atomowych okrętów podwodnych Aleksandr Nikitin, który pisał o problemach bezpieczeństwa jądrowego rosyjskiej floty podwodnej, został aresztowany w lutym 1996 roku. Ostatecznie sąd go uniewinnił, ale musiał na to czekać aż do grudnia 1999 roku[8].

Organizacje ekologiczne „cieszyły się” szczególną uwagą służb specjalnych. W listopadzie 2002 roku w siedzibie irkuckiej organizacji społecznej Bajkalska Fala Ekologiczna zajmującej się problemami najgłębszego jeziora na świecie pojawili się pracownicy miejscowego oddziału FSB, by przeprowadzić rewizję. Agenci FSB poinformowali pracowników organizacji, że toczy się przeciwko nim śledztwo: zostali oskarżeni o ujawnienie tajemnicy państwowej. W tym samym czasie lokalne media otrzymały od FSB informację o szpiegowskiej działalności ekologów. Jednak wszystkie liczące się gazety napisały o całym wydarzeniu w tonie oburzenia na działania specsłużb. Po kilku dniach organizacja została uwolniona ze wszystkich oskarżeń[9].

Świat biznesu również nie został pominięty przez FSB. Jednym z obiektów antyszpiegowskiej kampanii stała się norweska firma telekomunikacyjna Telenor. W grudniu 1998 roku podpisała ona umowę o partnerstwie strategicznym z wiodącym rosyjskim operatorem sieci komórkowych WympiełKom. W połowie pierwszego dziesięciolecia XXI wieku Norwegowie posiadali już 26,6 proc. akcji WympiełKoma[10]. W roku 2005 Telenor otrzymał ostrzeżenie od FSB, by nie gromadził więcej akcji i nie doprowadził do sytuacji, w której będzie posiadać pakiet kontrolny, czyli 45 proc. akcji WympiełKoma. FSB wysłała do Federalnej Służby Antymonopolowej list, w którym kategorycznie protestowała przeciwko zgodzie na zakup akcji WympiełKoma przez Norwegów. Wszak operator komórkowy to strategicznie ważna dla Rosji firma, zaś Telenor podejrzewany jest o działalność szpiegowską oraz aktywne kontakty z norweskimi służbami specjalnymi[11]. W rezultacie Federalna Służba Antymonopolowa nie udzieliła Telenorowi pozwolenia na kupno akcji.

W ROKU 2003 Nikołaj Oleszko został mianowany zastępcą naczelnika Zarządu Śledczego FSB. Karierę demaskatora szpiegów Oleszko zaczął jeszcze w latach 80. – w Grupie Wojsk Radzieckich w NRD. Dwadzieścia lat później był wymieniany jako jeden z najlepszych specjalistów od kontrwywiadu. Został więc mianowany szefem pierwszego, „szpiegowskiego" oddziału FSB. W 2004 roku, gdy został dyrektorem zarządu, przebudował cały swój nowy departament tak, by jego priorytetem stał się właśnie kontrwywiad.

Oddział pierwszy, zajmujący się wykrywaniem działalności szpiegowskiej, przechodził w tym czasie poważny kryzys kadrowy[12]. „Profesjonalne kadry zostały utracone – mówił adwokat Jurij Gierwis, który dziesięć lat przesłużył w Zarządzie Śledczym KGB (zwolnił się w 1993 roku), a od końca lat 90. do połowy pierwszej dekady XXI w. występował jako adwokat w kilku sprawach dotyczących zarzutów o szpiegostwo. – Na przykład w Pierwszym, tak zwanym szpiegowskim oddziale FSB nie ma ani jednego śledczego, poza naczelnikiem, który ukończył Akademię FSB... Nie ma komu tropić prawdziwych szpiegów, dlatego FSB robi szpiegów z osób i organizacji pozarządowych, które mają kontakty z zagranicznymi kontrahentami. W rezultacie »szpiegowskie« sprawy mają charakter poszlakowy, dowody są słabe i wszystkie są utajnione, by ukryć głupotę i liczbę popełnionych [przez FSB] błędów"[13].

W roku 2004 Oleszko przekonał kierownictwo FSB, by nadzór nad działalnością wszystkich miejscowych oddziałów śledczych powierzyło Pierwszemu Oddziałowi. Zwiększył w ten sposób znaczenie oddziału oraz całego pionu „szpiegowskiego". Wkrótce pojawiła się możliwość sprawdzenia nowej metody w praktyce – do Więzienia Lefortowskiego przekazano sprawę z Kaługi, którą lokalny zarząd śledczy dokumentnie spartaczył.

W 1999 roku Igor Sutiagin, analityk wojskowy Instytutu USA i Kanady, został aresztowany przez Zarząd FSB Obwodu Kałuskiego i oskarżony o przekazywanie tajnych informacji obcemu wywiadowi. FSB ustaliła, że Sutiagin współpracował z Seanem Kiddem oraz Nadią Lock, przedstawicielami londyńskiej firmy Alternative Futures, oraz otrzymywał od nich wynagrodzenie za konsultacje w sprawach rosyjskiej techniki wojskowej[14]. Zgodnie z wersją FSB Kidd i Lock byli pracownikami wywiadu wojskowego Stanów Zjednoczonych. FSB przekazała dziennikarzom londyński adres siedziby Alternative Futures, ale do tego czasu firma zniknęła bez śladu.

W sądzie w Kałudze FSB nie udało się udowodnić, że Sutiagin był szpiegiem i przekazywał tajemnice państwowe Alternative Futures. FSB nie była w stanie również przedstawić w sądzie informatora, który mógł przekazać Sutiaginowi tajne informacje, a sam Sutiagin nie miał dostępu do tajemnic państwowych. Wyglądało więc na to, że wszystkie „tajne" informacje Sutiagin zaczerpnął z gazet. W grudniu 2001 roku Kałuski Sąd Obwodowy uznał oskarżenie za zbyt mało udokumentowane i zlecił zebranie większej liczby dowodów. Rok później sprawa Sutiagina została przekazana z Kaługi do Zarządu Śledczego FSB, czyli do oddziału Oleszki. Sam Sutiagin został przewieziony do Więzienia Lefortowskiego[15].

Sąd przysięgłych pod przewodnictwem sędziego Piotra Sztundera zaczął rozpatrywać sprawę Sutiagina w listopadzie 2003 roku. Po trzech miesiącach Sztunder ogłosił, że nie będzie dłużej rozpatrywał tej sprawy. Nie podał żadnych powodów swojej decyzji. W marcu 2004 roku w Moskiewskim Sądzie Miejskim zaczął się nowy proces, tym razem przewodniczyła sędzia Marina Komarowa. W kwietniu nowa ława przysięgłych uznała Sutiagina za winnego.

Został skazany na 15 lat pozbawienia wolności w kolonii o zaostrzonym rygorze.

Po ogłoszeniu wyroku wstrząśnięci adwokaci ogłosili, że FSB naciskała na przysięgłych. Ale ujawnienie tej informacji nie przyniosło żadnego rezultatu. Wkrótce obrona odkryła, że nazwisko jednego z przysięgłych figurowało pierwotnie na liście kandydatów do ławy przysięgłych w Moskiewskim Obwodowym Sądzie Wojskowym. W jaki sposób znalazł się w Moskiewskim Sądzie Miejskim – to zagadka. Najwyraźniej człowiek ten został celowo wprowadzony do składu ławy przysięgłych. W sierpniu adwokaci Sutiagina ogłosili jego nazwisko: Grigorij Jakimiszyn.

Kim jest Jakimiszyn? Dowiedzieliśmy się, że przez długi czas był pracownikiem Pierwszego Głównego Zarządu KGB (wywiad zagraniczny), służył w Polsce, a w 1996 roku był zamieszany w skandal, w wyniku którego oskarżono o szpiegostwo na rzecz Rosji ówczesnego premiera Józefa Oleksego. Według polskich mediów dowody na współpracę premiera z wywiadem rosyjskim pochodziły właśnie od Jakimiszyna.

Zgodnie z rosyjskim prawem oficerowie służb specjalnych nie mają prawa wchodzić w skład ławy przysięgłych. Przy wyborze przysięgłych w sprawie Sutiagina wszystkim kandydatom zadawano pytanie o rodzaj pracy, którą wykonują, i jeśli okazywało się, że któryś z nich kiedykolwiek pracował w organach sprawiedliwości albo służbach specjalnych, odsuwano go. Ale tylko w przypadku, jeśli otwarcie się do tego przyznał. Grigorij Jakimiszyn – zdaniem adwokata Sutiagina Anny Stawickiej – zataił swoją przeszłość.

Współautorka tej książki Irina Borogan zadzwoniła do Jakimiszyna. Rozmowa okazała się bardzo krótka.

– Grigoriju Romanowiczu, przygotowujemy publikację o procesie Sutiagina. Proszę nam powiedzieć, czy to pan pracował w ambasadzie Rosji w Polsce w latach 1994–1996? – zapytała Borogan.

– Złożyłem w sądzie zobowiązanie, że nie będę zdradzał tajemnic śledztwa. W sądzie znajduje się kopia listy stanowisk, które zajmowałem – odpowiedział Jakimiszyn.

– Ale może pan odpowiedzieć, czy pracował pan w Polsce, czy nie? – nalegała Borogan.

– Jakie jest następne pytanie? – usłyszała w odpowiedzi.

– Jak skomentowałby pan skandal związany z pana nazwiskiem, który był szczegółowo opisywany w polskich mediach? – kontynuowała Borogan.

Jakimiszyn ostatecznie stracił cierpliwość i powiedział:

– Nie mam zamiaru odpowiadać. Proszę więcej do mnie nie dzwonić.

Wygląda więc na to, że Sutiagin został skazany za zdradę państwową przez ławę przysięgłych, w skład której wchodził oficer wywiadu zamieszany w przeszłości w skandal szpiegowski[16].

HISTORIA Z SUTIAGINEM miała swój nieoczekiwany ciąg dalszy. 27 czerwca 2010 roku w USA dziesięć osób zostało aresztowanych i oskarżonych to, że były szpiegami rosyjskiej Służby Wywiadu Zagranicznego. Po kilku dniach w Białym Domu została podjęta decyzja o wymianie. Dyrektor Służby Wywiadu Zagranicznego otrzymał listę osób, które Amerykanie chcieli przejąć w zamian za rosyjskich szpiegów. Byli to: były oficer wywiadu KGB Giennadij Wasilienko, który w latach 80. pracował w USA i w 2006 roku został skazany za nielegalne posiadanie broni, oficer Służby Wywiadu Zagranicznego Aleksandr Zaporożskij (w 2003 roku skazany na 18 więzienia za szpiegostwo na rzecz Stanów Zjednoczonych), były pułkownik Głównego Zarządu Wywiadowczego Siergiej Skripal (w 2006 roku skazany za szpiegostwo dla Wielkiej Brytanii na 13 lat) oraz Igor Sutiagin. Wszystkie szczegóły wymiany zostały omówione do 4 czerwca i już 9 czerwca na lotnisku w Wiedniu dziesięcioro oskarżonych o szpiegostwo na rzecz Rosji w USA zostało wymienionych na czworo obywateli Rosji. Przed wymianą cała czwórka uczestników skandalu przyznała się do winy. Wieczorem tego samego dnia było już jasne, że Skripal i Sutiagin podjęli decyzję, że chcą pozostać w Wielkiej Brytanii. Zaporożskij i Wasilienko polecieli do Stanów Zjednoczonych.

To, że Sutiagin znalazł się w grupie uwolnionych szpiegów, postawiło jego obrońców w trudnej sytuacji. Jego aresztowanie pod koniec lat 90. zbiegło się w czasie z kampanią FSB przeciwko ekologom, a skandale towarzyszące śledztwu oraz jego procesowi doprowadziły do tego, że stał się postacią-symbolem na miarę dysydentów epoki ZSRR. Amnesty International ogłosiła Sutiagina więźniem sumienia, a rosyjscy obrońcy praw człowieka więźniem politycznym, przy czym nic nie było wiadomo o poglądach politycznych Sutiagina przed jego aresztowaniem. Z oficjalnego oskarżenia przedstawionego Sutiaginowi w Moskiewskim Sądzie Miejskim wynikało, że zarzuca się mu przekazywanie informacji uzyskanych z ogólnie dostępnych dokumentów, które w jakiś cudowny sposób przemieniły się w tajemnice państwowe. Absurdalność oskarżeń wzmacniała jeszcze następująca okoliczność: Sutiagin jako pracownik Instytutu USA i Kanady nigdy nie miał dostępu do tajemnic państwowych. Wykrycie Jakimiszyna w składzie ławy przysięgłych jeszcze potwierdziło słabość argumentów FSB.

Jednak równocześnie poza kręgiem zainteresowań liberalnych mediów pozostawała wątpliwej reputacji firma konsultingowa Alternative Futures, dla której miał pracować Sutiagin. Przypomnijmy, że zgodnie z wersją FSB kontaktował się on z dwojgiem pracowników firmy – Seanem Kiddem oraz Nadią Lock. FSB uważała ich za przedstawicieli amerykańskiego wywiadu wojskowego. Jako dowód przedstawiła nawet adres oraz telefony siedziby firmy w Londynie. Jednak w momencie wybuchu skandalu biuro było już opuszczone, a telefony odłączone.

W roku 2004 autorzy tej książki otrzymali informację o trzecim człowieku, który był związany z Alternative Futures, Brytyjczyku Christopherze Martinie. Poznaliśmy też adres domu w Londynie, w którym Sutiagin spotykał się z Nadią Lock oraz Seanem Kiddem. Kiedy sprawdzaliśmy ten adres, okazało się, że dom należy do Christophera Martina. Odebrał telefon od nas. W czasie rozmowy powiedział, że po raz pierwszy słyszy o Sutiaginie, że dom czasami wynajmuje, a na koniec odmówił spotkania się z nami. Dzięki pomocy brytyjskich dziennikarzy ustaliliśmy jednak, że Martin to były urzędnik Barclays Bank. W roku 2004 pracował w niedużym wydawnictwie, którego specjalizacją były pamiętniki wojenne oraz wspomnienia byłych szpiegów i dyplomatów. Miesiąc po naszej rozmowie z Martinem jego dom został wystawiony na sprzedaż. O tym również pisaliśmy w „Moskowskich Nowostiach". Nie było jednak żadnej reakcji na naszą publikację.

Wymiana Sutiagina z inicjatywy USA oraz jego przyznanie się do winy zmieniają sytuację. Wydarzenia te pozwalają nam przypuszczać, że FSB nie była w stanie albo nie zechciała dostarczyć do sądu materiałów o tym, jakiego rodzaju tajemnice państwowe w rzeczywistości przekazywał on Alternative Futures. A przede wszystkim – gdzie biło źródło przecieku tych tajemnic (w kuluarach wymieniano obnińskie centrum szkolenia załóg atomowych łodzi podwodnych, w którym Sutiagin był wykładowcą). Zamiast informatora, który miał dostęp do tajemnic państwowych, w sądzie zostały przedstawione nieistotne okoliczności, które same w sobie nie są przestępstwem. Za tę sądową mistyfikację Sutiagin dostał 15 lat kolonii karnej. I właśnie to pozostaje podstawą zarzutów wobec FSB w tej sprawie: Sutiagin został osądzony niezgodnie z prawem.

Tak czy inaczej przyznanie się Sutiagina do winy postawiło w trudnej sytuacji nie tylko obrońców praw człowieka, ale też innych uczonych oskarżonych o szpiegostwo, którzy wciąż tkwią w więzieniu. Chociażby fizyka z Krasnojarska Walentina Daniłowa oskarżonego o szpiegostwo na rzecz Chin [ostatecznie wyszedł w 2012 roku po odsiedzeniu dziewięciu z dwunastu lat więzienia – przyp. red.]. Amnesty International, która uznając Sutiagina za więźnia sumienia, postawiła go w ten sposób w jednym rzędzie chociażby z Władimirem Bukowskim, po wymianie była zmuszona się z tego wykręcać, ogłaszając, że Sutiagin mógł się przyznać do winy pod naciskiem.

CO ROKU FSB OGŁASZA RAPORT O WYKRYCIU dziesiątków zdrajców oraz szpiegów. W roku 2008 – według danych służb specjalnych – złapano 149 zagranicznych agentów. W grudniu 2008 roku dyrektor FSB Aleksandr Bortnikow poinformował dziennikarzy: „Federalna Służba Bezpieczeństwa Federacji Rosyjskiej przerwała w 2008 roku działalność 48 kadrowych pracowników oraz 101 agentów służb specjalnych obcych państw"[17]. Jednak rzeczywista liczba dochodzeń oraz procesów osób oskarżonych o szpiegostwo nijak się ma do tych imponujących na pozór cyfr. Na przykład „kadrowymi pracownikami" nazywa obcokrajowców, których działalność uznano za podejrzaną i na tej podstawie odmówiono im pozwolenia na wjazd do Rosji. Pod pojęciem „agenci" FSB rozumie obywateli rosyjskich, których służby specjalne podejrzewają o zamiar zdradzenia tajemnic państwowych zagranicznym służbom specjalnym. „Agenci" figurujący w statystykach FSB nigdy nie są nazywani po nazwisku, ponieważ większość z nich to tak zwani przedsiębiorczy, czyli ludzie, którzy próbowali wejść w kontakt z ambasadami obcych państw, ale zostali zatrzymani, zanim zdążyli przekazać jakiekolwiek informacje. W większości wypadków przedstawiciele ambasad nigdy o nich nie słyszeli. I choć FSB często nie udaje się poprzeć dowodami oskarżeń o szpiegostwo, w żaden sposób nie przeszkadza to gwałtownemu rozwojowi kariery śledczych prowadzących te „sprawy".

W roku 1997 kontrwywiad Floty Oceanu Spokojnego wytoczył na przykład sprawę karną dziennikarzowi Grigorijowi Paśce z Władywostoku. Paśko współpracował z japońską telewizją. Przygotowywał dla niej reportaże o zrzucaniu odpadów jądrowych do oceanu. Honoraria od obcokrajowców uczyniły z Paśki łatwy cel dla rosyjskich służb specjalnych. Sprawę nadzorował Gierman Ugriumow, kierownik Zarządu FSB do spraw Floty Oceanu Spokojnego. Paśko został oskarżony o szpiegostwo. W roku 1999 uwolniono go od zarzutów, jednak już w 2000 roku Sąd Najwyższy skierował jego sprawę do ponownego rozpatrzenia. Ostatecznie w grudniu 2001 roku został uznany za winnego i skazany na cztery lata pozbawienia wolności. Z więzienia wyszedł w styczniu 2003 roku.

Tymczasem prowadzący jego sprawę Ugriumow awansował. Został mianowany zastępcą dyrektora FSB i przeprowadził się do Moskwy. Świetnie przy tym zdawał sobie sprawę, jak ważną rolę w jego karierze odegrała sprawa Paśki. We wrześniu 2000 roku stanął na czele sztabu, który pracował nad uwolnieniem zakładników w Soczi. Godzinę po zakończeniu bezkrwawej operacji specjalnej (terroryści się poddali) Ugriumow znalazł czas na rzucanie oskarżeń pod adresem współautora tej książki Andrieja Sołdatowa, że gazeta „Izwiestia", w której wówczas obydwoje pracowaliśmy, w niewłaściwy sposób opisywała proces Grigorija Paśki.

W styczniu 2001 roku Ugriumow stanął na czele Regionalnego Sztabu Operacyjnego na Kaukazie Północnym. W tym samym roku Władimir Putin przyznał mu tytuł Bohatera Federacji Rosyjskiej. W roku 2001 wróżono Ugriumowowi stanowisko dyrektora FSB. Karierę przerwała jednak jego nagła samobójcza śmierć[18].

Oficerowie FSB na niższych szczeblach, którzy uczestniczyli w sprawie Paśki, również awansowali. Aleksandr Jegorkin, dowodzący grupą śledczą, dostał posadę naczelnika oddziału śledczego UFSB do spraw Floty Oceanu Spokojnego.

Gdy w sądzie okazało się, że Jegorkin podczas dochodzenia naruszył kodeks karny i fałszował materiały śledztwa, udzielono mu nagany, ale i tak wkrótce otrzymał awans na majora[19]. Następnie został przeniesiony do Moskwy, gdzie stanął na czele wydziału kontrwywiadu wojskowego Zarządu Śledczego FSB.

Pod koniec lat 90. miasto Władywostok, jeśli sądzić po aktywności FSB, znajdowało się na pierwszej linii frontu walki ze szpiegostwem. W lipcu 1999 roku pracownicy FSB przeprowadzili rewizje w mieszkaniu oraz laboratorium oceanologa Władimira Sojfera – pod pretekstem, że jego badania stanowią zagrożenie dla bezpieczeństwa kraju. Ostatecznie sprawę zamknięto na mocy amnestii – mniejsza o to, że wcześniej oficjalnie nie przedstawiono Sojferowi żadnych zarzutów. Sojfer oprotestował akt amnestii, która tak czy inaczej rzucała cień na jego reputację. W maju 2001 roku cała sprawa została zamknięta. Do tego czasu generał Siergiej Wieriowkin-Rachalskij, naczelnik Zarządu FSB w Kraju Nadmorskim, który zainicjował to śledztwo, był już w Moskwie. W roku 2000 został wiceministrem, a w 2001 otrzymał stopień generała-porucznika oraz awans na zastępcę dyrektora Federalnej Służby Policji Podatkowej.

Błyskawiczne kariery oficerów FSB z Władywostoku nie mogły zostać niezauważone przez ich kolegów z innych rejonów. Wkrótce polowanie na szpiegów ogarnęło cały kraj, nawet rejony najbardziej oddalone od granic Federacji. W styczniu 2002 roku UFSB miasta Penza ogłosiło, że zdemaskowało 22-letniego szpiega, który miał zwerbować 16-letniego chłopaka. Później się wyjaśniło, że owym szpiegiem był nauczyciel angielskiego, który poprosił jednego ze swoich uczniów o przyniesienie zrobionych przez jego ojca fotografii kosmodromu Bajkonur. Pracownicy FSB twierdzili, że nauczyciel zamierzał sprzedać te fotografie ambasadzie USA[20].

JEDNĄ Z POKAZOWYCH SPRAW „szpiegowskiego" Zarządu Śledczego FSB był proces Walentyna Mojsiejewa. Mojsiejew, były zastępca dyrektora Pierwszego Departamentu Krajów Azji i Afryki Ministerstwa Spraw Zagranicznych, został aresztowany 4 czerwca 1998 roku i oskarżony o przekazywanie tajnych dokumentów wywiadowi Korei Południowej.

Były oficer FSB, a obecnie adwokat Jurij Gierwis tak skomentował całą sprawę: „To, co działo się z Mojsiejewem, w rzeczywistości nazywa się kreowaniem sytuacji werbunkowej. Jego dobre stosunki z Czo Son U, radcą ambasady Korei Południowej w Rosji, południowokoreański wywiad mógłby wykorzystać, żeby go zwerbować. Dlatego FSB rozpracowywała Czo Son U i jego kontakty z Mojsiejewem. Pracownik czynnej rezerwy FSB, oddelegowany do Ministerstwa Spraw Zagranicznych, zaczął się regularnie spotykać z Mojsiejewem w celu wydobycia od niego informacji. Następnie FSB wykorzystała informacje, których udzielił im sam Mojsiejew, jako dowód przeciwko niemu. Z prawniczego punktu widzenia – to czysta prowokacja"[21].

Okazało się, że oskarżenia wysunięte przeciwko Mojsiejewowi nie zostały poparte żadnymi dowodami. Do spisu „tajnych" dokumentów przekazanych przez Mojsiejewa FSB włączyła tak „tajne" akta jak „Porozumienie o ochronie ptaków wędrownych"[22]. Nic dziwnego, że w procesie uczestniczyło aż pięciu sędziów, byli oni bowiem wciąż odsuwani i wymieniani na następnych. Mimo to ostatecznie Sąd Najwyższy anulował decyzję Moskiewskiego Sądu Miejskiego, który skazał Mojsiejewa na 12 lat pozbawienia wolności, i obniżył wyrok do czterech lat.

Wybór śledczych, którzy zajmowali się sprawą Mojsiejewa, również zasługuje na uwagę. Jeden z nich okazał się synem naczelnika więzienia Lefortowo, w którym siedział Mojsiejew. Drugi, Jurij Płotnikow, w swoim czasie brał udział w śledztwie w sprawie Edmonda Poupa – oskarżonego o szpiegostwo obywatela Stanów Zjednoczonych. Ojciec Jurija, Oleg Płotnikow, występował w tej sprawie w roli prokuratora[23]. Obaj Płotnikowowie po zakończeniu sprawy Mojsiejewa awansowali. I to znacznie. Starszy śledczy Wasilij Pietuchow zaczynał sprawę w randze kapitana, a zakończył jako podpułkownik. Już po roku stanął zaś na czele oddziału „szpiegowskiego". Naczelnikiem grupy śledczej zajmującej się sprawą Mojsiejewa był Nikołaj Oleszko, wówczas jeszcze tylko naczelnik wydziału „szpiegowskiego" Zarządu Śledczego FSB.

Problemy, z którymi FSB za każdym razem się borykała, prowadząc sprawy oskarżonych o szpiegostwo, zmusiły specsłużby do rewizji metod. Po kilku latach FSB uznała, że podejrzanych łatwiej będzie oskarżać o przestępstwa gospodarcze. Od tamtej pory już nie aresztowano ludzi za szpiegostwo, ale na podstawie podejrzeń o niezgodny z prawem eksport technologii i inne przestępstwa gospodarcze. Wygodnym celem stali się dyrektorzy instytutów naukowo-badawczych, które pracowały nad realizacją korzystnych międzynarodowych kontraktów.

Tę nową strategię wykorzystano chociażby w sprawie Oskara Kajbyszewa, dyrektora Instytutu Badania Nadplastyczności Metali. FSB zwróciła na niego uwagę w 2005 roku. Najpierw 65-letniego uczonego oskarżano o ujawnienie tajemnic państwowych. Jednak natychmiast rozpętała się szeroko zakrojona kampania w jego obronie. Za Kajbyszewem wstawili się zarówno jego koledzy, jak i dziennikarze. Wówczas FSB zmieniła oskarżenie: teraz już chodziło o nielegalny transfer technologii i oszustwa handlowe. W sierpniu 2006 roku Kajbyszew został skazany: dostał sześć lat w zawieszeniu[24].

W październiku 2005 roku Federalna Służba Bezpieczeństwa aresztowała akademika Igora Rieszetina, dyrektora generalnego CNIIMASZ–Eksport[25], jego zastępcę do spraw gospodarczych Siergieja Twierdochlebowa oraz zastępcę do spraw bezpieczeństwa Aleksandra Rożkina. Wszystkich trzech posadzono w Lefortowie. Śledczy nie przedstawili aresztowanym zarzutów o szpiegostwo czy ujawnienie tajemnicy państwowej. Oskarżano ich o defraudację oraz naruszenie zasad eksportu. Później dodano do tych oskarżeń jeszcze przekazanie Chinom dokumentacji technologii „podwójnego przeznaczenia" (cywilnego i wojskowego) oraz przemyt. W grudniu 2007 roku cała trójka oskarżonych została skazana na od 5 do 11 lat pozbawienia wolności. Po kilku dniach na stronie rosyjskich obrońców praw człowieka (www.hro.org) został opublikowany list jednego ze skazanych: „Jeśli dyrektor prowadziłby dialog z organami, nie byłoby żadnych strasznych następstw, a jego sytuacja osobista oraz sytuacja firmy na rynku technologii kosmicznych tylko by się wzmocniła. Firma otrzymałaby swoistą ochronę, w dobrym znaczeniu tego słowa, w postaci Służby Bezpieczeństwa Ekonomicznego FSB"[26].

FSB nie przeszkodziła w rozprzestrzenianiu się listu – raczej celowo. Najwyraźniej liczyła na to, że potencjalni oskarżeni w przyszłych procesach wezmą sobie do serca radę w nim zawartą.

W CZASACH RADZIECKICH szpiegomania była wykorzystywana do kontroli zachowań społeczeństwa. KGB zakładało, że ruch dysydencki nie przetrwa bez wsparcia z Zachodu. Urządzając pokazowe polowanie na szpiegów, KGB w rzeczywistości sprawdzało zagraniczne kontakty obywateli radzieckich. W czasach komunizmu każdy człowiek wyjeżdżający za granicę był zobowiązany rozliczyć się ze służbami ze wszystkich swoich znajomości, spotkań i rozmów. Te czasy już minęły, a państwo rosyjskie nie zamierzało odnowić dawnego systemu totalnej kontroli.

W zamęcie pierwszych lat po rozpadzie Związku Radzieckiego FSB zajmowała dość skromne miejsce w społeczeństwie: skorumpowani oficerowie pozostawali na utrzymaniu oligarchów. W Czeczenii działalność służb specjalnych została ograniczona praktycznie do zera. W tym okresie przejściowym FSB wyglądała jak żywa skamienielina, przeżytek czasów radzieckich. Głośne i przykuwające uwagę społeczeństwa polowanie na szpiegów, które FSB zainicjowała około dziesięciu lat temu, było w rzeczywistości próbą przywrócenia dawnych wpływów. FSB bardzo potrzebowała środków na zwiększenie jej budżetu, ale także szukała sposobu na wzrost własnego prestiżu. Żeby z powodzeniem konkurować z innymi służbami specjalnymi i wywalczyć szacunek oraz wsparcie ze strony biznesu, niezbędni jej byli złapani i osądzeni szpiedzy.

Pracownicy FSB często usprawiedliwiają procesy rzekomych szpiegów tym, że walczą z „wyprzedażą Rosji kawałek po kawałku". Jednak rzeczywiste sprawy sądowe świadczą o tym, że w ciągu ostatnich 15 lat ani jeden obywatel rosyjski, który by miał jakikolwiek wpływ na decyzje podejmowane na wysokim szczeblu (rządowym, ministerialnym czy służb federalnych), nie został w sposób uzasadniony oskarżony o szpiegostwo. Wszystkie oskarżenia tego typu kierowane były przeciwko kompletnie nieznaczącym figurom. W niektórych przypadkach bywały też od początku do końca sfabrykowane. Rezultatem zainicjowanego przez Putina polowania na szpiegów rozpętanego w ramach polityki „silnej ręki" był tylko wzrost coraz powszechniejszego w społeczeństwie rosyjskim wzajemnego braku zaufania i klimatu podejrzliwości.

4. WEWNĘTRZNE ZAGROŻENIE

AGENCI W OPOZYCJI

POLOWANIE NA ZAGRANICZNYCH szpiegów panoszących się rzekomo w rosyjskich organizacjach pozarządowych za rządów Putina stało się jednym z priorytetowych zadań FSB. Równolegle jednak służby specjalne nie zapominały i o rewersie tej działalności – umieszczaniu swoich agentów w opozycyjnych organizacjach społecznych.

W lutym 2008 roku do Andrieja Sołdatowa zadzwonił Thomas Buch-Andersen, dziennikarz z Kopenhagi, pracownik jednej z duńskich stacji telewizyjnych. Thomas powiedział, że obok niego stoi człowiek, który próbuje go przekonać, że został zainstalowany przez FSB w Zjednoczonym Froncie Obywatelskim – liberalnym ruchu broniącym praw obywatelskich.

Sołdatow odniósł się do tej informacji dość sceptycznie, niemniej jednak poprosił Bucha-Andersena, by przysłał mu zapis wywiadu z owym człowiekiem. Po przesłuchaniu nagrań Sołdatow i Borogan zdecydowali, że sprawa zasługuje jednak na uwagę[1].

W roku 2008 na czele Zjednoczonego Frontu Obywatelskiego stał mistrz świata w szachach Garri Kasparow. W latach 90.

Kasparow zajął się polityką, początkowo wspierając jednak marginalne partie i ruchy polityczne. W pierwszych latach XXI wieku spróbował sam stworzyć organizację opozycyjną wobec Kremla. Zainicjowana przez Kasparowa koalicja Druga Rosja była pomyślana jako masowa, żywiołowo się rozwijająca siła. Ruch zdobył sławę dzięki „marszom niepokornych" organizowanym w wielu miastach Rosji i zawsze brutalnie rozpędzanym przez milicję. Kreml obawiał się, że demonstranci mogą się stać detonatorem kolejnej „kolorowej rewolucji" (właśnie w rezultacie „kolorowych rewolucji" w latach 2000–2005 upadły autorytarne reżimy w Serbii, Gruzji, na Ukrainie i w Kirgistanie). Władze były przekonane, że wszystkie te protesty są inicjowane i finansowane przez Zachód. Mimo że Kasparow miał tylko kilka tysięcy zwolenników, udało mu się zbudować w zachodnich mediach wizerunek bezkompromisowego krytyka reżimu: ciągle udzielał wywiadów, publikował w takich gazetach jak „Wall Street Journal", „Financial Times" oraz „New York Times". Dla FSB właśnie to było kluczowym dowodem, że Garri Kasparow jest agentem Zachodu, którego pewnego pięknego dnia ów Zachód może wykorzystać do obalenia funkcjonującego w Rosji ustroju.

Człowiek, o którym mówił duński dziennikarz, nazywał się Aleksandr Nowikow. Po raz pierwszy pojawił się w Danii na początku 2008 roku. Najpierw, prawdopodobnie, wyjechał z Rosji do Finlandii i tam zwrócił się o pomoc do Czerwonego Krzyża. W końcu znalazł się w obozie dla uchodźców pod Kopenhagą. Po tygodniu pojawił się w redakcji duńskiej stacji telewizyjnej i wyjawił, że jest agentem FSB, chce z tym skończyć i prosi o status uchodźcy politycznego.

Żeby sprawdzić tę informację, Sołdatow udał się do Kopenhagi, gdzie spotkał się z Nowikowem w niedużym pokoju użyczonym przez duńskich kolegów dziennikarzy. Nowikow okazał się wysokim, przystojnym trzydziestosześcioletnim mężczyzną z gęstą siwiejącą czupryną. Jeszcze przed wywiadem, wyraźnie zdenerwowany, zaproponował wspólne wyjście na papierosa.

Nowikow opowiedział Sołdatowowi, że urodził się i dorastał w Naddniestrzu. To nieuznawane przez społeczność międzynarodową państwo formalnie stanowią część Mołdawii. Dziwne status quo jest efektem konfliktu, który wybuchł w 1990 roku, gdy władze Naddniestrza ogłosiły jego niezależność od Mołdawii. Nie został on rozstrzygnięty po dziś dzień. Obecnie Naddniestrze jest kontrolowane przez grupy przestępcze zajmujące się handlem bronią i przemytem. Nowikow opowiadał swoją historię przez kilka godzin. Czasami robił przerwę, by wyjść z Sołdatowem na papierosa. Mówił o ukończeniu akademii medycznej i kontynuacji nauki w Tomskim Instytucie Medycyny Wojskowej. W 2002 roku przeprowadził się do Moskwy, gdzie pracował jako lekarz w kilku szpitalach. W czasie gdy po raz pierwszy zetknął się z FSB, pracował już jednak jako przedstawiciel niemieckiej firmy farmaceutycznej Wörwag Pharma. Był „repem" – za dość skromną pensję wędrował od szpitala do szpitala, proponując produkty firmy.

Swój pierwszy kontakt ze służbami specjalnymi Nowikow opisał w dość dziwny sposób. Na początku 2006 roku, spacerując po w centrum Moskwy, nagle postanowił wstąpić do gmachu FSB, żeby zasięgnąć informacji o jednym ze znajomych z Naddniestrza, z którym stracił kontakt. Sołdatow wpadł w konsternację: FSB to nie biuro świadczące drobne przysługi dla obywateli.

W budynku, twierdził Nowikow, przyjął go oficer, który przedstawił się jako Aleksiej Władimirowicz. Oficer zapisał adres i telefon Nowikowa i po pewnym czasie zadzwonił do niego z propozycją spotkania, żeby „omówić interesującą propozycję". Nowikow spotkał się z oficerem FSB na skwerku niedaleko Czystych Prudów. Oficer przyniósł trzy kartki, powiedział, że to kontrakt dotyczący współpracy z FSB. Był on przewidziany na rok, ale zakładał możliwość przedłużenia współpracy. Nowikowowi proponowano pensję w wysokości 8000 rubli (wówczas około 320 dolarów – jedną trzecią jego wynagrodzenia w Wörwag Pharma).

Opiekun wyjaśnił przyszłemu agentowi, że powinien wstąpić do niedawno utworzonego Zjednoczonego Frontu Obywatelskiego w celu zebrania informacji na temat organizacji. Nowikow przyjął propozycję. Otrzymał pseudonim operacyjny „Michaił". Razem z Aleksiejem Władimirowiczem opracowali legendę, która miała motywować chęć wstąpienia Nowikowa w szeregi organizacji Kasparowa. Zgodnie z tą legendą celem Nowikowa było stworzenie prawdziwie niezależnego związku zawodowego pracowników medycznych.

Wątpliwości co do prawdomówności Nowikowa nie opuszczały Sołdatowa ani na chwilę. Za dużo pytań pozostawało bez odpowiedzi. Kiedy zaczęli wraz z Borogan sprawdzać informacje, udało im się ustalić, że Nowikow rzeczywiście był aktywnym członkiem moskiewskiej organizacji Zjednoczonego Frontu Obywatelskiego. Opowieści ludzi, którzy znali go osobiście, wywiady i fotografie świadczyły o tym, że brał udział w licznych demonstracjach i pikietach. A do tego niejednokrotnie był zatrzymywany przez milicję. Ostatni raz w listopadzie 2007 roku – gdy zorganizował jednoosobową pikietę poparcia dla Kasparowa naprzeciwko budynku Ministerstwa Spraw Wewnętrznych przy Pietrowce 38.

Nowikow opowiedział, że w trakcie współpracy z FSB zmieniono mu opiekuna. W maju 2007 roku Aleksieja Władimirowicza, który wyjechał do Czeczenii, zastąpił Aleksiej Lwowicz, młody człowiek, mniej więcej dwudziestoośmioletni. Zdarzyło się raz, że w spotkaniu z „nowym" uczestniczył jeszcze jeden człowiek. Nowikow przypuszczał, że był to szef jego opiekuna. Przedstawił się jako Andriej Iwanowicz.

Wypytywał Nowikowa o jego działalność w moskiewskim oddziale Zjednoczonego Frontu Obywatelskiego.

Nowikow opowiadał, że spotkania z opiekunami miały regularny charakter. Zwykle odbywały się na bulwarze Rożdiestwieńskim, niedaleko biura moskiewskiego Zarządu FSB. Wciąż żądano od Nowikowa pisemnych sprawozdań z jego działalności. Pieniądze za swoje usługi dostawał bezpośrednio od opiekuna – za pokwitowaniem. Pokwitowanie Nowikow zawsze pisał ręcznie, podpisywał się na nim jako „Michaił". Kuratorów interesowały wszelkie informacje o Froncie: daty zaplanowanych akcji protestacyjnych, stosunki wewnątrz ruchu, nazwiska ludzi z najbliższego otoczenia Garriego Kasparowa. Nowikow otrzymał polecenie założenia specjalnej elektronicznej skrzynki pocztowej do kontaktów z Frontem. Całą jej zawartość miał przesyłać Aleksiejowi Lwowiczowi. Opiekun podał Nowikowowi również numer telefonu komórkowego. Mógł do niego dzwonić z każdą ważną informacją.

W czasie wywiadu Nowikow podał Sołdatowowi hasło do swojej poczty elektronicznej, tym samym dając mu możliwość przeczytania całej korespondencji z Aleksiejem Lwowiczem. Zaczęła się ona w czerwcu 2007 roku i trwała do lutego 2008. Nowikow rzeczywiście przesyłał opiekunowi wszelkie zdobyte informacje o tym, co się dzieje w organizacji Kasparowa. Od czasu do czasu Aleksiej Lwowicz informował, że ma pieniądze dla Nowikowa, i domagał się, by ten regularnie nawiązywał z nim kontakt. Na przykład 4 lutego 2008 roku oficer FSB napisał: „Aleksandr Aleksijewicz! Znów pan przepadł! Co się stało? Proszę pilnie do mnie zadzwonić. Aleksiej Lwowicz".

Nowikow sądził, że wysiłki FSB ukierunkowane były na zakończenie politycznej działalności Kasparowa, przy czym samemu Nowikowowi przypadła w tym planie dość ważna rola. Poinformował na przykład FSB, gdzie zwolennicy Kasparowa mają się zebrać w celu zebrania podpisów koniecznych do wysunięcia kandydatury Kasparowa w wyborach prezydenckich w 2008 roku. 10 grudnia 2007 roku bez podania przyczyn grupie inicjatywnej Kasparowa odmówiono wynajęcia sali w jednym z kin w centrum Moskwy. Gdy zwolennicy lidera opozycji próbowali znaleźć inne pomieszczenie, w którym mogłoby się zmieścić co najmniej 500 osób, zarządcy odmawiali im wynajmu. Tymczasem Kasparow musiał koniecznie zebrać nie mniej niż 500 osób w jednym miejscu, ponieważ Centralna Komisja Wyborcza zakazała dzielenia grup wyborców. Nowikow twierdzi, że to właśnie on informował FSB o adresach pomieszczeń, które Kasparow próbował wynająć.

Jak można przypuszczać, celem FSB było nie tyle śledzenie ruchów Kasparowa i jego organizacji, ile wprowadzenie do niej swojego człowieka. A więc bezpośrednia kontrola od wewnątrz, a w końcu zniszczenie opozycji. Zamiast niej mały powstać – i powstały – lojalne wobec Kremla ruchy młodzieżowe.

Jeśli wierzyć Nowikowowi, jego opiekunowie z FSB najbardziej troszczyli się o jego karierę w strukturach Zjednoczonego Frontu Obywatelskiego. Wciąż otrzymywał instrukcje, z kim powinien utrzymywać kontakty i jak ma się zachowywać, żeby wspinać się po szczeblach kariery. W styczniu 2008 roku Nowikow ucieszył swojego opiekuna: Lilia Carija, szefowa moskiewskiej organizacji Frontu, obiecała Nowikowowi stanowisko lidera jednej z komórek organizacji. Jednak dwa dni później Nowikow wyjechał z Moskwy.

Sołdatow gubił się w domysłach. Dlaczego Nowikow nagle uznał – mówiąc jego słowami – że chce „skończyć z życiem agenta i ujawnić wszystkie swoje kontakty"? Sam Nowikow wyjaśniał to tym, że zmęczyło go podwójne życie i wystawianie FSB swoich towarzyszy z Frontu. Nawiasem mówiąc, Sołdatow nie wykluczał możliwości, że Nowikow specjalnie został informatorem FSB, żeby z czasem mieć możliwość poproszenia o status uchodźcy politycznego na Zachodzie. Bowiem jeszcze przed ostateczną ucieczką, w czerwcu 2007 roku, Nowikow przyjechał do Danii, gdzie przez jakiś czas mieszkał w ośrodku dla uchodźców. Jednak w sierpniu wrócił do Moskwy.

W CZASACH RADZIECKICH za walkę ideologiczną oraz zwalczanie dysydentów odpowiadał słynny Piąty Zarząd KGB utworzony w 1967 roku z inicjatywy szefa tajnej policji Jurija Andropowa. W notatce Komitetu Centralnego Komunistycznej Partii Związku Radzieckiego uzasadniającej celowość wyodrębnienia samodzielnego departamentu do walki z dywersją ideologiczną z 3 czerwca 1967 roku (nr 1631-A) Andropow pisał, że „siły reakcyjne obozu imperialistycznego, na czele z władzami USA, wciąż zwiększają swoje wysiłki, które mają na celu intensyfikację działań wywrotowych skierowanych przeciwko Związkowi Radzieckiemu". W notatce przekonywano, że „pod wpływem obcej nam ideologii znajduje się część niedojrzałych politycznie obywateli radzieckich, szczególnie wśród inteligentów oraz młodzieży obecne są apolityczne i nihilistyczne nastroje, co może zostać wykorzystane nie tylko przez elementy jawnie antyradzieckie, ale również przez politycznych demagogów, którzy będą próbowali popchnąć tych ludzi w kierunku działań politycznie szkodliwych". Andropow proponował utworzenie w centrali KGB oraz lokalnych oddziałach samodzielnych zarządów i grup, których zadaniem byłoby „organizowanie pracy kontrwywiadowczej wymierzonej w akcje ideologicznej dywersji na terytorium kraju". Politbiuro zaakceptowało propozycję i 17 lipca utworzono Zarząd Piąty. 17 kwietnia 1968 roku Andropow wysłał kolejną notatkę do KC KPZR: „w odróżnieniu od innych wydziałów organów bezpieczeństwa państwa zajmujących się kwestiami walki ideologicznej z wrogimi elementami przede wszystkim wewnątrz kraju nowo powstały Zarząd Piąty został powołany do prowadzenia walki z dywersją ideologiczną inicjowaną przez naszych przeciwników z zagranicy"[2].

Zarząd Piąty obejmował piętnaście oddziałów, z których każdy zajmował się zwalczaniem innego typu organizacji i poglądów. Oddział pierwszy odpowiadał za pracę ze związkami zawodowymi; drugi planował operacje przeciwko organizacjom emigranckim nastawionym krytycznie w stosunku do Związku Radzieckiego; trzeci pracował ze studentami itd. Jeden z oddziałów – czternasty – specjalizował się w dziennikarzach zagranicznych; był też oddział trzynasty specjalizujący się w punkach i innych nieformalnych subkulturach młodzieżowych; oddział ósmy zaś miał za zadanie „ujawnianie akcji dywersyjnych ideologicznych centrów syjonistycznych oraz zapobieganie im". Filipp Bobkow, który przez wiele lat zajmował stanowisko szefa Zarządu Piątego, wspomniał, że miał do dyspozycji ponad 2500 osób[3].

W czasie pieriestrojki podjęto próbę ratowania reputacji Zarządu Piątego. Przemianowano go na Zarząd do Obrony Radzieckiego Porządku Konstytucyjnego (Zarząd „3"). Nie pomogło mu to przetrwać rozpadu Związku Radzieckiego. We wrześniu 1991 roku Zarząd został rozwiązany. Jednak jego najbardziej doświadczeni oficerowie kontynuowali służbę w organach.

W okresie rządów Jelcyna piąty departament zmartwychwstał: 6 czerwca 1998 roku utworzono Zarząd Bezpieczeństwa Konstytucyjnego FSB. W wywiadzie dla „Niezawisimej Gaziety" w listopadzie tego roku jego szef Giennadij Zotow mówił: „Państwo postawiło sobie za cel wyodrębnienie ze struktur Federalnej Służby Bezpieczeństwa samodzielnego departamentu, który miałby »specjalizować się« w walce z zagrożeniami bezpieczeństwa Federacji Rosyjskiej w sferze społeczno-politycznej (...) Biorąc pod uwagę szereg obiektywnych przyczyn związanych ze szczególnymi uwarunkowaniami Rosji, zawsze szczególną uwagę poświęcało się tu obronie państwa przed konfliktami wewnętrznymi (...) ponieważ owe konflikty były dla Rosji groźniejsze niż inwazja obcych wojsk"[4]. To do dziś najbardziej otwarta i uczciwa wypowiedź generała FSB o konieczności ścigania politycznych przeciwników władzy.

Jednak polityczne śledztwa prowadzone były nie tylko przez centralne departamenty KGB. Niemałą rolę odegrały również lokalne oddziały i zarządy specsłużby. Jeden z najprężniejszych pododdziałów funkcjonował wewnątrz moskiewskiego Zarządu FSB[5]. Zgodnie z prawem rosyjskim służby specjalne nie mogą się zajmować śledztwami politycznymi, a więc wprowadzać swoich agentów do organizacji politycznych. Jest to wprost zakazane przez uchwałę „O działalności operacyjno-dochodzeniowej" przyjętą w 1995 roku. Jej paragraf 2 punkt 5 głosi: „Zabrania się organom (urzędnikom) operacyjno-dochodzeniowym: niezgodnie z prawem uczestniczyć (...) w działalności zarejestrowanych zgodnie z prawem i niezabronionych partii politycznych, organizacji publicznych i religijnych w celu wpłynięcia na charakter ich działalności".

NIEKTÓRE SZCZEGÓŁY HISTORII Nowikowa wydały się Sołdatowowi podejrzane: dlaczego na przykład zaproponowano mu podpisanie kontraktu, a nie zobowiązania do współpracy, co od dawna jest normą w FSB? Choć oczywiście i na to można znaleźć wyjaśnienie: nie jest wykluczone, że to jeden z przejawów nowych stosunków ekonomicznych w Rosji. Inne szczegóły wyglądały w miarę prawdopodobnie. Zdaniem byłych oficerów FSB, z którymi rozmawiał Sołdatow, opisane przez Nowikowa zachowanie opiekunów jest charakterystyczne dla moskiewskiego Zarządu FSB. W odróżnieniu od pracowników aparatu centralnego lubią wyznaczać miejsce spotkań w pobliżu sztabu, wymagają pisemnych rozliczeń oraz pokwitowań, żeby pokazać potem kierownictwu, że nie przywłaszczyli sobie powierzonych im pieniędzy.

Najbardziej przekonujący w opowieści Nowikowa był opis budynku, obok którego miało miejsce jego pierwsze spotkanie z opiekunem. Nowikow podał Sołdatowowi adres: Bolszoj Kisielnyj Pierieułek 13/15. To nie tajemnica, że dom ten należy do moskiewskiego Zarządu FSB. Ale już mało kto wie, że właśnie tutaj znajduje się siedziba specjalistów od walki z „politycznym ekstremizmem".

Sołdatow i jego duńscy koledzy dziennikarze przez wiele godzin łamali sobie głowy, jak sprawdzić fakty podane przez Nowikowa. Ostatecznie poprosili go, by zadzwonił do swojego opiekuna – za jego zgodą mieli nagrać tę rozmowę. Pewnego lodowatego zimowego dnia przywieziono Nowikowa w malownicze miejsce na brzegu kanału w centrum Kopenhagi. Dziennikarze telewizyjni byli przygotowani do nagrania.

Poza nimi wokół nie było nikogo.

Nowikow wybrał numer telefonu komórkowego swojego opiekuna:

– Aleksiej Lwowicz?

– Tak – potwierdził głos w słuchawce.

Nowikow powiedział, że jest w Danii.

– Dlaczego nie powiedział pan od razu? – Aleksiej Lwowicz był otwarcie niezadowolony. Nowikow zmienił temat rozmowy, informując kuratora, że dzwonił do Lolity Carijej , szefowej moskiewskiej organizacji ZFO.

– Dzwoniłem do Lolity – Słychać było, że Nowikow się denerwuje. – Ona już wybrała koordynatorów grup, teraz zostały komisje. I chyba wejdę do jednej, do spraw organizacji imprez masowych.

– Zrozumiałem. Dobrze, wystarczy. A za tydzień pan będzie?

– Tak, oczywiście.

– Bo pieniążki panu znów przepadną – zaśmiał się Aleksiej Lwowicz.

– Przepadną? – powtórzył pytanie Nowikow.

– Tak. Zniknął pan przecież tak nagle.

– No, tak wyszło.

– Ale za tydzień pan będzie, tak?

– Tak, mam nadzieję, że będę – zapewnił go Nowikow.

– No, niech pan dzwoni choć od czasu do czasu. Internet tam pan ma?

– Tak, przeczytałem wszystkie pana wiadomości – odpowiedział Nowikow.

– No jasne. A coś jeszcze przychodzi na pana pocztę? Od Lolity?

– Od Lolity? Oczywiście, przychodzi.

– To jak będzie taka możliwość niech pan prześle, co pan ma – zarządził opiekun, a następnie zapytał:

– A kto został koordynatorem?

– Koordynatorem? Chyba Nietow... Nie słyszałem nigdy tego nazwiska.

– No jasne. To niech pan przyśle, dobrze? Te ostatnie listy – Replika brzmiała bardziej jak rozkaz niż pytanie.

– Dobrze. Prześlę. No dobrze, do widzenia, Aleksieju Lwowiczu.

– Wszystkiego dobrego! – Aleksiej Lwowicz się rozłączył.

W Kopenhadze Sołdatow nagrał tę historię i wysłał ją do Iriny Borogan do Moskwy. Duńczycy nie mogli się doczekać, by puścić nagranie w telewizji, ale Sołdatow chciał wszystko możliwie najstaranniej sprawdzić.

W Moskwie Borogan wysłała z faksu „Nowej Gaziety" pisemną prośbę do FSB, by wyjaśniła, czy wprowadza swoich agentów do partii politycznych i czy zainstalowała agentów w Zjednoczonym Froncie Obywatelskim. Borogan nie wspomniała nazwiska Nowikowa, obawiając się, że FSB wykorzysta swoje możliwości, by zatrzymać publikację materiału.

FSB nie udzieliła odpowiedzi na oficjalne pytanie z „Nowej Gaziety".

Jeszcze przed wylotem do Moskwy Sołdatow zrobił wszystko, co było możliwe, żeby potwierdzić tę historię. Poprosił kolegę z „Nowej Gaziety", w swoim czasie pracującego w Zarządzie Piątym KGB, by ten wysłuchał całej opowieści o Nowikowie ze wszystkimi szczegółami i powiedział, co myśli o jego prawdomówności. Sam Sołdatow doszedł do wniosku, że miejsce spotkań z kuratorami oraz opis budynku przywodzą na myśl moskiewski Zarząd FSB. Kolega to potwierdził: spotkanie z Aleksiejem Lwowiczem i jego naczelnikiem odbywało się w typowym dla tego Zarządu stylu. Właśnie tak kierownictwo kontroluje swoich pracowników: muszą się koniecznie przekonać, że agent rzeczywiście istnieje i odpracowuje włożone w niego pieniądze. To, że informator prawie nic nie wie o swoim opiekunie, jest równie typowe. Nie ma więc sensu próbować wyciągnąć z Nowikowa dodatkowych informacji na temat tego człowieka, bo Nowikow ich po prostu nie ma.

Po długich rozmyślaniach i sporach autorzy tej książki opublikowali historię Nowikowa na pierwszej stronie „Nowej Gaziety"[6]. Tego samego dnia duńscy dziennikarze wyemitowali materiał na ten temat.

MATERIAŁ ODBIŁ SIĘ GŁOŚNYM ECHEM w kręgach opozycyjnych. Roman Dobrochotow, lider opozycyjnej grupy My, opowiadał agencjom prasowym, że Nowikow był dosłownie wszędzie – nie mógł przypomnieć sobie choćby jednej akcji politycznej, w której nie brałby udziału. Dobrochotow przyznał, że infiltracja ruchów politycznych przez agentów nie jest dla niego zaskoczeniem: od dawna już podejrzewał, że ma ona miejsce. Był też przekonany, że również w rosyjskich partiach opozycyjnych pracuje wielu podobnych agentów.

Jednak aktywiści ruchu Kasparowa nie przejęli się zbytnio całą historią. Marina Litwinowicz, sekretarz prasowy lidera organizacji, powiedziała Sołdatowowi krótko: „Napisał pan – i co? No i dobrze, że o tym napisano".

W dniu publikacji materiału Denis Biłunow, najbliższy współpracownik Kasparowa, zauważył: „Nigdy nie wątpiłem w to, że w naszej organizacji i innych organizacjach opozycyjnych są ludzie, którzy zgodzili się informować organy siłowe o naszej działalności. Teraz stało się to jawne". Dodał również, że cała sprawa zasługuje na rozpatrzenie w sądzie. „Myślę, że powinna się tym zająć prokuratura, dlatego że chodzi nie tyle o naruszenie, ile o poważne złamanie reguł prawa ze strony organów bezpieczeństwa".

Inne media, w tym m.in. „The Moscow Times", „Le Figaro" i BBC, podchwyciły historię Nowikowa. Ale FSB odmówiła udzielania jakichkolwiek komentarzy. Jewgienij Kalinowic, kierownik służby prasowej Zarządu FSB w Moskwie i Obwodzie Moskiewskim, w dniu publikacji poszedł na zwolnienie lekarskie, a jego pracownicy odmawiali komentowania sprawy. Na pisemne pytania autorzy również nie otrzymali żadnej odpowiedzi. Ale w sprawie pozostała jeszcze masa niejasności.

Już po opublikowaniu tej historii koledzy z „Nowej Gaziety" ostrzegali Sołdatowa przed publikacją niesprawdzonych informacji. A dwa tygodnie po tym, jak materiał ujrzał światło dzienne, Sołdatow spotkał się z pracownikiem moskiewskiego Zarządu FSB, który pod warunkiem zachowania anonimowości dzielił się z nim informacjami. Oficer ten potwierdził, że sprawa Nowikowa wywołała gorące spory w Zarządzie. „Dlaczego – powątpiewał Sołdatow – FSB zwerbowała właśnie Nowikowa?". Rozmówca odpowiedział: „Zrozum, sprawdzaliśmy go, jest aferzystą, ma problemy ze spłacaniem kredytów. Rozumiesz – dodał – mamy przecież plan werbunków do zrealizowania". Jego słowa, zdawało się, potwierdzały fakt zwerbowania Nowikowa. Jednak choć instalowanie agentów w działających zgodnie z prawem organizacjach politycznych to łamanie prawa – jak wyjaśnił to autorom inny pracownik FSB – istnieje luka. Jeśli rozpracowywanie przyszłego agenta zaczyna się z innego powodu, a informacja o organizacji społecznej zostaje włączona „fakultatywnie" tylko dlatego, że człowiek ten

„przypadkiem" okazał się jej działaczem, wszystko odbędzie się mniej więcej zgodnie z prawem.

Informacja o finansowych trudnościach Nowikowa była nowością dla autorów. Skontaktowali się więc z jeszcze jednym aktywistą ruchu Kasparowa Michaiłem Dmitrijewem. Był on bliskim przyjacielem Nowikowa i swego czasu właścicielem niewielkiego banku, który zbankrutował z powodu kryzysu w 1998 roku. Michaił potwierdził, że Nowikow miał problemy finansowe. Opowiedział też, że gdy Nowikow dowiedział się o finansowej przeszłości Dmitrijewa, zaproponował mu, by wspólnie wzięli kredyt, dzięki któremu mógłby pospłacać wszystkie swoje finansowe zaległości. Dmitrijew mu odmówił[7].

Ostatecznie Sołdatow zadzwonił do Nowikowa i wprost zapytał o niespłacone kredyty. Nowikow przyznał, że wziął 15 tysięcy dolarów pożyczki i wcale nie zamierzał ich oddać. Poza tym jeszcze w Naddniestrzu miał kontakty z grupami przestępczymi, o czym FSB doskonale wiedziała.

Obraz się rozjaśniał. Długi i związki z kryminalistami sprawiły, że Nowikow był łatwym celem. Stało się też jasne, na co go „złapali": gdy został informatorem FSB, mógł mieć nadzieję, że z czasem rozwiąże swoje problemy i z bankami, i z prawem. Ale na ile cała historia Nowikowa jest prawdziwa? Wiemy, że ciągnęły się za nim długi i kryminalna przeszłość. Służby specjalne mogły go więc bez trudu zwerbować i zrobić z niego swojego informatora. Przedstawione przez Nowikowa dane na temat tego, w jaki sposób został zwerbowany, oraz o specyfice jego kontaktów z opiekunami były precyzyjne (w każdym razie potwierdziły je wszelkie dostępne nam metody weryfikowania informacji). Nie ma również wątpliwości, że Nowikow pracował w organizacji Kasparowa, która znajdowała się w kręgu zainteresowań moskiewskiego oddziału FSB (nawiasem mówiąc, gdy FSB wezwała Kasparowa, przesłuchiwano go w tym samym budynku, który opisywał Nowikow jako miejsce swojego pierwszego kontaktu z czekistami). Nowikow zaś wycisnął z całej tej sytuacji wszystko, co tylko było możliwe: w Europie Zachodniej zwrócił się o status uchodźcy politycznego, motywując swoją prośbę prześladowaniami politycznymi.

Co z tym fantem mogła zrobić FSB? Na przykład podać wersję, że Nowikow z własnej inicjatywy dzielił się informacjami o ruchu Kasparowa, a płacono mu tylko tyle, by pokryć jego wydatki. Ostatecznie chodziło przecież o dość skromne kwoty. Ale w gruncie rzeczy nie ma co się dziwić, że FSB uparcie milczała: Nowikow to płotka, FSB nieszczególnie ceniła jego usługi, więc po skandalu uznano, że prościej jest po prostu o nim zapomnieć.

Jednak, co wyjaśniło się później, służby specjalne nie od razu podjęły w tej sprawie decyzję o amnezji. W lipcu 2008 roku wykładowca Akademii FSB opowiedział autorom tej książki, że publikacja materiału o Nowikowie porządnie rozeźliła pracowników moskiewskiego Zarządu FSB. Gniew ten miał się obrócić się przeciwko Sołdatowowi. Jednak zbliżające się wybory prezydenckie, wyznaczone na 2 marca 2008 roku, przeszkodziły im w „ukaraniu" dziennikarza.

W marcu 2009 roku Nowikowowi, przebywającemu już wówczas w Finlandii, odmówiono statusu uchodźcy politycznego. Zdecydował, że zostanie jednak w tym kraju i spróbuje doprowadzić do ponownego rozpatrzenia swojego wniosku. Ostatecznie latem 2010 roku został wydany władzom rosyjskim. Szybko jednak udało mu się przedostać do Naddniestrza[3].

Sprawa Nowikowa pozostaje precedensem – agenci raczej rzadko kontaktują się bezpośrednio z dziennikarzami, by zdradzić kulisy swojej działalności. Ale daje ona wyobrażenie o metodach, do których ucieka się FSB, by osiągnąć swoje cele. Jednak instalowanie płatnych agentów w opozycyjnych partiach i organizacjach społecznych to tylko jedna z wielu metod kontroli aktywności politycznej obywateli, z jakich korzystają dziś rosyjskie specsłużby.

5. NAMIERZAJĄC EKSTREMISTÓW

KONTROLE PROFILAKTYCZNE

6 MAJA 2009 ROKU Roman Dobrochotow, 26-letni aktywista opozycyjnego ruchu My, uczestnik wielu antykremlowskich protestów ulicznych, wyruszył pociągiem z Wołgogradu do Moskwy. Jednak kiedy wysiadł na peronie Dworca Pawieleckiego, okazało się, że czekają na niego milicjanci. Poprosili Dobrochotowa, by udał się z nimi na posterunek. Jeden z nich wyjaśnił młodemu aktywiście, że musi przeprowadzić z nim „rozmowę profilaktyczną". Ostrzegł w niej, by nie brał udziału w zakazanych przez władze ulicznych protestach. Dobrochotow poprosił milicjanta o wytłumaczenie, na jakiej podstawie został zatrzymany. Okazało się, że przyczyną był telegram z moskiewskiej drogówki. Napisano w nim, że Departament do spraw Przeciwdziałania Ekstremizmowi MSW umieścił dane Dobrochotowa w systemie „Profilaktyczna kontrola". System ten zwykle służy do śledzenia ruchów groźnych przestępców.

Dobrochotow zdążył zrobić telefonem zdjęcie tego interesującego telegramu oznaczonego pieczątką „pilne". Wymienione w nim były trzy oddziały milicji, które miały śledzić trasę Dobrochotowa. Dodajmy, że młody aktywista nigdy dotąd nie był pociągnięty do odpowiedzialności karnej, bywał jedynie zatrzymywany – jak to nazywają władze – „prewencyjnie”[1].

Zatrzymanie Dobrochotowa na Dworcu Paweleckim oraz podobne zdarzenia z udziałem opozycjonistów i obrońców praw człowieka w Rosji dają wgląd w metody śledzenia opozycji stosowane przez resorty siłowe.

Kilka lat temu władza rozkręciła szeroko zakrojoną kampanię walki z ekstremizmem. Jednak pod pojęciem ekstremizmu rozumiała również pokojowe akcje protestacyjne przeciwko polityce Kremla, działalność niezależnych związków zawodowych oraz udział w nieformalnych ruchach młodzieżowych. Skłonność do tak szerokiego rozumienia ekstremizmu nasiliła się w 2008 roku, gdy zaczął się kryzys finansowy i Kreml przestraszył się masowych protestów społecznych.

6 WRZEŚNIA 2008 ROKU Dmitrij Miedwiediew, świeżo wybrany na rosyjskiego prezydenta, podpisał uchwałę o zmianach w strukturach MSW. W miejsce Departamentu do Walki z Przestępczością Zorganizowaną i Terroryzmem został utworzony Departament do Przeciwdziałania Ekstremizmowi. Już 23 kwietnia 2009 roku jego szef generał Jurij Kokow ogłosił pełną gotowość nowego departamentu do działania. Analogiczne zmiany dotyczyły wszystkich lokalnych departamentów MSW. Tysiące doświadczonych funkcjonariuszy, którzy dotychczas mieli do czynienia z bandytami i terrorystami, zostało skierowanych na nowy front, gdzie czekał na nich nowy przeciwnik.

Minister spraw wewnętrznych Raszyd Nurgalijew wyjaśnił, że Departament do Walki z Przestępczością Zorganizowaną został rozwiązany, ponieważ mafia przestała być poważnym zagrożeniem dla bezpieczeństwa państwa i obywateli. „Nowej kryminalnej rewolucji nie będzie... Przestępczość spada... Można z tego wywnioskować, że epoka kryminalnych wojen należy już do przeszłości"[2]. Jednak prawdziwa przyczyna reformy była inna. 15 kwietnia 2009 roku Jurij Kokow, szef nowo utworzonego Departamentu do Przeciwdziałania Ekstremizmowi, wyjaśnił: „W warunkach pogłębiania się globalnego kryzysu, pogorszenia sytuacji społeczno-ekonomicznej pojawiają się nowe zagrożenia"[3]. Poparł go Aleksiej Siedow, szef Służby Ochrony Porządku Konstytucyjnego i Walki z Terroryzmem FSB: „Skutki światowego kryzysu finansowego należy uznać za katalizator wzrostu aktywności terrorystów i innych przejawów ekstremizmu, włączając w to działania ze strony różnego rodzaju »niepokornych«, antysystemowej opozycji, młodzieży oraz studentów"[4]. Statystyki jednak pokazują wyraźnie, że w porównaniu z przestępczością zorganizowaną ekstremizm jest dużo mniejszym zagrożeniem. Według oficjalnych danych Głównego Centrum Informacyjno-Analitycznego MSW liczba rozpatrzonych w 2008 roku przestępstw, które zostały popełnione przez zorganizowane grupy, wynosiła 36 601. W tym samym czasie zarejestrowano 460 przestępstw określanych jako ekstremistyczne[5]. A więc do walki ze stosunkowo marginalnym typem przestępczości władza zmobilizowała całe struktury, które wcześniej miały ze cel przeciwstawianie się przestępczości zorganizowanej i terroryzmowi. Oczywiście wszystkich tych ludzi należało czymś zająć – całe szczęście nie wydano polecenia, by zaprzestać wysyłania raportów do MSW.

Przy okazji zmian nikt nie ukrywał, że oddziały do walki z ekstremizmem mają być również wykorzystane do tłumienia wystąpień masowych. Nie wykluczył tego również szef nowego departamentu Jurij Kokow. Kreml wyłożył przy tym ogromne środki na program pacyfikacji obywatelskich protestów. Jednak główny akcent w kampanii przeciwko ekstremizmowi władze postawiły na profilaktykę i akcje prewencyjne. Raszyd Nurgalijew ogłosił, że „zadanie Departamentu do Przeciwdziałania Ekstremizmowi to przede wszystkim działalność agenturalna, koncentrująca się na wykrywaniu przestępstw na etapie ich planowania i zapobieganie im, prewencja oraz monitorowanie procesów zachodzących w środowiskach ekstremistycznych"[6]. W taki sposób MSW wtargnęło w obszar, który tradycyjnie należał do FSB.

Jeśli punkt ciężkości kładzie się na prewencję, nie można się obejść bez czarnej listy potencjalnie niebezpiecznych obywateli i organizacji. Przestępstwo jeszcze nie zostało nawet popełnione, a co za tym idzie – nie ma również przestępców, których działania mogłyby zostać poddane śledztwu. Kierując się tą logiką, należy jak najwcześniej wytypować grupy, które zostaną poddane szczególnie uważnej obserwacji. Taka lista potencjalnych zagrożeń została przygotowana bardzo szybko. 16 grudnia 2008 roku powstał wspólny dekret Prokuratury Generalnej, FSB i MSW. W dokumencie podkreśla się, że „przejawy ekstremizmu stanowią jeden z podstawowych czynników stwarzających zagrożenie dla bezpieczeństwa Federacji Rosyjskiej". Owi ekstremiści zostali wymienieni wprost.

Na pierwszym miejscu znalazł się „ekstremizm ukrywający się pod przykrywką islamu". Chodzi głównie o imamów niepodporządkowujących się oficjalnej, sankcjonowanej przez Kreml organizacji zrzeszającej wspólnoty muzułmańskie. Następni są neopoganie. Ale w spisie figurowali również „uczestnicy nieformalnych ruchów młodzieżowych" oraz radykalne zdaniem władz organizacje społeczne i partie opozycyjne. W jednym szeregu ustawiono lewicową Awangardę Czerwonej Młodzieży (AKM), której „radykalna" działalność ogranicza się do organizacji ulicznych protestów, i Wspólnotę Narodowo-Socjalistyczną, której członkowie są oskarżani o zabójstwa na tle narodowościowym.

Dekret wymieniał również metody, jakich należy użyć do pracy z „ekstremistami", od podsłuchów po śledztwa kryminalne. W grę wchodziło też m.in. monitorowanie internetu w celu identyfikacji osób odpowiedzialnych za szerzenie idei ekstremistycznych. Jako jeden z najważniejszych celów wymieniono „naturalizację oraz izolację stowarzyszeń i organizacji, których członkowie mają tendencję do przekonań ekstremistycznych". Do realizacji tego zadania niezbędna jest „analiza działalności radykalnie nastrojonych społeczności(...) śledzenie zmian w składzie ich członków i liderów, prognozowanie wewnętrznych konfliktów mogących spowodować rozłamy w organizacjach ekstremistycznych". Dokument zakładał również konieczność bieżącej wymiany informacji o miejscach spotkań ich członków oraz trasach, po których przemieszczają się ekstremistyczni aktywiści[7].

Wkrótce, bo już wiosną 2009 roku, stało się jasne, że resorty siłowe chcą poszerzyć listę niebezpiecznych grup ekstremistycznych. Teraz MSW zainteresowało się m.in. niezależnymi związkami zawodowymi (i ich możliwościami wywołania fali strajków) oraz ich liderami. Byli oni wzywani na „rozmowy profilaktyczne" i ostrzegani, że są na granicy oskarżenia o ekstremizm. Tak było w kwietniu 2009 roku z Piotrem Zołotariewem, przewodniczącym niezależnego związku zawodowego Wspólnota w zakładach samochodowych AwtoWAZ. Został on wezwany do prokuratury w Togliatti, gdzie miał „udzielić wyjaśnień na temat działań, których celem jest obalenie istniejącego ustroju politycznego".

W rezultacie tych działań praktycznie wszystkie formy publicznych protestów – od akcji oszukanych klientów po mityngi mieszkańców, którzy występują przeciwko likwidacji ostatniego skweru w dzielnicy – mogą być traktowane jako przejaw ekstremizmu. 5 czerwca 2009 roku w Sankt Petersburgu milicja zatrzymała sześcioro uczestników protestu oszukanych udziałowców pewnej spółki deweloperskiej. Straszono ich „artykułem o ekstremizmie", choć byli to ci sami ludzie, którzy w 2008 roku urządzili głodówkę w moskiewskim hotelu

Metropol. Wówczas władze Petersburga obiecały rozwiązać ich problem. Jednak nikt z protestujących mieszkania nie otrzymał.

Kolejnym celem nowej antyekstremistycznej kampanii stali się blogerzy. Na przykład oskarżony o sianie nienawiści został Sawwa Tierientiew, 22-letni bloger z Republiki Komi, który na blogu dziennikarza miejscowej gazety Borisa Surapowa zamieścił komentarz krytykujący organy bezpieczeństwa państwa. W lipcu 2009 roku został uznany za winnego i skazany na rok więzienia w zawieszeniu.

MSW opracowało specjalny system do śledzenia swoich celów i stworzyło elektroniczną bazę danych zawierającą kluczowe informacje na ich temat – od zapisów kamer monitoringu po informacje o tym, gdzie i dokąd „ekstremiści" kupowali bilety lotnicze i kolejowe. Jest też bank ich odcisków palców[8]. W tym samym czasie służby specjalne wraz z innymi organami sprawiedliwości zaczęły się wymieniać informacjami i tworzyć wspólną bazę informacji na temat ekstremistów i poszukiwanych przestępców. Przyczyny, z powodu których człowiek może się znaleźć w tej bazie, objęte są tajemnicą państwową.

W maju 2007 roku Siergiej Szymowołos, siwowłosy mężczyzna z inteligencką bródką, obrońca praw człowieka z Niżnego Nowogrodu z dwudziestoletnim stażem, jechał z Niżnego do Samary. Miał tam wziąć udział w niezależnym śledztwie dotyczącym ograniczania przez władze możliwości prowadzenia akcji protestacyjnych podczas szczytu grupy G8 w Sankt Petersburgu. W drodze milicjanci trzykrotnie sprawdzali jego dokumenty: w Niżnym Nowogrodzie, w Obwodzie Samarskim i w Mordowii. Za każdym razem żądali, by Szymowołos się tłumaczył, dokąd jedzie i co zamierza robić w Samarze. Nie ma wątpliwości, że kontrole zostały wcześniej zaplanowane. Pytanie brzmi tylko: jak?

„W Samarze miałem szczęście: milicjanci w protokole uczciwie napisali, że zatrzymali mnie na podstawie informacji otrzymanej telegraficznie i powinni mnie przesłuchać w związku ze śledztwem w Samarze" – opowiedział Siergiej Szymowołos Irinie Borogan.

Szymowołos postanowił oprotestować w sądzie rozciągnięty nad nim tajny nadzór. „Za pośrednictwem sądu otrzymałem materiały, które świadczyły o tym, że zostałem poddany »profilaktycznej kontroli« decyzją UBOP (Zarządu do Walki z Przestępczością Zorganizowaną) Obwodu Niżnonowogrodzkiego. To pozwalało śledzić moje ruchy za pośrednictwem bazy sprzedaży biletów" – wspominał Szymowołos.

Co więcej, w toku śledztwa Szymowołos dowiedział się, że w 2007 roku 3865 Rosjan zostało poddanych „profilaktycznej kontroli". Teraz ich nazwiska znajdują się w tych samych kartotekach elektronicznych co dane poszukiwanych przestępców. Szymowołos zażądał, by sąd uznał takie metody za naruszanie praw człowieka, a także zobowiązał MSW do zniszczenia wszystkich informacji na temat jego, jak również wszystkich innych obywateli, którzy nie zostali sądownie uznani za ekstremistów, a mimo to zostali umieszczeni w bazie danych.

22 kwietnia 2009 roku rejonowy sąd Niżnego Nowogrodu odmówił przyznania racji Szymowołosowi. Szymowołos przegrał, ale dzięki temu procesowi dowiedzieliśmy się, jak zbudowany jest system kontroli obywateli, którzy nie łamią prawa[9].

W toku śledztwa okazało się, że informacje o Szymowołosie trafiły do elektronicznej bazy danych MSW 19 marca 2007 roku. Decyzję o umieszczeniu jego danych w bazie podjęli pracownicy Zarządu do Walki z Przestępczością Zorganizowaną Głównego Zarządu MSW w Obwodzie Niżnonowogrodzkim. Jak sądzi sam Szymowołos, zwrócił na siebie uwagę organów pracą przy organizacji „Marszu niepokornych" w tym mieście.

PIERWOTNIE STWORZONY W MSW SYSTEM PTK powstał jako narzędzie wspomagające poszukiwanie przestępców – zarówno na poziomie lokalnym, jak i federalnym. PTK powiązany jest z bazami danych „Ekspress" oraz „Magistrala", do których ciągle napływają informacje o zakupionych w Rosji biletach na pociągi i samoloty. Kiedy to przestępca kupuje bilet, informacja o tym natychmiast trafia do serwerów PTK. Następnie zostaje przekierowana do oddziałów drogówki na trasie przejazdu pociągu i milicji na lotniskach. Cel MSW jest oczywisty – stworzenie sieci śledzącej każdy ruch przestępców, pozwalającej zatrzymywać go w dowolnym miejscu. Jednak przykład Szymowołosa świadczy o tym, że do bazy PTK trafiają również informacje o praworządnych obywatelach, przy czym procedura ta praktycznie niczym nie różni się od rejestracji w bazie przestępców. Zamiast zatrzymań stosuje się wobec nich jednak metody „prewencyjne".

MSW może więc przy użyciu supernowoczesnych technologii realizować niezgodny z prawem nadzór nad obywatelami. Korzysta na przykład z przenośnych terminali PTK, które z wyglądu przypominają smartfony i choć ważą mniej niż 200 gramów, poza informacjami tekstowymi mogą przekazywać fotografie oraz filmy. Ten kieszonkowy aparat przeznaczony jest dla milicjantów, którzy dzięki niemu mają dostęp do federalnych i lokalnych baz danych w kategoriach „osoby", „paszporty", „broń", „porwania", „samochody poszukiwane przez Interpol" itd. Poza tym praktycznie wszystkie duże dworce kolejowe oraz lotniska, a także część pociągów i elektryczek jest już wyposażona w system „Widieołok", który wyławia konkretne twarze w tłumie pasażerów. Jego kamery umieszczone są w wagonach, poczekalniach, przy kasach i na peronach. System ten być może został wykorzystany przy zatrzymaniu Romana Dobrochotowa: milicjant mógł otrzymać na swój przenośny terminal jego fotografię oznaczoną specjalnym symbolem. Choć zgarnięto go już starym sposobem, czatując w pobliżu wagonu.

Ilość danych zgromadzonych w bazach, gdzie przechowywane są informacje nie tylko o przestępcach, ale również o zwykłych obywatelach, ciągle rośnie. Do 2006 roku w regionalnych Automatycznych Systemach Identyfikacji Daktyloskopijnej znajdowało się około 32 milionów kart. Po przeprowadzonej modernizacji w roku 2008 ich liczba wzrosła do 71 milionów (Rosja liczy 142,5 miliona mieszkańców)[10]. W ostatnich latach milicjanci próbują zbierać odciski palców prawie od wszystkich zatrzymanych na mitingach i pikietach; w kartotekach milicyjnych znajdują się również fotografie niepokornych. Poza tym od 2008 roku odciski palców pobierane są także od każdego poborowego.

Według danych MSW w roku 2009 dzięki nowym technologiom milicja otrzymała możliwość sprawdzania odcisków palców w czasie rzeczywistym. Natychmiast może więc zweryfikować, czy sprawdzana osoba znajduje się w Automatycznym Systemie Identyfikacji Daktyloskopijnej.

Jednak MSW opracowuje już nowe systemy zbierania oraz gromadzenia informacji. W roku 2005 zaczęto pracę nad megabazą MSW o nazwie Wspólny System Informatyczno-Telekomunikacyjny (JEITKS). Jego celem jest połączenie wszystkich milicyjnych baz danych na poziomie lokalnym oraz federalnym w jeden system. Dzięki niemu każdy policjant z każdego miejsca miałby pełen dostęp do zawartych w bazie informacji. Projekt miał być zakończony do 2011 roku, ale ze sprawozdania pułkownika Biernika wynika, że już w 2008 roku łączność z megabazą miały setki podległych MSW oddziałów. Ludzie odpowiedzialni za konstruowanie systemu twierdzą, że gdy będzie całkowicie gotowy, dostęp do wspólnej bazy danych otrzyma ponad 4 tys. oddziałów milicji w całym kraju. A więc z czasem policja w Rosji będzie dysponować wspólną przestrzenią informacyjną, zapewniającą dostęp do wieloformatowych (audio, wideo, daktyloskopijnych, biometrycznych, tekstowych) informacji o swoich celach[11].

Kryzys finansowy z 2008 roku zmusił władze rosyjskie do cięć budżetowych. Jednak nie dotknęło to programów kontroli społeczeństwa. Przeciwnie, prace w tym kierunku tylko się nasiliły. Pod koniec 2008 roku MSW i Federalna Służba Migracyjna powołały do życia wspólne centrum kryzysowe do monitorowania środowisk imigranckich. Zbierało ono informacje ze 120 regionalnych centrów kryzysowych. Jego celem było śledzenie nastrojów społecznych oraz rozładowywanie napięć[12].

W tym samym czasie MSW przystąpiło do tworzenia baz danych przeznaczonych do zbierania informacji na temat potencjalnych ekstremistów. 29 kwietnia 2009 roku na konferencji w Jekaterynburgu Jurij Kokow po raz pierwszy wspomniał o systemie „Ekstremista". Jak udało się nam wyjaśnić, chodziło o wielką bazę danych operacyjnych, które mogą pomóc w śledzeniu celów, ale nie nadają się do wykorzystania w formalnych aktach oskarżenia[13].

31 marca 2009 roku firma Sistematika wygrała konkurs na budowę „systemu do automatyzacji działalności związanej ze zwalczaniem ekstremizmu". Zamawiający – MSW. Kwota kontraktu – 11 298 560,00 rubli (ponad 380 mln dolarów). System powinien zostać ukończony do listopada 2010 roku[14]. Zgodnie z kontraktem „celem systemu jest wzrost jakości informatycznego wsparcia walki z działalnością ekstremistyczną". Ma on m.in. zautomatyzować wymianę informacji między MSW, FSB i FSO[15]. System będzie miał swoje filie we wszystkich regionalnych centrach antyekstremistycznych i będzie mogło z niego korzystać jednocześnie 50 użytkowników. W MSW wyjaśniono, że „na razie nie są w stanie oszacować" pojemności tworzonej bazy danych. A więc nie potrafią choćby szacunkowo określić, dane jakiej liczby osób zostaną

umieszczone w bazie, a tym samym jaka liczba celów stanie się obiektem permanentnej obserwacji.

Latem 2010 roku FSB zaktywizowała swój udział w walce z ekstremizmem, do tego czasu – jak się zdawało – oddanej w ręce MSW. Służby specjalne przeforsowały poprawki w ustawodawstwie, dzięki którym otrzymały prawo ostrzegania obywateli, że podejmują „niedopuszczalne działania, które tworzą warunki do popełnienia przestępstwa". W kwietniu Rząd Federacji Rosyjskiej wniósł do Dumy Państwowej projekt ustawy, która wprowadzałaby odpowiedzialność administracyjną za nieposłuszeństwo wobec pracowników FSB oraz przeszkadzanie im w pracy. W czerwcu Duma przyjęła ustawę i 29 czerwca została ona podpisana przez prezydenta Miedwiediewa.

Obrońcy praw człowieka oraz eksperci w tej dziedzinie uważają, że FSB będzie wykorzystywać te nowe możliwości do wywierania nacisku na dziennikarzy i działaczy społecznych, szczególnie na prowincji. Jednak w grudniu 2010 roku prezydent Miedwiediew jeszcze raz potwierdził, że FSB będzie odgrywać większą rolę w walce z ekstremizmem, i ogłosił, że walka ta powinna mieć „systemowy charakter", a zadaniem FSB jest wyławianie organizatorów prowokacji.

Wysiłki władzy, żeby uregulować system tajnego nadzoru nad obywatelami, stoją w sprzeczności z duchem oraz literą Konstytucji Federacji Rosyjskiej z 1993 roku, której artykuł 23 głosi: „1. Każdy ma prawo do nietykalności życia prywatnego, do osobistych i rodzinnych tajemnic, obrony swojego honoru i dobrego imienia. 2. Każdy ma prawo do tajemnicy korespondencji, rozmów telefonicznych, pocztowych, telegraficznych i innych informacji. Ograniczenie tego prawa dopuszcza się tylko na podstawie decyzji sądu"[16].

SYSTEM ZBIERANIA DANYCH na temat obywateli Rosji stopniowo się rozrasta i wchłania w siebie coraz więcej informacji. Ludzie, którzy znaleźli się na czarnej liście ekstremistów, w dowolnym momencie mogą się stać obiektem obserwacji i prześladowania ze strony MSW i FSB. Zgodnie z rosyjskim prawem wypowiedzi publiczne, które mogą rozniecić konflikt na tle rasowym, społecznym czy innym, podpadają pod paragraf o ekstremizmie. Za rządów Putina pojęcie „ekstremizm" rozszerzyło się również na krytykę urzędników w mediach. W ramach tej zasady media – zanim w ogóle wspomną o jakiejś organizacji – muszą najpierw sprawdzić, czy nie znajduje się ona na liście organizacji chronionych przed krytyką[17].

Zgodnie z poprawkami do ustawy wniesionymi za rządów Putina za ekstremizm uważa się teraz „publiczne usprawiedliwianie terroryzmu oraz inną działalność terrorystyczną", przy czym nie uściśla się, co dokładnie ukrywa się pod tymi pojęciami. Za rozprzestrzenianie materiałów „ekstremistycznych", za jakie rosyjscy sędziowie uznają na przykład broszury świadków Jehowy z fragmentami Biblii, przewidziana jest kara. Wprowadzane są też nowe kary finansowe dla dziennikarzy oraz mediów uznanych za winnych naruszenia tej ustawy. Sankcje narastają – od kary finansowej i konfiskaty sprzętu użytego do przygotowania materiałów „ekstremistycznych", aż po natychmiastowe zawieszenie działalności tego czy innego organu na okres 90 dni[18].

Ludmiła Aleksiejewa, szefowa Moskiewskiej Grupy Helsińskiej, porównuje obecną sytuację do tej, w której znajdowali się dysydenci w czasach radzieckich: „Pojawia się uczucie déjà vu: przywrócono praktykę śledzenia dysydentów, wyciągania z pociągów, wezwań na profilaktyczne rozmowy. Praktyka ta nie tylko została przywrócona, ale też wzbogacona nowymi środkami nacisku". 16 czerwca 2009 roku obrońcy praw człowieka z ruchu Za Prawa Człowieka i moskiewskiego oddziału Grupy Helsińskiej na konferencji prasowej zażądali, by Centrum do Przeciwdziałania Ekstremizmowi MSW zostało rozwiązane.

W swoim apelu zauważyli, że tworząc nowy wydział, Miedwiediew zakończył „tworzenie systemu politycznej kontroli, w którego skład wchodzą ludzie, którzy dotąd mieli do czynienia z niebezpiecznymi przestępcami(...) a teraz otrzymali szerokie kompetencje pozwalające im, według niejasnych kryteriów, włączać ludzi na listy celów do zwalczania"[19].

Oczywiście nowy system nadzoru politycznego zasadniczo różni się od tego wykorzystywanego w czasach radzieckich. Radzieckie państwo policyjne próbowało kontrolować wszystkich obywateli kraju. Obecny, o wiele bardziej wyrafinowany system działa znacznie bardziej selektywnie: jego uwaga skierowana jest tylko na ludzi, którzy przejawiają aktywność w sferze polityki albo publicznie wyrażają opozycyjne poglądy.

6. NAGRODA ZA SŁUŻBĘ

NOWA ELITA

W CZASACH STALINOWSKICH to strach przed represjami był najlepszą gwarancją lojalności pracowników służb specjalnych. Wielu pracowników organów stało się ofiarami czystek, kończyło z kulą w głowie albo w GUŁagu. Jednak z biegiem czasu obchodzono się z czekistami coraz łagodniej. Rękojmią lojalności w coraz większym stopniu stawały się przywileje, przede wszystkim wysokie pensje i bezpłatne mieszkania przydzielane poza kolejką. Generałom należała się jeszcze służbowa czarna wołga z szoferem i dom na prestiżowym osiedlu. Ale uprzywilejowani doskonale zdawali sobie sprawę z tego, że korzystają z powierzonych im dóbr czasowo – dopóki piastują swoje stanowiska. Prawdziwym właścicielem dacz i samochodów pozostawało KGB.

Dopiero po rozpadzie Związku Radzieckiego wysoko postawieni oficerowie służb specjalnych poczuli smak luksusu. Przedpotopowe wołgi zastąpiły czarne mercedesy, BMW i audi na numerach specjalnych i z kogutami, dzięki którym kierowcom wolno mknąć nawet pod prąd, by nie marnować czasu w korkach. W samej tylko Moskwie na parkingu FSB stało 95 takich samochodów, SWR (Służba Wywiadu Zagranicznego) miała ich zaledwie 14, a Ministerstwo Obrony 191[1]. Pod koniec lat 90., w czasach dzikiego kapitalizmu, pracownicy służb specjalnych przykładali do pieniędzy znaczenie większą wagę niż ich poprzednicy. Chcieli dostawać wysokie wypłaty i emerytury, ale uważali też, że mają prawo do swojej doli przy prywatyzacji mienia państwowego, łącznie z ziemią przy szosie Rublowo-Uspieńskiej.

Szosa Rublowo-Uspieńska, popularna Rublowka, otrzymała swój elitarny status na długo przedtem, zanim zaczęli wzdłuż niej budować swoje wille oligarchowie i kremlowscy urzędnicy. Przed rewolucją lud nazywał tę drogę „Carską", ponieważ Iwan Groźny przemierzał ją, udając się na polowania z sokołami. W czasach radzieckich znajdowały się tu dacze członków Politbiura oraz KC KPZR, znanych artystów, uczonych, ludzi bliskich Kremlowi. Ale wtedy dacze przekazywane były tylko czasowo. Otrzymać je na własność było bardzo trudno. Zwłaszcza że niektóre z działek były własnością KGB.

Po rozpadzie Związku Radzieckiego tereny te stały się rezerwatem rosyjskiej elity. Sławne wsie na Rublowce – Barwicha, Żukowka, Nikolina Góra, Usowo i Gorki – przekształciły się w osady nuworyszy i wysoko postawionych urzędników. Na przykład Borys Jelcyn z rodziną miał podmiejską rezydencję w Barwisze. Państwowa dacza Władimira Putina znajduje się koło wsi Usowo; były magnat naftowy Michaił Chodorkowski i były premier Wiktor Czernomyrdin zbudowali wille we wsi Żukowka, a prezydent Dmitrij Miedwiediew cieszył się państwową daczą w Gorki-9.

W latach 90. rosyjska elita się rozrastała, potrzebowała nowej ziemi, przyszło więc wyrąbywać las. W miejsce tradycyjnych drewnianych daczy wyrosły kolosalnych rozmiarów kamienne wille z kolumnami. Sto metrów kwadratowych ziemi w osiedlu na Rublowce kosztowało nie mniej niż 200 tys. dolarów[2]. Wzrost cen nieruchomości przy szosie Rublowo-Uspieńskiej zmienił FSB w majętnego właściciela ziemskiego. I choć dacze byłego KGB na Rublowce pozostawały własnością państwa, organy bezpieczeństwa tak długo nimi zarządzały, że FSB uznała, iż ma prawo dysponować nieruchomościami według własnego uznania.

JEDNYM ZE ŚWIADKÓW ustanawiania nowych porządków na Rublowce był Wiktor Ałksnis, dawniej pułkownik Sił Powietrznych ZSRR, którego dziad był jednym z twórców czerwonoarmijnego lotnictwa. Ałksnis służył na Łotwie, gdy po rozpadzie ZSRR wojska radzieckie zostały wyprowadzone z krajów nadbałtyckich przeniósł się do Moskwy, gdzie zamieszkał w niedużej podmoskiewskiej osadzie. W tym czasie Rosja na czele z Jelcynem siedmiomilowymi krokami zmierzała w kierunku demokracji i wolnego rynku. Ałksnis pozostał jednak wierny radzieckiej przeszłości, kategorycznie odrzucał więc kapitalizm oraz demokrację. Ten postawny mężczyzna o falujących siwych włosach był deputowanym na Zjazd Deputowanych Ludowych, atrapę parlamentu z czasów radzieckich, i jednym z liderów grupy poselskiej Sojuz, która próbowała się przeciwstawić likwidacji Związku Radzieckiego. Później wybrano go dwukrotnie do Dumy Państwowej. W roku 2003 został posłem z okręgu, na terytorium którego znajduje się Rublowka, i zaczął walkę z rabunkiem państwowej ziemi.

W roku 2006 Ałksnis odkrył, że w latach 2003 i 2004 ponad 40 hektarów należącej do państwa ziemi na Rublowce zostało sprzedane osobom prywatnym. Na terenie tym znajdowało się 80 działek, z których 38 zostało wycofanych, za zgodą kierownictwa FSB, z zasobów specsłużby. Ziemia została sprzedana byłym oraz obecnym wysoko postawionym pracownikom FSB. Według słów Ałksnisa mechanizm przekazania był prosty: pisemne podanie do odpowiedniej komórki FSB zajmującej się należącym do agencji mieniem, decyzja o wydzieleniu ziemi – po czym ziemia zostaje sprzedana nowemu właścicielowi. Tak na przykład załatwił sobie ziemię na Rublowce wicedyrektor Służby Bezpieczeństwa Ekonomicznego FSB Aleksiej Fiedorow. Na nazwisko szefa Rejonu Odinckowskiego wysłał pismo z prośbą, by odsprzedać mu na własność 21 arów ziemi, która jest własnością państwa. Szef Rejonu Odinckowskiego zatwierdził postanowienia o przekazaniu ziemi, choć zgodnie z prawem ziemie te powinny pozostawać do dyspozycji Federalnej Agencji ds. Mienia Państwowego, której zadaniem jest zarządzanie nimi z zyskiem dla państwa.

Badając dokumenty, zauważyliśmy, że wysoko postawieni funkcjonariusze FSB figurują w nich bez wymieniania funkcji i stopni. Na przykład generałowie-majorowie nazwani są w nich „wojskowymi, których łączna długość służby wynosi ponad 15 lat". Do tego trzech wysoko postawionych funkcjonariuszy FSB otrzymało ziemię bezpłatnie. Tymi „wojskowymi" byli Aleksandr Fiedorow ze Służby Bezpieczeństwa Ekonomicznego FSB, szef departamentu kontroli granicznej PS FSB Michaił Szkuruk oraz Borys Mylnikow, kierownik Centrum Antyterrorystycznego Wspólnoty Niepodległych Państw (stanowisko porównywane ze stanowiskiem pierwszego zastępcy dyrektora FSB). Mylnikow otrzymał swoją działkę, płacąc po 5 dolarów za ar[3]. Oprócz wyżej wymienionych praktycznie bezpłatnie otrzymał ziemię na własność Jewgienij Łowyriew (szef kadr FSB), Wiacześław Wołoch (były szef Centrum Antyterrorystycznego FSB, wówczas na stanowisku pomocnika ministra rolnictwa) oraz Siergiej Szyszyn (szef Zarządu Bezpieczeństwa Wewnętrznego FSB). Łowyriew, Wołoch i Szyszyn otrzymali działki we wsi Gorki-2[4]. Pod koniec lat 90. wieś ta stała się jedną z najbardziej prestiżowych lokalizacji na Rublowce. Sąsiadami generałów FSB zostali miliarderzy z listy „Forbesa": Dawid Jakobaszwili, prezes zarządu giganta przemysłu spożywczego Wimm-Bill-Dann, oraz Oleg Deripaska, współwłaściciel koncernu aluminiowego RUSAŁ[5]. W internecie pojawiły się ogłoszenia następującej treści: „Szosa Rublowo-Uspieńska, dwie sąsiadujące ze sobą działki, wieś Gorki-2, ekskluzywny design, z dostępem do rzeki Moskwy, ochraniany przez FSB, pełna dokumentacja własności, 4,750,000 dolarów. Opublikowano 27 listopada 2008 roku”[6].

Biorąc te informacje za punkt wyjścia wyliczeń, można dojść do wniosku, że działki przekazane na własność Szyszynowi i Łowyriewowi były warte po 2,5 miliona dolarów każda. Dodatkowo otrzymali oni bezpłatnie po 5 arów we wsi Gorki-2 jako dodatek do już posiadanych przez każdego z nich, sprywatyzowanych wcześniej 25 arów.

Ałksnis skierował oficjalne pytanie w kwestii niezgodnej z prawem prywatyzacji do miejscowej administracji i jednocześnie do władz Obwodu Moskiewskiego. Odpowiedzią były zapewnienia, że wszystko jest w porządku. Nie znalazłszy zrozumienia u władz, poseł zwrócił się do prasy. W marcu 2006 roku w „Nowej Gaziecie” został opublikowany artykuł Iriny Borogan o transakcjach na Rublowce. Władze jednak po prostu ją zignorowały[7].

Borogan skontaktowała się z Federalną Agencją ds. Mienia Państwowego i otrzymała oficjalną odpowiedź, że działki zostały przekazane nieodpłatnie zgodnie z prawem gwarantującym wojskowym lokale mieszkalne. W tym przypadku prawo to zostało wykorzystane, by przekazać generałom FSB najdroższą ziemię w kraju[8]. Gdyby organy sprawiedliwości zdecydowały się na prawdziwe śledztwo, musiałyby dojść do wniosków, że przekazywanie drogich działek kierownictwu FSB to zupełnie bezprawna inicjatywa dowódców specsłużb. Jednak nie było żadnego śledztwa. Pozostaje więc sądzić, że była to inicjatywa akceptowana przez państwo.

W roku 2007 Ałksnis nie został już posłem. Nie przegrał wyborów: Kreml zmienił prawo wyborcze, pozbawiając niezależnych kandydatów możliwości uczestniczenia w wyborach. Do kampanii wyborczej zostały teraz dopuszczone wyłącznie oficjalnie zarejestrowane partie polityczne – a nazwisko Ałksnisa nie trafiło na żadne partyjne listy.

ZŁOTY DESZCZ, KTÓRY SPADŁ na generałów pod postacią darmowej ziemi na Rublowce oraz innych przywilejów, wzbudził irytację niższych rangą pracowników FSB. Konflikt się zaostrzył, gdy została podjęta decyzja o wprowadzeniu nowego systemu wynagrodzeń, znanego jako „Koefficient 2,2", zgodnie z którym oficerom FSB zajmującym stanowiska kierownicze przysługiwała wypłata 2,2 razy większa niż funkcjonariuszom w tym samym stopniu niezajmującym jednak żadnych stołków. Oprócz tego pojawiła się istotna różnica w uposażeniu między tymi, którzy służą w aparacie centralnym, a funkcjonariuszami z lokalnych zarządów FSB (w przypadku Moskwy chodziło o oficerów pracujących dosłownie w sąsiednich budynkach na Łubiance). Współczynniki te doprowadziły do ostrych materialnych dysproporcji między kierownictwem a funkcjonariuszami FSB oraz do upadku autorytetu kierownictwa. Szeregowi oficerowie przestali wierzyć, że sprawiedliwość można wywalczyć wewnątrz korporacji.

Narastający wewnętrzny kryzys o podłożu etycznym i materialnym doprowadził do tego, że w roku 2009 na celowniku znalazła się najwrażliwsza sfera działalności FSB – oddelegowani funkcjonariusze, oczy i uszy służb specjalnych w strukturach państwowych oraz w biznesie. Oczywiste jest, że w tym przypadku lojalność oddelegowanych to kluczowy warunek, pod którym praktyka owa w ogóle ma sens.

W czerwcu 2009 roku petersburski wojskowy sąd garnizonowy rozpatrywał powództwo funkcjonariusza FSB Dmitrija Kuzniecowa przeciw kierownictwu lokalnego zarządu FSB. W listopadzie 2007 roku Kuzniecow został oddelegowany do

NPO Awrora (produkcja systemów sterowania okrętami wojennymi oraz automatyka dla przemysłu naftowego) na stanowisko zastępcy dyrektora generalnego. Jednak już w maju 2009 roku został odwołany do zarządu FSB. Oburzyło to Kuzniecowa: najpierw trafił do szpitala, a następnie złożył pozew przeciwko kierownictwu, przekonując, że oddelegować go z NPO Awrora może tylko rozkaz dyrektora FSB. Odmówiono mu racji, ale powstał precedens.

W tym samym czasie kilku oficerów FSB zdecydowało przenieść konflikt wewnętrzny na poziom międzynarodowy. Zwrócili się do Europejskiego Trybunału Praw Człowieka w Strasburgu ze skargą na traktowanie ich przez kierownictwo FSB[9]. Pierwszy wyrok w jednej ze spraw został ogłoszony 14 stycznia 2010 roku – były oficer kontrwywiadu Innokientij Osipow żądał ponownego wyliczenia jego emerytury. Zapadł korzystny dla niego wyrok: Federacja Rosyjska powinna była mu wypłacić 11 tysięcy 370 euro[10].

Jesienią 2010 roku okazało się, że w konflikt między funkcjonariuszami a kierownictwem służb specjalnych wplątana jest głowa obcego, i do tego nie całkiem zaprzyjaźnionego państwa. W październiku podpułkownik FSB Piotr Iluszkin wysłał list otwarty do prezydenta Gruzji Micheila Saakaszwilego z prośbą, by ten przekazał go prezydentowi Rosji. Iluszkin przekonywał w liście, że nie otrzymał należącego się mu mieszkania z przydziału i nie może się dobić do swojego kierownictwa w bardziej tradycyjny sposób.

W odpowiedzi na te działania FSB utworzyła specjalny oddział, którego zadaniem miała być ochrona specsłużby przed podobnymi pozwami. Oto, co opowiedział nam jeden z pułkowników FSB: „Oddział ten został stworzony do ochrony kierownictwa FSB, a nie prostych funkcjonariuszy. Na jednym z zebrań oficerowie zapytali generałów z mojego departamentu, dlaczego ich i nasze wypłaty tak bardzo się różnią.

Generałowie odpowiedzieli, że wcześniej ojczyzna nie miała możliwości godnie wynagradzać ich pracy, a teraz taka możliwość się pojawiła".

KIEROWNICTWO FSB PRZEJAWIA wzruszającą wprost troskę nawet o dzieci swoich generałów. Trzydzieści arów na Rublowce otrzymali synowie Giermana Ugriumowa, zmarłego w 2001 roku szefa Departamentu do Walki z Terroryzmem. Aleksandr i Władisław Ugriumow otrzymali działkę we wsi Uspienskoje.

Andriej Patruszew, syn Nikołaja Patruszewa, dyrektora FSB w latach 1999–2008, pracował jako doradca Igora Sieczyna, prezesa rady dyrektorów państwowego koncernu Rosnieft. W roku 2007 prezydent Putin nagrodził 26-letniego Patruszewa Orderem Honoru[11]. Do tego czasu Patruszew pracował jako doradca w Rosniefcie zaledwie siedem miesięcy. Miał za sobą jeszcze trzy lata pracy w Służbie Bezpieczeństwa Ekonomicznego FSB[12].

W tym samym dniu brat Nikołaja Patruszewa Wiktor, który przepracował siedem lat w firmie telekomunikacyjnej Megafon, został nagrodzony Orderem Przyjaźni. Ten dziwny wybór nagrody (order ten zazwyczaj wręczany jest artystom oraz zagranicznym sportowcom „za umocnienie przyjaźni i współpracy między Federacją Rosyjską i innymi krajami") prawdopodobnie można wyjaśnić tym, że na początku 2006 roku Wiktor już otrzymał od Putina Order Honoru „za zasługi w rozwoju kultury fizycznej i sportu". Brat dyrektora FSB pracował jako doradca prezydenta klubu sportowego Dynamo, któremu służby specjalne patronują od początku lat 20. XX wieku[13].

Działki w elitarnych osadach, luksusowe samochody z kogutami albo nagrody państwowe, którymi obdarowują siebie i swoich krewnych generałowie FSB, dają im nowy status w społeczeństwie. Są teraz nie tyle sługami państwa, ile majętnymi posiadaczami ziemskimi, którzy mają moc, by wpływać na decyzje kadrowe, a więc awansować swoich przyjaciół i krewnych. Jednak wciąż nie jest jasne, jaki cel chciał osiągnąć Kreml, dając prawdziwie królewskie prezenty generałom FSB. Wygląda na to, że uznano, iż zapewnić lojalność urzędników służb specjalnych wyższego szczebla można tylko, obdarzając ich majątkiem o wartości milionów dolarów. Dyrektor FSB Nikołaj Patruszew nazwał pracowników swojego resortu „nową szlachtą". Być może rublowskie ziemie powinny się stać w ich wypadku nowym lennem. W średniowieczu jednakże wasale otrzymywali ziemię jedynie do tymczasowego użytkowania – to właśnie miało gwarantować ich wierność seniorowi. Zasada ta była wykorzystywana w czasach radzieckich, kiedy to na miejscu dzisiejszych elitarnych osiedli Rublowki znajdowały się resortowe dacze. O niepewnym położeniu ich tymczasowych mieszkańców przypominały numery inwentarzowe umieszczone na meblach: straciłeś stanowisko – opuść willę. Nowo powołana szlachta otrzymuje jednak ziemię na zawsze, nawet jeśli nagrodzeni nią generałowie FSB wkrótce po prostu pójdą na emeryturę. Na ich miejsce przyjdą nowi generałowie, których również trzeba będzie jakoś zmotywować. Ale dla nich może już nie wystarczyć ziemi na Rublowce.

7. KIBICE Z PAGONAMI

FSB I SPORT

W ZAMKNIĘTYM ŚWIECIE rosyjskich służb specjalnych sport jest czymś znacznie więcej niż tylko rozrywką. Zaangażowanie funkcjonariuszy w działalność klubów sportowych ma znacznie więcej sensu, niż mogłoby się wydawać na pierwszy rzut oka. Kluby te, jeszcze od czasów radzieckich pozostające w bliskich stosunkach ze służbami, są miejscem treningów oddziałów specjalnych, a dla generałów platformą, na której mogą podtrzymywać przydatne kontakty z przedstawicielami sfer biznesu i polityki.

23 października 2002 roku kilku generałów FSB zostało zaproszonych na Łubiankę na uroczyste przyjęcie. Dyrektor FSB Nikołaj Patruszew oraz dwóch jego zastępców, Władimir Proniczew oraz Wiktor Kołmogorow, wręczali nagrody trenerom i siatkarzom Dynama Moskwa za zdobycie mistrzostwa Rosji[1]. Siatkówka to ulubiona dyscyplina Patruszewa. Sam był niezłym zawodnikiem, więc przy pierwszej okazji stanął na czele siatkarskiej sekcji Dynama. W tamtym czasie oprócz siatkarzy Dynamo miało również sekcję piłki nożnej, dwie drużyny hokejowe, koszykarską, a do tego stadiony i zaplecze

treningowe. W dużej mierze rozwój klubu jest efektem patronatu, jaki roztaczają nad nim służby specjalne już od chwili jego powstania, czyli od 1923 roku. Ten patronat trwa, czego dowodem jest choćby to, że zastępca dyrektora FSB Władimir Proniczew został jego prezesem na początku roku 2000, a wysoko postawionym działaczem klubu był też drugi z zastępców dyrektora Wiktor Kołmogorow.

Kilka godzin po rozpoczęciu się ceremonii wszyscy już wiedzieli, że zaledwie kilka kilometrów od placu Łubiańskiego terroryści zajęli teatr, w którym znajdowało się ponad 900 widzów. Był to pierwszy dzień trwającej trzy doby tragedii, która będzie jednym z największych i najbardziej krwawych aktów terrorystycznych całej dekady. Ale to wydarzenie nie pochłonęło uwagi kierownictwa FSB na tyle, by zapomnieli o ulubionej drużynie.

W sobotę 26 października, po szturmie na teatr na Dubrowce, gdy szpitale w stolicy były zapełnione rannymi, dyrektor FSB znalazł czas, by pójść na mecz siatkarzy Dynama z Nieftianikiem Baszkortostana[2]. Oczywiście chodziło o coś więcej niż tylko zwykła fascynacja sportem. Dla szefów FSB ich pozycja w zarządach klubów sportowych była jeszcze jednym symbolem tego, jak za rządów Putina służby specjalne odzyskiwały utracone za rządów Jelcyna wpływy i prestiż.

W czasach radzieckich bliskie relacje KGB i wojska z klubami sportowymi były czymś naturalnym. W ZSRR Dynamo było pod kuratelą KGB i MSW, a CSKA (Centralny Sportowy Klub Armii) – wojska. Nie było mowy o jakimś wyborze: wszyscy sportowcy, którzy służyli w wojsku, automatycznie trafiali do CSKA, a milicjanci do Dynama. Gdy oficerowie KGB odbywali trening, na dresach mieli znaczek Dynama. Z kolei zawodowi sportowcy reprezentujący Dynamo i CSKA na mistrzostwach kraju, Europy czy świata mieli stopnie wojskowe i jeśli rezultat ich występów był zadowalający, awansowano ich. Wiaczesław

Fietisow, minister sportu w latach 2004–2008, a wcześniej legendarny kapitan radzieckiej reprezentacji hokejowej, najpierw grał w CSKA, a następnie trafił do USA, gdzie reprezentował New Jersey Devils i Detroit Red Wings. Dwukrotny zdobywca Pucharu Stanleya był jednocześnie majorem Armii Radzieckiej. Wiktor Szyłow, znany napastnik Dynama z lat 60. i 70., dosłużył się stopnia starszego porucznika KGB[3]. W tym samym czasie, pod koniec lat 70. i na początku 80., wykorzystywano zaplecze treningowe Dynama do supertajnych treningów oddziałów specjalnych KGB.

Historia ta zaczęła się w listopadzie 1978 roku, gdy w tajemnicy przybyło do Moskwy dwóch kubańskich oficerów – Raul Riso i Ramiro Chirino. Słynni mistrzowie i instruktorzy karate przyjechali do Związku Radzieckiego na zaproszenie Władimira Pirożkowa, zastępcy szefa KGB, na którym kubański system nauczania sztuk walki wywarł niezatarte wrażenie[4]. Kubańczycy pokazali mu tzw. operatywne karate, doskonale nadające się do stosowania w operacjach specjalnych.

W Związku Radzieckim karate uważano za najgroźniejszą sztukę walki i na treningi udzielano zgody wyłącznie elitarnym pododdziałom KGB. W ciągu trzech miesięcy Riso i Chirino wytrenowali ponad setkę oficerów KGB. Treningi odbywały się w samym centrum Moskwy, w pospiesznie przystosowanej hali do koszykówki na Pietrowce. Uprawnienia instruktorskie otrzymało zaledwie piętnastu uczestników tych treningów. Wszystko odbywało się w największej tajemnicy – oficerom KGB wolno było brać udział wyłącznie w turniejach organizowanych wewnątrz Dynama. Nie było mowy o konfrontacjach z zawodnikami z innych klubów. W rezultacie do roku 1991 w Rosji praktykowane były dwie wersje karate – „dynamowska", bojowa, i „niedynamowska", sportowa. W zawodach uczestniczyli wyłącznie zawodnicy tej drugiej wersji.

Trenerów, personel oraz administrację Dynama z pokolenia na pokolenie wyznaczali i kontrolowali siłowicy. Tradycję zapoczątkował Feliks Dzierżyński, który był honorowym prezesem Moskiewskiego Proletariackiego Towarzystwa Sportowego „Dynamo". Od tamtej pory towarzystwem stale opiekowali się czekiści, nawet etatowo. Pod koniec lat 50. XX wieku wszystkie kierownicze stanowiska w klubie zajmowali ludzie wyznaczeni przez służby specjalne. Przez wiele lat towarzystwo sportowe Dynamo służyło jaka baza treningowa zarówno dla KGB, jak i dla MSW. Oficerowie czynnej rezerwy KGB nierzadko byli kierowani do pracy właśnie w Dynamie.

Po rozpadzie Związku Radzieckiego oficerowie skierowani do klubu przez Komitet Bezpieczeństwa Państwowego zostali odwołani[5]. Skończyło się też finansowanie klubu przez służby specjalne. Formalnie organy bezpieczeństwa jak dawniej sprawowały opiekę nad Dynamem, ale rzeczywista kontrola nad klubem w całości przeszła w ręce MSW. W latach 1991–1995 na czele towarzystwa stał pułkownik służby wewnętrznej Stanisław Kotow, a od 1995 do 2000 roku Piotr Łatyszew, generał-pułkownik milicji.

W roku 1996 na mocy specjalnej uchwały Dynamo wróciło pod dawne skrzydła. Funkcjonariusze specsłużb z powrotem zasiedli na klubowych stołkach. Z 500 funkcjonariuszy skierowanych do pracy w klubie 226 pochodziło z MSW, 78 z FSB, 52 z FPS (Federalnej Służby Granicznej), 11 z SWR (Służba Wywiadu Zagranicznego), 90 z Policji Podatkowej i 43 z FAPSI[6].

Uchwała ta została wprowadzona w życie dopiero w grudniu 1999 roku, choć nie poszły za tym żadne wyjaśnienia dotyczące tego ponadtrzyletniego opóźnienia[7]. W roku 2000 FSB już otwarcie wzięła Dynamo pod opiekę: pierwszy zastępca dyrektora FSB Władimir Proniczek, krzepki, popularny w służbach dzięki swojej przeszłości w specnazie generał, został mianowany prezesem klubu. Siergiej Stiepaszyn, szef FSB od 1994 do 1995 roku, a w 1999 roku przez krótki czas również premier Rosji, został prezesem Rady Kuratorów Klubu. Wkrótce zmienił się również właściciel piłkarskiej sekcji Dynama – w grudniu 2001 roku zajmujący przez dziesięć lat stanowisko dyrektora generalnego klubu Nikołaj Tołstych opuścił funkcję i przekazał pakiet kontrolny akcji Dynama innym właścicielom. W rezultacie 50 proc. akcji znalazło się w rękach funduszu rozwoju klubu Dynamo, na którego czele stał generał-major FSB Władimir Kudijarow, 25 proc. miało Wszechrosyjskie Stowarzyszenie Sportu i Kultury Fizycznej „Dynamo" na czele z Proniczewem, a pozostałe 25 proc. mieli dawni fundatorzy klubu. Zmianom na głównych klubowych stanowiskach towarzyszyły nominacje na poziomie lokalnym. I tak na przykład szef zarządu FSB w Moskwie i Obwodzie Moskiewskim Wiktor Zacharow stanął na czele moskiewskiego oddziału Dynama.

Kiedy Dynamo znalazło się już pod opieką FSB, zapomniało o problemach finansowych, które gnębiły klub przez poprzednie dziesięć lat. W roku 2001 podpisano umowę sponsorską z Jukosem Michaiła Chodorkowskiego – w tym czasie najpotężniejszą kompanią naftową w kraju, która według szacunków włożyła w niego do 20 milionów dolarów. W roku 2003, gdy Chodorkowski został aresztowany i Jukos zaczął gwałtownie iść na dno, Dynamo zwróciło się do innego inwestora. W roku 2004 klub podpisał umowę sponsorską z mieszkającym w Monako rosyjskim biznesmenem Aleksiejem Fiedoryczewem, dyrektorem holdingu Fiedkominwest, potężnym dostawcą siarki. Fiedoryczew, nie tracąc czasu, wyłożył dla klubu 200 milionów dolarów.

Kolejnym sponsorem Dynama zgodnie z umową podpisaną w lutym 2008 roku został Metalloinvest, koncern należący do magnata przemysłu metalurgicznego Uliszera Usmanowa, jak się okazało – starego kibica Dynama. W kwietniu 2009 roku Wniesztorgbank ogłosił, że został sponsorem generalnym

Dynama, zastąpił w tej roli Metalloinvest. Bank obiecał pomóc klubowi spłacić pożyczkę na budowę nowego stadionu.

Powszechnie wiadomo, że w Rosji sukcesy klubów sportowych w bardzo dużym stopniu zależą od sponsorów: dochody ze sprzedaży biletów są stosunkowo niewielkie. Zgodnie z danymi opublikowanymi przez towarzystwo sportowe Dynamo na przykład w roku 2009 sponsorzy powinni byli wyłożyć na klub miliard rubli – przy ogólnym budżecie 1,8 miliarda[8].

Dla klubów sportowych protekcja FSB oznaczała koniec problemów finansowych, przyjacielskie stosunki z gubernatorami, a nawet dostęp do Kremla. To było o wiele lepsze od sytuacji z lat 90., gdy kryminaliści proponowali klubom pieniądze i przyjaźń w zamian za „wybielenie" własnej reputacji. Teraz, niejako przy okazji, opiekując się dowolną drużyną i klubem, generałowie FSB mogli nawiązywać nieformalne kontakty z przydatnymi ludźmi. Rosyjska Federacja Siatkówki na przykład przez długi czas była kontrolowana przez kierownictwo FSB, w tym przez samego Patruszewa (po 2004 roku). Godne uwagi jest to, że za stołem prezydium federacji obok Patruszewa siedział Oleg Dobrodiejew – generalny dyrektor WGTRK (Wszechrosyjskiej Państwowej Kompanii Telewizji i Rozgłośni Radiowych) wybrany na wiceprezydenta federacji.

W październiku 2009 roku prezydent Dmitrij Miedwiediew zarządził, żeby pracownicy organów bezpieczeństwa państwowego opuścili kierownicze stanowiska w federacjach sportowych. Uzasadniał to tym, że klubami sportowymi powinni zarządzać zawodowcy. Większość urzędników rządowych podporządkowała się temu żądaniu. Formalnie uczyniła to również FSB, jednak de facto resortowi udało się zachować kontrolę nad swoimi sportowymi „posiadłościami".

18 listopada 2009 roku Patruszew odszedł ze stanowiska prezydenta siatkarskiej federacji – ale wkrótce został wybrany na prezesa nowo utworzonej Rady Obserwatorów. Oprócz

niego swoje stanowiska w federacji zachowało jeszcze dwóch generałów FSB.

Dopóki rosyjscy oligarchowie po kolei sponsorowali Dynamo, byli oficerowie specsłużb zajmowali kluczowe stanowiska w innych organizacjach sportowych. W roku 2003 trenerem hokejowej reprezentacji Rosji został mianowany Władimir Pluszew – podpułkownik oddziału KGB do walki z terroryzmem. W roku 2004 jeszcze jeden specjalista do walki z terroryzmem Michaił Gołowatow został prezesem Rosyjskiej Federacji Łyżwiarskiej (w przeszłości Gołowatow był zresztą reprezentantem Rosji w łyżwiarstwie). Później, na początku lat 90., stanął na czele oddziału specjalnego KGB „Alfa”[9].

Oficerowie służb specjalnych okazali się pożądani nawet w najbardziej niezwykłych dyscyplinach sportu. W październiku 2006 roku Federacja Sportowej Hodowli Świń (licząca ponad sto organizacji członkowskich) wybrała pułkownika FSB Nikołaja Malikowa na głównego trenera reprezentacji świnbolu. Tak, świnbolu. Od 2005 roku Federacja przeprowadza w Moskwie nawet olimpiady prosiąt. Na jednej z nich, w 2008 roku, pojawił się sam Władimir Putin. Prosięta współzawodniczą w trzech dyscyplinach: biegi, „świnswimming” (pływanie) oraz „świnbol” (futbol prosiąt)[10]. „Na adres komisji konkursowej przyszło 17 zgłoszeń – powiedział prezydent federacji Boris Bukatow. – Ale na spotkaniu z potencjalnymi podopiecznymi serca świnbolistów bezwarunkowo podbił nasz rodak i komisja konkursowa nie mogła się przeciwstawić wyborowi sportowców. W taki oto sposób biuro komitetu wykonawczego FSS jednogłośnie mianowało zasłużonego trenera Rosji, doktora nauk pedagogicznych Nikołaja Malikowa na stanowisko głównego trenera świnbolu”.

Na początku XXI wieku FSB odzyskała kontrolę nad Dynamem, osiągając nawet więcej niż za czasów radzieckich, gdy KGB musiało dzielić się klubem z MSW. Korzyści z tej nowej sytuacji nie ograniczają się tylko do prestiżu. Na imprezach sportowych oficerowie bezpieczeństwa państwowego mają możliwość zawiązywania nieformalnych stosunków z pisarzami, dziennikarzami, biznesmenami na „neutralnym gruncie". Spotykając się na stadionach, generałowie służb specjalnych, wpływowi biznesmeni oraz urzędnicy mają doskonałą możliwość podtrzymywania kontaktów z niezbędnymi ludźmi pod bezpiecznym pretekstem – kibicowania ulubionemu klubowi.

8. ANDROPOW

ODRODZENIE KULTU

IKONĄ ZAINICJOWANEJ PRZEZ PUTINA KAMPANII, której celem było poprawienie wizerunku służb specjalnych, był Jurij Andropow: człowiek, który najdłużej piastował stanowisko szefa KGB, a jako pierwszy sekretarz partii, w ostatnich miesiącach swojego życia, bez powodzenia próbował ratować ZSRR. Teraz zaczęto go przedstawiać jako efektywnego przywódcę, zorientowanego w narodowych i międzynarodowych procesach społecznych i ekonomicznych.

Symptomatyczny był fakt, że kiedy w sierpniu 1991 roku, po nieudanym puczu Janajewa, protestujący tłum obalił pomnik Feliksa Dzierżyńskiego na placu Łubiańskim, na ścianie głównej siedziby KGB wciąż wisiała tablica poświęcona Andropowowi. Dopóki uwaga tłumu skupiona była na pomniku Dzierżyńskiego, funkcjonariusze KGB pod osłoną nocy po cichu ją zdjęli, by nie została zbezczeszczona. Latem 1999 roku, gdy Putin był jeszcze szefem FSB, podjęto decyzję, że tablica wróci na swoje miejsce. 20 grudnia 1999 roku Putin już w charakterze premiera przybył na ceremonię jej odsłonięcia[1].

I tak zaczęła się oficjalna kampania, której celem było zbudowanie wokół postaci Jurija Andropowa mitu mającego w rosyjskim społeczeństwie budować przekonanie, że tylko służby specjalne są zdolne wyprowadzić Rosję ze ślepej uliczki. Na przykładzie Andropowa chciano pokazać, jak skuteczne są specsłużby w rozwiązywaniu politycznych, społecznych i gospodarczych problemów państwa. A obraz bezkompromisowego rycerza dyscypliny i kontroli jak nic innego odpowiadał na potrzeby służb specjalnych dążących do odnowienia dawnej potęgi Rosji pod pretekstem przywrócenia porządku po dziesięcioleciu chaosu i nieokreśloności.

W rzeczywistości biografia Andropowa nie miała w sobie ani krzty heroizmu, a paskudne szczegóły z jego życia FSB musiała ukrywać i łagodzić, by mógł powstać portret ascetycznego intelektualisty i romantyka, a przy tym kompetentnego ekonomisty oraz nieugiętego bojownika zwalczającego korupcję. Tymczasem Andropow Wielką Wojnę Ojczyźnianą jako politruk spędził na tyłach, potem przez 19 lat był okrutnym i bezlitosnym szefem KGB, a gensekiem został na zaledwie 15 miesięcy, w ciągu których rzecz jasna nawet gdyby chciał, nie był w stanie przeprowadzić poważniejszych reform.

Wcześniej, w roku 1954, Andropow został mianowany ambasadorem ZSRR na Węgrzech. W tym charakterze obserwował powstanie 1956 roku. Brytyjski historyk służb specjalnych Christopher Andrew napisał, że wydarzenia te wywarły na Andropowie głębokie wrażenie. „Z przerażeniem obserwował z okna ambasady, jak oficerów znienawidzonej przez Węgrów bezpieki wieszano wprost na ulicznych latarniach. Historia, wydawałoby się, wszechmocnego oka komunistycznego państwa, które w okamgnieniu znalazło się na granicy upadku, nie dawała Andropowowi spokoju do końca życia”[2]. Kiedy więc 1967 roku Andropow został mianowany szefem KGB, owładnięty był ideą walki z dysydentami. To on powołał do życia niesławny Piąty Zarząd KGB specjalizujący się w ściganiu przestępstw politycznych[3]. Z jego punktu widzenia dysydenci „naruszali prawo, przekazywali Zachodowi oszczercze informacje, szerzyli fałszywe pogłoski i próbowali organizować antysowieckie skandale”[4].

Za Andropowa KGB zaczęło masowo wysyłać dysydentów do psychuszek. Władimira Bukowskiego, jednego z liderów ruchu dysydenckiego, w 1963 roku umieszczono w psychiatryku za powielanie literatury antyradzieckiej – chodziło o kserowanie rewizjonistycznej „Nowej klasy” Milovana Djilasa. W ten sposób postępowano nie tylko z opozycjonistami politycznymi, ale też z malarzami, poetami i muzykami. Na przykład Michaiła Szemjakina, którego rzeźby dziś znajdują się na placu Bołotnym, wsadzono do psychiatryka i „leczono” z poglądów obcych partyjnej doktrynie. Ostatecznie obydwu zmuszono do emigracji z ZSRR.

Konstruując nowy obraz Andropowa, FSB starannie unikała tych faktów z jego biografii. Zabawne, że w ten sposób wykorzystywała jego własne metody, których użył, by odnowić kult pierwszego czekisty Feliksa Dzierżyńskiego na początku lat 80[5]. Bezpieczniaccy historycy i pisarze przedstawiali Dzierżyńskiego jako wyjątkowo skromnego, mało wymagającego człowieka, który spał na wąskim, żelaznym łóżku i jadł tylko tyle, by nie umrzeć z głodu. W ten oto sposób postać organizatora czerwonego terroru zastąpiona została opowieściami o jego osobistej skromności.

W roku 2004, gdy obchodzono 90-lecie urodzin Jurija Andropowa, wiejskiej szkole w Kraju Stawropolskim nadano jego imię, w miejscowości Nagutskaja, skąd pochodził, postawiono mu trzymetrowy pomnik, a w szkołach FSB ustanowiono stypendium imienia Andropowa. W tym samym roku ukazało się kilka apologetycznych książek: „Nieznany Andropow”, „Drużyna Andropowa”, „Jurij Andropow: nieznane o znanym”.

Nikołaj Patruszew, ówczesny dyrektor FSB, napisał duży artykuł do „Rosyjskiej Gaziety" pod tytułem „Tajemnica Andropowa". W artykule tym była mowa o „potrzebie duchowej" pracowników służb specjalnych, którzy chcą „ocalić najlepsze, profesjonalne, propaństwowe wartości, których źródeł strzegł ten wspaniały człowiek, polityk-intelektualista, który stworzył strukturę władzy odpowiadającą na potrzeby swojego czasu"[6]. Oprócz pierwszorzędnych cech lidera Andropowowi przypisywano głębokie zrozumienie reguł ekonomii, a przy okazji tworzył się mit o tym, jak owocne było uczestnictwo organów bezpieczeństwa państwowego w budowaniu fundamentów gospodarki Rosji.

Na początku XXI wieku zmieniła się też ekspozycja w muzeum FSB: teraz na ścianach pojawiły się wypowiedzi Dzierżyńskiego o gospodarce i walce z biurokracją. W 2002 roku mer Moskwy Jurij Łużkow zaproponował odbudowę pomnika Dzierżyńskiego na Łubiance: „Postać Dzierżyńskiego łączy się przede wszystkim z rozwiązaniem problemu włóczęgostwa, odbudową trakcji kolejowej oraz ożywieniem rolnictwa. NKWD, KGB – to już było po Dzierżyńskim"[7].

Historycy bezpieki uznali Andropowa za drugiego (po Dzierżyńskim) ekonomicznego geniusza systemu. Aktywnie wpajano społeczeństwu wersję, zgodnie z którą po wielu długich latach zastoju epoki Breżniewa Andropow planował wprowadzenie reform gospodarczych. Czyli w rzeczywistości to on był inicjatorem pieriestrojki ogłoszonej później przez Gorbaczowa. A śmierć Andropowa w 1984 roku przerwała realizację planów ratowania kraju. W 2007 roku Olga Krysztanowska z Instytutu Socjologii Rosyjskiej Akademii Nauk w jednym z wywiadów powiedziała: „Andropow uważał, że partia komunistyczna powinna była zachować władzę w swoich rękach i przeprowadzić gospodarczą liberalizację. To droga, którą poszły Chiny. Dla ludzi w służbach specjalnych

Chiny to idealny model. Uważają, że Jelcyn poszedł niewłaściwą drogą. Podobnie Gorbaczow"[8].

Z BIEGIEM CZASU MITOTWÓRCY rozszerzyli listę liderów służb specjalnych ratujących kraj. Jeden z szefów FSB ogłosił, że służba bezpieczeństwa dała krajowi cały panteon wielkich przywódców. W 2001 roku Władimir Szulc, ówczesny pierwszy zastępca dyrektora FSB, wymienił w wywiadzie nazwiska ludzi wchodzących w skład tej kohorty: Feliks Dzierżyński, Jurij Andropow, Siergiej Stiepaszyn (dyrektor FSB w latach 1994–1995, a w latach 1997–1998 minister), Władimir Putin i Nikołaj Patruszew[9].

Z punktu widzenia FSB było to konieczne, by uzasadnić, dlaczego kraj potrzebuje bezpieczniackich recept również w kwestiach gospodarczych. A jednocześnie wyjaśnić fakt, że „uchodźcy" z organów bezpieki zajmują najważniejsze stanowiska w administracji państwowej oraz biznesie. Stanowiska te wymagały wiedzy, której nie daje Akademia FSB, więc generałowie oraz pułkownicy musieli szukać wyjaśnień, dlaczego zajmują się działalnością wykraczającą poza ramy ich kompetencji. Przy czym odpowiedzi domagało się nie tylko społeczeństwo, ale też oni sami[10].

Poza tym FSB zaczęła aktywnie szerzyć mit o tym, że wszystkie nieszczęścia kraju były wywołane nie problemami wewnętrznymi, tylko knowaniami wrogów.

Jednym z głównych wyznawców Andropowa jest Oleg Chłobustow. To pułkownik FSB, wykładowca i starszy pracownik naukowy Akademii FSB, autor przywoływanej już tutaj książki „Nieznany Andropow". Podczas wykładu „Fenomen Andropowa", który wygłosił na Łubiance w grudniu 2004 roku, zacytował swojego bohatera: „Obecnie źródło zagrożenia bezpieczeństwa ZSRR leży na zewnątrz. Stamtąd przeciwnik klasowy próbuje przenieść na nasze terytorium działalność wywrotową, aktywizować i prowokować dywersję ideologiczną"[11]. Myśl ta spotkała się ze zrozumieniem i poparciem wielu oficerów FSB. Owładnęło nimi przekonanie, że ruchy opozycyjne dokarmiane są przez zachodnich sponsorów pragnących urządzić w Rosji „pomarańczową rewolucję” w rodzaju tej, jaka miała miejsce na Ukrainie od listopada 2004 do stycznia 2005 roku. Podobne obawy nasiliły się przed wyborami prezydenckimi w 2008 roku.

Zwalony z piedestału na Łubiance piętnastotonowy pomnik Dzierżyńskiego został umieszczony w niedużym parku na podwórzu Centralnego Domu Malarza w Moskwie nazywanym cmentarzem pomników. Co roku któryś z rosyjskich polityków zaczyna kampanię, której celem jest powrót pomnika założyciela radzieckiej bezpieki. Za rządów prezydenta Putina wielu się obawiało, że to on w końcu przywróci pomnik Dzierżyńskiego na jego dawne miejsce. Jednak do tego nie doszło. Będąc prezydentem, Putin postawił nowe pomniki Andropowowi i Dzierżyńskiemu, ale ani razu nie podjął próby przywrócenia olbrzymiego pomnika Dzierżyńskiego na placu Łubiańskim.

W rzeczywistości mit budowany wokół Andropowa i Dzierżyńskiego okazał się bardziej skuteczny i przekonujący dla samych funkcjonariuszy służb specjalnych niż dla społeczeństwa: godne uwagi jest to, że jedyny przywrócony pomnik Dzierżyńskiego stoi w podwórzu budynku GUWD Moskwy (Główny Zarząd Spraw Wewnętrznych – czyli moskiewska milicja) na Pietrowce pod numerem 38. Sądząc z tego wszystkiego, zarówno sam Putin, jak i służby specjalne doskonale rozumieją, że rosyjskie społeczeństwo ma dość obojętny stosunek do dziedzictwa radzieckich specsłużb. Dlatego nie próbowali zwrócić się z podobną inicjatywą do rosyjskiego narodu.

TYMCZASEM NAWET AKTYWNIE PRACUJĄC nad nowym obrazem Andropowa i propagandową historią KGB, siłowicy nadal próbowali trzymać w sekrecie rzeczywiste historyczne świadectwa na temat działalności radzieckich służb specjalnych. Do dzisiaj archiwa, których zawartość mogłaby rzucić trochę światła na historię radzieckich specsłużb, pozostają w większości zamknięte. Do wielu działów mają dostęp wyłącznie funkcjonariusze. Dlatego od ponad 20 lat, czyli od momentu upadku Związku Radzieckiego, nie cichną debaty o tym, czy należy je otworzyć. Mało tego – niektóre z tych archiwów, otwartych w latach 90., w okresie rządów Putina zostały ponownie utajnione.

Na początku lat 90. władze demonstrowały gotowość odtajnienia archiwów KGB. W grudniu 1991 roku utworzono Komisję do Odtajnienia Dokumentów KC KPZR. Jej szefem został Dmitrij Wołkogonow, jeden z najlepszych rosyjskich specjalistów od historii wojskowości. W roku 1992 rząd Jelcyna zaproponował dysydentowi Władimirowi Bukowskiemu, by wystąpił w roli świadka podczas przesłuchań w Sądzie Konstytucyjnym FR w „sprawie KPZR". Dzięki temu Bukowski otrzymał dostęp do akt archiwalnych. Uzbroiwszy się w miniaturowy skaner oraz laptop, skopiował mnóstwo dokumentów, w tym również raporty KGB tworzone na potrzeby KC – stały się one własnością społeczną. (Bukowski opowiadał nam, że udało mu się zeskanować dokumenty, ponieważ pracownicy archiwum nie mieli pojęcia, jak wygląda ręczny skaner). W rezultacie ukazała się książka Bukowskiego „Moskiewski proces" oraz pojawiła się strona internetowa, na której dostępne są wszystkie te akta[12].

W roku 1993 Rosja wstąpiła do Międzynarodowej Rady Archiwów – stowarzyszenia specjalistów, które powstało po to, by wspierać pracę w archiwach reżimów totalitarnych i wypracowywać odpowiednią metodologię. Jednak po krwawym konflikcie między Jelcynem a Radą Najwyższą w październiku 1993 roku (pucz Janajewa) kwestia otwarcia archiwów resortów siłowych upadła. Większość archiwów służb specjalnych ZSRR po prostu stała się częścią archiwów FSB, MSW oraz Prokuratury Wojskowej. Ostatecznie miejsce Komisji do Odtajniania zajęła Międzyresortowa Komisja do ochrony Tajemnicy Państwowej.

A cała masa dokumentów dostępna dla społeczeństwa do 1995 roku została utajniona. Nikita Pietrow, pracownik naukowy stowarzyszenia Memoriał, powiedział, że już odtajnione dokumenty KC KPZR zostały usunięte z Rosyjskiego Państwowego Archiwum Historii Najnowszej przez Służbę Wywiadu Zagranicznego[13]. „Teoretycznie obowiązuje u nas prawo, że dokumenty po 30 latach powinny zostać odtajnione. Ale to prawo nie działa – mówi Pietrow. – Trzynasty punkt Ustawy o tajemnicy państwowej stwierdza wyraźnie, że po upływie 30 lat powinno się odtajniać praktycznie wszystkie materiały. Czyli obecnie powinny być już dostępne wszelkie dokumenty podpisane do 1984 roku. Ale obmyślono już taką procedurę odtajniania, która rozciąga ten proces w nieskończoność. Eksperci muszą najpierw ocenić dokument, potem decyzję powinna podjąć międzyresortowa komisja... A jednocześnie FSB ma prawo odtajniać własne dokumenty, czyli nie musi zwracać się z tym do jakiejkolwiek komisji. Nie należy zapominać, że jest jeszcze jeden dokument, który jest ignorowany przez służby specjalne – to akt Borysa Jelcyna z czerwca 1992 roku, który poleca bezwarunkowo odtajnić wszelkie dokumenty uzasadniające masowe represje oraz łamanie praw człowieka. Ale to też nie działa. Do dziś nie możemy wejść do archiwum FSB i przeczytać dokumentów Wielkiej Czystki z roku 1937".

W MAJU 2006 ROKU z okazji trzydziestolecia powstania Moskiewskiej Grupy Helsińskiej Archiwum Bezpieczeństwa Narodowego przy Uniwersytecie George'a Washingtona umieściło w internecie serię dokumentów z czasów ZSRR, które dotyczyły tej organizacji zajmującej się obroną praw człowieka. W tym również sprawozdania KGB adresowane do KC KPZR o „elementach antyspołecznych", które zakładały Grupę, a także o represjach stosowanych przez KGB w celu „zakończenia ich wrogiej działalności". Większość dokumentów opublikowanych przez

Archiwum Bezpieczeństwa Narodowego została pobrana ze zbioru Wołkogonowa, który podarował go Bibliotece Kongresu w latach 90. Powstała absurdalna sytuacja: sprawozdania o działalności organów przeciwko opozycji w roku 2006 były dostępne w internecie w języku rosyjskim oraz angielskim, podczas gdy w Rosji te same akta pozostawały utajnione w zamkniętych archiwach na podstawie Ustawy o tajemnicy państwowej[14].

Nikita Pietrow: „Gdy na początku pierwszego dziesięciolecia nowego wieku FSB zaczęła kampanię, że oto teraz otwiera czytelnię, więc chodźcie, zobaczcie, co mamy, mogło się wydawać, że to krok we właściwym kierunku. Ale żeby rzeczywiście tak było, to nowe otwarcie musiałoby mieć oparcie w prawie o archiwach. A jak to działa? Jest sala, jest szefostwo, które decyduje, komu i co dawać, przy czym nie ma żadnego aparatu informacyjnego. A przecież badacz, który przychodzi do archiwum, powinien przede wszystkim mieć do dyspozycji katalogi, opisy zawartości archiwów, żeby w ogóle się dowiedzieć, co jest dostępne i czego w ogóle potrzebuje do swoich badań. Ale pracuje się zupełnie na ślepo. Pisze się prośbę – potrzebuję materiałów o tym i o tym – i to archiwiści sami decydują, czy dać to, czy nie dać, znaleźć czy nie znaleźć".

W końcu nawet historycy FSB zaczęli mieć trudności z pracą we własnym archiwum. W listopadzie 2010 roku Nikita Pietrow przedstawiał w stowarzyszeniu Memoriał swoją książkę „Kto rządził organami bezpieczeństwa państwowego w latach 1941–1954". W czasie prezentacji Aleksandr Zdanowicz, główny historyk FSB, poskarżył się, że jemu „nie dają" materiałów w archiwach, dlatego bardzo się cieszy, że jest taki człowiek jak Nikita Pietrow, do którego może się zwrócić po informację.

W lipcu 2007 roku FSB ogłosiła, że odtajni dwa miliony dokumentów dotyczących masowych represji w latach 1920–1950. Wiele osób uznało to za świadectwo gotowości FSB do ujawnienia zawartości archiwów. Ale w rzeczywistości historycy nie zobaczyli tych dokumentów: dostęp do nich otrzymali jedynie bliscy ofiar terroru. Ten sam wprowadzający w błąd chwyt został wykorzystany w przypadku dokumentów dotyczących masowych egzekucji w Katyniu, które po dziś dzień zatruwają stosunki polsko-rosyjskie. W roku 1940 w Rosji i na Ukrainie zostało rozstrzelanych tysiące wziętych do niewoli polskich oficerów (największa egzekucja dokonana została w lesie katyńskim na zachodzie Rosji). Władza radziecka całą winę zrzuciła na Niemców. Dopiero w roku 1990 Michaił Gorbaczow przyznał, że egzekucja polskich jeńców wojennych to zbrodnia NKWD. Jelcyn odtajnił utajnione materiały, jednak już w czasie prezydentury Putina rosyjski prokurator wojskowy przerwał śledztwo w sprawie katyńskiej. W styczniu 2009 roku Sąd Najwyższy FR odrzucił prośbę o wznowienie śledztwa – powodem miała być śmierć wszystkich osób, które mogłyby być pociągnięte do odpowiedzialności w tej sprawie, a także to, że krewnym rozstrzelanych nie udało się dostarczyć wyników ekspertyzy DNA potwierdzających ich związek z rozstrzelanymi.

Anna Stawicka, adwokat krewnych ofiar katyńskich, powiedziała: „decyzja ta oznaczała koniec możliwości działaczy społecznych, którzy próbowali rozwiązać ten problem w Rosji". Rodziny katyńskie zdecydowały się zwrócić o pomoc do Europejskiego Trybunału Praw Człowieka w Strasburgu[15].

Pod koniec 2008 roku w Twerze ukazała się książka poświęcona dziewięćdziesięcioleciu Zarządu FSB w Obwodzie Twerskim. Jednym z bohaterów książki jest Dmitrij Tokariew, major NKWD. W latach 1938–1945 stał on na czele zarządu NKWD w Kalininie. W książce przedstawiony jest jako bohater wojenny, postrach niemieckich szpiegów. Ale to właśnie jego ekipa wiosną 1940 roku wykonała egzekucję na 6 tys. polskich oficerów z obozu w Ostaszkowie. Raporty o egzekucjach noszą podpis Tokariewa[16]. W książce ani razu nie wspomina się o tej tragedii.

Sytuacja wokół Katynia nieoczekiwanie zmieniła się wiosną 2010 roku. W kwietniu Władimir Putin wziął udział w ceremonii żałobnej w Katyniu razem z polskim premierem Donaldem Tuskiem. Zaraz potem miała miejsce katastrofa lotnicza, w której zginął polski prezydent. Rosyjskie władze zaoferowały pełną pomoc w zbadaniu przyczyn katastrofy, a Dmitrij Miedwiediew nie tylko przyleciał na pogrzeb, ale przekazał również Polakom 67 tomów radzieckich dokumentów dotyczących katyńskiej tragedii. Jednakże ten nieoczekiwanie przyjacielski krok miał całkowicie prozaiczną przyczynę: na terytorium Polski odkryto ogromne złoża gazu łupkowego, amerykańskie firmy wydobywcze zaproponowały, że pomogą w eksploatacji, i pojawiło się realne zagrożenie, że Polska nie tylko zrezygnuje z dostaw Gazpromu, ale też w niedalekiej przyszłości zamiast Rosji to ona będzie odgrywać rolę głównego eksportera gazu w Europie. Uświadomiwszy sobie tę niewesołą perspektywę, na Kremlu postanowiono zrewidować stosunek do Warszawy.

Z POWODU UTAJNIENIA ARCHIWÓW nie mamy wyczerpujących danych o masowych prześladowaniach, których dokonywały radzieckie organy bezpieczeństwa. Wszelkie próby przedstawienia faktów historycznych są w sposób nieunikniony związane z ujawnieniem nazwisk funkcjonariuszy radzieckich służb specjalnych. Archiwa, z których można zaczerpnąć takiego typu informacje, są zamknięte. Funkcjonariusze FSB, z których wielu służyło jeszcze w KGB, chcą, żeby tak było również w przyszłości. Sami wolą tworzyć niewinną wersję historii bezpieki, kreując na bohatera Jurija Andropowa.

9. POPRAWIĆ WIZERUNEK

PROPAGANDOWA MASZYNA FSB

ROSYJSKIE SŁUŻBY SPECJALNE dużą wagę przywiązują do przedstawiania swojej działalności w jak najlepszym świetle. To różni je od KGB. Sowiecka poprzedniczka FSB nigdy nie tłumaczyła się społeczeństwu ze swoich działań. W komunistycznej, rządzonej przez jedną partię Rosji nie istniało nic, co choć trochę przypominałoby społeczeństwo obywatelskie. Jednak w XXI wieku służby specjalne nie mogą ignorować zdania samych Rosjan. Ulubionymi mediami wykorzystywanymi przez FSB do poprawy wizerunku są kino i telewizja. W roku 2001 na ekranach telewizorów pojawił się serial „Oddział specjalny", w którym petersburscy agenci FSB zapobiegają grabieży i wywozowi z Rosji bezcennych dzieł sztuki. Główny bohater pochodzi z rodziny petersburskich inteligentów. Walczył w szeregach specnazu w Afganistanie, a po powrocie do rodzinnego miasta wstępuje do FSB i chroni przed złodziejami zbiory Ermitażu.

Jesienią 2005 roku został wyemitowany kolejny serial powstały przy wsparciu FSB. To szpiegowska „Tajna straż". Dwa lata później kanał RTR pokazał szesnastoodcinkowy serial

„Specgrupa" o tym, jak FSB zapobiega zamachom terrorystycznym i tropi afery finansowe. I znów w produkcji filmu uczestniczyła FSB.

W grudniu 2004 roku odbyła się premiera najbardziej znanego bezpieczniackiego blockbustera – filmu „Numer identyfikacyjny", którego budżet wynosił 7 milionów dolarów[1]. Tu FSB po raz pierwszy zadziałała jak jej poprzednik. Swego czasu na zamówienie KGB powstał film „TASS upoważniony jest, by poinformować" (TASS to oficjalna agencja prasowa Związku Radzieckiego, a obecnie Federacji Rosyjskiej). Była to fabuła, ale oparta na prawdziwych zdarzeniach. KGB zależało, by społeczeństwo poznało szczegóły jednej z akcji szpiegowskich z jej punktu widzenia. Zadanie, które stanęło przed twórcami „Numeru identyfikacyjnego", było podobne: pokazać jedynie słuszną wersję dwóch kluczowych dla dziejów FSB wydarzeń – zamachów bombowych na budynki mieszkalne w Moskwie w roku 1999, o organizację których oskarżane były służby specjalne, oraz szturmu na teatr na Dubrowce w roku 2002.

Zamachy bombowe pokazano bez fabularyzacyjnych zabiegów. Jednak rolę teatru odegrał cyrk. Główny bohater, oficer FSB, trafia do czeczeńskiej niewoli, gdzie zostaje zmuszony, by „przyznał się", że uczestniczył w organizacji sfingowanych akcji terrorystycznych. (To aluzja do prawdziwej historii oficera GRU Aleksieja Gałkina, wziętego do niewoli przez Czeczenów, który przed kamerą dokonał podobnej spowiedzi. Gałkinowi udało się uciec z niewoli, po czym odwołał swoje przyznanie się do winy, twierdząc, że wymuszono je torturami)[2]. W filmie mieszkający na Zachodzie oligarcha o nazwisku Pokrowski powodowany osobistą nienawiścią do prezydenta Rosji nawiązuje współpracę z arabskimi i czeczeńskimi terrorystami. Razem opracowują plan zamachu na moskiewski cyrk. Pokrowski bardzo zresztą przypomina rosyjskiego magnata Borisa Bieriezowskiego, który uciekł do Londynu w 2001 roku [w marcu 2013 roku popełnił samobójstwo – przyp. red.]. Jednak wzięcie zakładników to tylko pierwszy etap zakrojonej na o wiele większą skalę akcji terrorystycznej – zamachowcy planują atak bombowy w trakcie szczytu G8 w Rzymie. Sytuację ratuje oczywiście główny bohater: uwalnia zakładników i udaremnia plany terrorystów.

Twórcy nie ukrywali, że konsultantem filmu był Władimir Anisimow, ówczesny wicedyrektor FSB, a także, że projekt w całości był zrealizowany przy wsparciu służb specjalnych[3]. Jurij Gładilszczykow, jeden z najlepszych rosyjskich krytyków filmowych, napisał: „Komercyjny antyterrorystyczny hit »Numer indentyfikacyjny« sprawia wrażenie, jakby przy jego powstaniu brały udział struktury siłowe... To dowód, że państwo uświadomiło sobie siłę filmu – po raz pierwszy od czasów pieriestrojki”[4].

W LUTYM 2006 ROKU FSB reaktywowała zainicjowany jeszcze za Andropowa konkurs na najlepszy utwór literacki oraz dzieło sztuki poświęcone działalności służb bezpieczeństwa[5]. Szef Centrum Kontaktów Społecznych FSB Oleg Matwiejew przyznał z tej okazji, że jego resort powraca do tradycji KGB. W wywiadzie dla gazety „Kommiersant” powiedział: „To powrót do doświadczenia minionych lat. Od 1978 do 1988 roku była przyznawana nagroda KGB ZSRR w obszarze sztuki. Wręczano ją również tym, którzy tworzyli pozytywny obraz funkcjonariusza KGB... Obecnie, gdy w kinie, w serialach, w kryminałach coraz częściej pojawia się negatywny obraz funkcjonariuszy służb specjalnych, zdecydowaliśmy się reaktywować ten konkurs i nagradzać tych, którzy nie dyskredytują pracowników specsłużb, tylko tworzą ich pozytywny obraz”[6].

Pierwszym filmem, który zdobył ustanowioną na nowo nagrodę, był „Numer identyfikacyjny”.

Następnym hitem kinowym, który powstał pod patronatem FSB, był „Kod Apokalipsy”. Główną bohaterką jest w nim czarująca kobieta, pułkownik FSB. Ratuje od razu siedem światowych metropolii. Film zdobył nagrodę FSB w roku 2007, a kolejny tytuł, „Likwidacja", poświęcony walce służb specjalnych z odeskimi bandytami w okresie powojennym – w roku 2008.

Zainspirowana sukcesem „Numeru identyfikacyjnego" FSB zwróciła się w stronę pseudodokumentu. Film dokumentalny jest o wiele tańszy, na jego produkcję potrzeba mniej czasu i można go przedstawić jako robotę niezależnych dziennikarzy, uwalniając służbę od odpowiedzialności za treść. A co najważniejsze – dokument gwarantuje dotarcie do milionów telewidzów.

W styczniu 2006 roku na ekranach telewizorów pojawił się dokumentalny film „Szpiedzy" o działalności brytyjskiego wywiadu w Rosji. Reżyser, dziennikarz Arkadij Mamontow, włączył do filmu nagranie wideo zrobione przez grupę obserwacji zewnętrznej FSB, na którym pracownik ambasady Wielkiej Brytanii idzie po pewnej moskiewskiej ulicy (jej nazwa nie pada) i sprawdza skrytkę ukrytą w kamieniu. W filmie pracownicy FSB przekonują, że brytyjski dyplomata, zidentyfikowany jako Mark Dow, próbował ściągnąć dane ze szpiegowskiego nadajnika[7]. Na zdjęciu rentgenowskim kamienia pokazanym w filmie widoczne są ściśle przylegające do siebie cztery duże baterie i nadajnik radiowy. I właśnie to zdjęcie rentgenowskie ukazane zostało jako dowód szpiegowskiej działalności Marka Dowa. Następnie Mamontow wtajemniczył widzów w tok śledztwa i ujawnił związki Dowa z rosyjskimi organizacjami pozarządowymi: na pokazanej na ekranie liście organizacji subsydiowanych przez rząd Wielkiej Brytanii figurują nazwy najbardziej szanowanych rosyjskich NGO-sów. Dow zostaje przedstawiony jako pośrednik między nimi a brytyjskim wywiadem.

Film, wyemitowany dwa tygodnie po podpisaniu przez prezydenta Putina ustawy zaostrzającej zasady funkcjonowania organizacji pozarządowych, miał pokazać, że największe z tych organizacji współpracują z brytyjskimi służbami specjalnymi[8]. Dopiero po emisji filmu Centrum Kontaktów Społecznych FSB przeprowadziło konferencję prasową i pokazało dziennikarzom „szpiegowski kamień". Demonstrując go, sekretarz prasowy FSB Siergiej Ignatczenko poinformował: „Nasi eksperci oceniają, że to urządzenie kosztuje kilkadziesiąt milionów funtów. Tylko w warunkach laboratoryjnych można stworzyć to cudo techniki"[9].

Jednak skandal ten wywołał od razu wiele pytań. Według informacji FSB o szpiegostwo na rzecz Anglii został podejrzany pewien obywatel Rosji. Jednak okazało się, że w tym czasie nie został aresztowany żaden szpieg. Co więcej, funkcjonariusze FSB nie zabrali nawet słynnego kamienia w charakterze dowodu rzeczowego. (Jak przyznał Ignatczenko, kamień, pokazany na konferencji prasowej, został znaleziony później i w całkiem innym rejonie Moskwy)[10]. Ostatecznie czterech pracowników ambasady Wielkiej Brytanii oskarżono o bezprawną działalność na terytorium Rosji. Ich nazwiska wymieniono w rosyjskiej telewizji, ale ani jeden z nich nie został odesłany do kraju, co było absolutnie nietypowe dla tego rodzaju historii szpiegowskich[11].

Film „Szpiedzy" został przez wielu przyjęty jako otwarta propaganda, ale spełnił swoje zadanie – przeraził organizacje pozarządowe, które zaczęły się obawiać oskarżeń o współdziałanie z obcym wywiadem. „Szpiedzy" nadali też ton kolejnym pseudodokumentom. Jeden z takich filmów, zatytułowany „Plan »Kaukaz«", został wyemitowany w kwietniu 2008 roku. Jego wymowa była jednoznaczna: za wybuchem pierwszej wojny w Czeczenii stało CIA[12].

W ROKU 2000 AUTORZY tej książki pracowali w gazecie „Izwiestia". Latem do Andrieja Sołdatowa zadzwoniła Olga Kostina, specjalistka od PR-u, dawniej pracująca w Menatepie – banku Michaiła Chodorkowskiego. Wyjaśniła, że przy FSB powstaje nieoficjalne biuro prasowe, z którym dziennikarze mieliby łatwiejszy kontakt niż z Centrum Kontaktów Społecznych (COS). Ona sama została poproszona o zorganizowanie tego biura. Nazwano je Komisją Pracy z Mediami Rady Konsultacyjnej przy FSB[13].

Kostina zaproponowała Sołdatowowi, że zorganizuje mu wywiad z Wiktorem Zacharowem, świeżo mianowanym szefem Zarządu FSB w Moskwie i Obwodzie Moskiewskim. (Chodziły wówczas słuchy o planach Putina dotyczących reorganizacji FSB i wywiad z wysoko postawionym urzędnikiem dawał szansę na zdobycie jakichkolwiek wiarygodnych informacji na ten temat). Gdy Sołdatow zjawił się w budynku Zarządu FSB na Małej Łubiance, został zaprowadzony do przestronnej sali konferencyjnej z gigantycznym stołem pośrodku. Wokół siedziało mniej więcej dziesięciu konsultantów zagradzających Sołdatowowi drogę do Zacharowa. Na końcu stołu, z nieprzeniknionym wyrazem twarzy, siedział sam Zacharow w mundurze generała FSB. W rękach trzymał kilka kartek, na których miał napisane odpowiedzi na pytania przysłane wcześniej przez Sołdatowa. Zaczął czytać na głos swoje odpowiedzi, a gdy rozczarowany Sołdatow próbował przerwać jego monolog pytaniami spoza listy, nastąpiło formalne przedstawienie biografii generała: „W moim losie nie ma nic gwiazdorskiego. Urodziłem się w rodzinie robotników, w 1973 roku ukończyłem Moskiewski Instytut Transportu Kolejowego...". Pod koniec spotkania Zacharow z jaśniejącą twarzą podarował Sołdatowowi kasetę z pieśniami o FSB. Autorem wszystkich tekstów był Wasilij Stawicki, ówczesny szef Centrum Kontaktów Społecznych FSB, nadworny poeta organów bezpieki.

Generał udzielił wywiadu, ale jego słowa nie zawierały żadnej istotnej informacji.

Jedna z pieśni nagranych na kasecie stała się półoficjalnym hymnem FSB. Znalazły się w niej słowa:

Zawsze jak na froncie,
Zawsze na stanowisku.
Rosji nie tykajcie –
Czeka (CzK) w pogotowiu[14].

Tydzień później Kostina zaproponowała Sołdatowowi wpisanie go na listę dziennikarzy, którzy będą stale otrzymywać informacje bezpośrednio z FSB. Sołdatow dowiedział się, że na liście tej znajduje się pięciu dziennikarzy z różnych gazet i wszyscy oni regularnie uczestniczą w briefingach na Łubiance. Dostają komunikaty jednakowej treści, które stają się podstawą ich artykułów. Sołdatow nie widział sensu w tego rodzaju współpracy, zwłaszcza że miał świeżo w pamięci doświadczenie wywiadu z Zacharowem. Odmówił. Wkrótce potem Sołdatow i Borogan odeszli z „Izwiestii", gazeta bowiem coraz mocniej przesuwała się na pozycje prorządowe. Lista dziennikarzy współpracujących z FSB funkcjonowała jeszcze przez kilka lat – wpisani na nią dziennikarze byli posłusznymi narzędziami służącymi do wrzucania w przestrzeń informacyjną komunikatów wygodnych dla specsłużb.

29 I 30 STYCZNIA 2001 ROKU dwie największe rosyjskie gazety codzienne, „Izwiestia" i „Komsomolskaja Prawda", na pierwszych stronach opublikowały historię byłego podoficera Armii Rosyjskiej, 40-letniego Wasilija Kalinkina[15].

Oba artykuły opowiadały o tym, jak w roku 1992 Kalinkin zdezerterował z rosyjskiej armii i trafił w ręce czeczeńskich bojowników. Został przez nich przerzucony do Afganistanu lub Pakistanu, gdzie przeszedł specjalne szkolenie. Jego instruktorem miał być niejaki „Bill" (kiepsko zawoalowana aluzja do CIA). Po ukończeniu szkolenia Kalinkin podpisał zobowiązanie do współpracy ze służbami specjalnymi USA, a w roku 1994 wrócił do Rosji w roli tajnego agenta. Działając pod cudzym nazwiskiem, miał przeniknąć do jednej z jednostek wojskowych w Obwodzie Wołgogradzkim. Jeśli wierzyć informacji zawartej w tych artykułach, na swoje pierwsze zadanie Kalinkin czekał sześć lat. W artykułach przekonywano, że w lipcu 2000 roku przyjechali do niego przedstawiciele czeczeńskiego separatysty Arbiego Barajewa i rozkazali, by przeprowadził zamach bombowy na największej w Europie (725 metrów długości, 44 metry wysokości) betonowej zaporze na Wołdze. Ale w listopadzie Kalinkin, służący wówczas w 20. Dywizji Zmechanizowanej, dobrowolnie pojawił się w siedzibie kontrwywiadu wojskowego i przyznał się do wszystkiego.

Historia Kalinkina była dziwna. Po co przez sześć lat trzymano go w uśpieniu? Dlaczego rozkaz do ataku dostał dopiero w 2000 roku? I jak w ogóle Kalinkin w pojedynkę zamierzał wysadzić elektrownię wodną?

Po kilku dniach Kalinkin powtórzył swoją opowieść na konferencji prasowej. Opowiadał dziennikarzom, że podpisany przez niego dokument o współpracy wyglądał tak, że „...w lewym rogu znajdowała się sylwetka Statui Wolności, a w prawym napisane było »Dywersyjna Szkoła Osamy Bin Ladena«”[16]. Dwie największe rosyjskie gazety kupiły te banialuki i niezrażone brakiem dowodów opublikowały całą dziwaczną historię.

Sprawa Kalinkina to doskonały przykład taktyki „aktywnych zabiegów” stosowanej z powodzeniem jeszcze przez KGB w operacjach poza granicami ZSRR. Chodzi w nich po prostu o dezinformację i czarny PR, a celem jest zawsze wpływanie na bieg wydarzeń politycznych i świadomość obywateli wybranego kraju. Zbliżony charakter miały też „operacje pomocy” służące bezpośrednio zmianie politycznego kursu, podkopaniu lub wzmocnieniu pozycji zagranicznych rządów – zawsze zgodnie z interesem ZSRR.

Były pracownik Służby Wywiadu Zagranicznego Rosji w Nowym Jorku pułkownik Siergiej Trietiakow, który w 2002 roku poprosił o azyl w USA, przekonywał, że między „aktywnymi zabiegami" a „operacjami pomocy" nie ma właściwie żadnej różnicy. „W Pierwszym Zarządzie Głównym KGB funkcjonował Oddział »A«, który przeprowadzał takie akcje – opowiadał Trietiakow. – Gdy Pierwszy Zarząd Główny przemianowano na Służbę Wywiadu Zagranicznego, Oddział »A« również otrzymał nową nazwę: »Oddział operacji pomocowych«. Na początku lat 90. CIA poprosiła Służbę Wywiadu Zagranicznego, by ta przestała przeprowadzać »aktywne zabiegi«, które wymierzone są w bezpieczeństwo narodowe USA. W rezultacie oddział przemianowano, ale metody, struktura i pracownicy pozostali bez zmian"[17].

Aktywne zabiegi w 95 procentach były oparte na prawdziwych informacjach – cała gra polegała na tym, że pozostałe pięć procent zmieniało komunikat w narzędzie dezinformacji. W roku 1999 Aleksandr Zdanowicz, ówczesny dyrektor Centrum Kontaktów Społecznych FSB, został mianowany na nowe stanowisko. Przedstawiono go dziennikarzom jako szefa nowego wydziału – Zarządu do spraw Programów Pomocy. Zaniepokoiło to wielu funkcjonariuszy FSB: ich zdaniem Zdanowicz nie powinien był ujawniać terminu przeznaczonego wyłącznie na wewnętrzny użytek. Przecież w ten sposób faktycznie prezentował siebie jako szefa agencji dezinformacji[18].

9 WRZEŚNIA 1999 ROKU tuż po północy w budynku mieszkalnym przy ulicy Gurianowa w południowo-wschodniej Moskwie doszło do eksplozji. Jej siła odpowiadała wybuchowi od 300 do 400 kilogramów trotylu. Ośmiopiętrowy dom został zburzony, zginęły 94 osoby, 249 zostało rannych. Cztery dni później wybuchła potężna bomba w piwnicy budynku mieszkalnego przy Szosie Kaszyrskiej, mniej więcej sześć kilometrów od miejsca pierwszej eksplozji. Tym razem zginęło 118 osób, 200 zostało rannych.

Eksplozje przeraziły mieszkańców Moskwy: przez kilka tygodni ludzie bali się nocować w domu. Władimir Putin natychmiast wskazał czeczeńskich terrorystów jako odpowiedzialnych za zamachy. Jednocześnie zaczął przygotowywać wojska do szybkiego wkroczenia na teren republiki.

Te dwie eksplozje okazały się przełomowym momentem na drodze Putina do szczytów władzy: zdecydowana reakcja na wydarzenia, kampania wojenna i brutalna obietnica „utopienia terrorystów w wychodku" – wszystko to sprawiło, że jego notowania podskoczyły na niebywałą wysokość. Ale pytanie, kto naprawdę odpowiada za te zamachy terrorystyczne – Czeczeni czy może ktoś jeszcze – stało się przedmiotem sporów, które trwają do dzisiaj. Debaty te stopniowo przekształciły się w kryzys zaufania do FSB.

Przerażenie wywołane przez zamachy było na tyle wielkie, że władze odpowiedziały na nie środkami o niespotykanej skali. Do ochrony domów mieszkalnych w Moskwie skierowani zostali żołnierze wojsk wewnętrznych, a żołnierze kontraktowi dyżurowali przed każdą klatką schodową. (W pośpiechu nie wyposażono ich nawet w racje żywnościowe, więc w wielu domach moskwianie ich dokarmiali).

Panika wzmogła się po 22 września, gdy media podały informację, że w Riazaniu zapobieżono zamachowi terrorystycznemu: w piwnicy budynku mieszkalnego przy ulicy Nowosiełowa znaleziono zapalnik oraz materiał wybuchowy o podobnym składzie jak heksogen wykorzystany w zamachach w Moskwie. Riazański Zarząd FSB natychmiast rozpoczął śledztwo.

Tego samego dnia w Moskwie sekretarz prasowy FSB Aleksandr Zdanowicz występował w programie „Bohater dnia" na kanale NTW. Na pytanie o sytuację w Riazaniu odpowiedział: „W piwnicy nie znaleziono heksogenu, zapalnika też nie było, tylko kilka jego elementów".

24 września dyrektor FSB Nikołaj Patruszew w wywiadzie telewizyjnym podał kolejną sensacyjną informację: riazański epizod nie był wcale próbą zamachu terrorystycznego, tylko elementem ćwiczeń prowadzonych przez FSB. „To nie była eksplozja, po pierwsze. A po drugie, niczemu nie zapobieżono. W ogóle myślę, że nie zadziałano zbyt sprawnie. To było szkolenie, w workach nie było heksogenu, tylko cukier. Nie było też zapalnika. Podobne szkolenia przeprowadzane były nie tylko w Riazaniu. Należy jednak zauważyć, że riazańskie organy bezpieczeństwa oraz mieszkańcy miasta zareagowali prawidłowo. Uważam, że takie szkolenia powinny być możliwie najbliższe temu, co grozi nam w rzeczywistości".

Jeszcze później w telewizyjnym wystąpieniu Zdanowicz powiedział: „Rzeczywiście w ramach operacji Wicher-Antyterror Federalna Służba Bezpieczeństwa przeprowadziła szereg ćwiczeń w kilku miastach Rosji, w tym również w Riazaniu. Chciałbym powiedzieć, że w tych miastach, których nazw na razie nie chcę wymieniać, środki zapobiegawcze nie zadziałały. Nie sprawdzili się również funkcjonariusze lokalnych oddziałów FSB, organów Ministerstwa Spraw Wewnętrznych, a także miejscowe władze. Nie otrzymaliśmy również żadnych sygnałów od obywateli. Kolejnym etapem w przeprowadzeniu tych szkoleń był Riazań. Dlatego chciałbym przede wszystkim podziękować obywatelom, mieszkańcom Riazania, i tego konkretnego domu, którzy wykazali czujność po odkryciu środków pseudowybuchowych. Jednocześnie chciałbym ich przeprosić, prosić o wybaczenie za dostarczenie im..."[19].

Tymi informacjami kierownictwo FSB ostatecznie zamąciło w głowach rosyjskich obywateli. Na pytanie o rolę FSB w historii z antyterrorystycznymi szkoleniami – lub przygotowywanym zamachem – do dziś nie ma jednoznacznej odpowiedzi. Autorzy tej książki sądzą, że w Riazaniu naprawdę były prowadzone ćwiczenia antyterrorystyczne. Podobne akcje regularnie prowadził „Wympieł" – specjalny oddział FSB, do którego zadań należy m.in. sprawdzanie efektywności środków antyterrorystycznych w obiektach specjalnych. Ale FSB swoją nieadekwatną reakcją na wydarzenia sprowokowała kryzys. To, że nie chciała w pełni ujawnić faktów i pokazać społeczeństwu funkcjonariuszy, którzy zaplanowali i przeprowadzili operację, wywołało nieufność, a przeczące sobie nawzajem wyjaśnienia generałów jeszcze bardziej skomplikowały sprawę.

W rezultacie teoria spiskowa mówiąca o tym, że FSB zorganizowała eksplozje w Moskwie, by pomóc Putinowi dojść do władzy, bardzo szybko zawładnęła umysłami ludzi. A FSB stanęła przed problemem – jak zaprzeczyć tym spekulacjom? Służby specjalne do dziś nie uporały się z tym zadaniem.

Dopiero w roku 2002 pewne szczegóły związane ze szkoleniem w Riazaniu zostały przekazane miesięcznikowi „Sowierszenno Siekrietno" znanemu z dobrych kontaktów ze służbami specjalnymi. Jednak publikacja ta pozostała praktycznie niezauważona. W artykule była mowa o tym, że 20 września 1999 roku dwa oddziały specjalne FSB „Alfa" i „Wympieł" zostały skierowane do Riazania w celu zapobieżenia realnemu zagrożeniu zamachem terrorystycznym. A jednocześnie by sprawdzić gotowość miasta do przeciwdziałania aktom terroru[20].

W artykule zostały przywołane świadectwa funkcjonariuszy uczestniczących w ćwiczeniach, ale zasłaniając się tajemnicą, FSB nie pozwoliła na publikację ich nazwisk, co nie dodało publikacji wiarygodności. Zamiast przedstawić społeczeństwu przekonujące wyjaśnienie incydentu, FSB zrobiła wszystko, żeby zmusić do milczenia tych, którzy zadawali pytania i podawali w wątpliwość wersję oficjalną.

Siergiej Kowalow, poseł Dumy Państwowej i znany dysydent, zaproponował byłemu oficerowi KGB, a w tym czasie już adwokatowi Michaiłowi Triepaszkinowi, by ten wziął udział w niezależnym śledztwie dotyczącym eksplozji budynków mieszkalnych w Moskwie. Oprócz tego Triepaszkin został wynajęty przez siostry Morozow, których matka zginęła w jednym z domów: reprezentował je na procesie przeciwko dwóm Rosjanom oskarżanym o przewóz materiałów wybuchowych, które posłużyły do przeprowadzenia zamachów.

Wkrótce po tym, jak Triepaszkin podał informację, że FSB uczestniczyła w wysadzeniu domów[21], został aresztowany za nielegalne posiadanie broni (22 października 2003 roku). Na zamkniętym posiedzeniu sąd wojskowy skazał go na cztery lata pozbawienia wolności, przy czym sprawa w sposób jawny wyglądała na zleconą[22].

Niedługo później były oficer FSB Aleksandr Litwinienko, który uciekł z Rosji, wspólnie z Jurijem Felsztyńskim opublikował książkę „Wysadzić Rosję". Wprost oskarżył w niej FSB o zorganizowanie całej kampanii terrorystycznej. 28 grudnia 2003 roku, gdy książka pojawiła się w Rosji, funkcjonariusze FSB aresztowali cały jej nakład, 4376 egzemplarzy. 28 stycznia 2004 roku były dysydent Aleksandr Podrabinek, który zajmował się przemytem tych książek do Rosji, został wezwany do Lefortowa i przesłuchany przez funkcjonariuszy FSB[23].

To nie były uzasadnione działania, bowiem naszym zdaniem książka Litwinienki i Felsztyńskiego nie zawierała nowych dowodów przeciwko FSB. Podobnie zresztą jak oświadczenia Triepaszkina, które nie były poparte żadnymi dowodami[24]. Ale nieadekwatna reakcja FSB na propozycje Triepaszkina i konfiskata nakładu książek przekonały społeczeństwo, że FSB tak czy inaczej była zamieszana w tę sprawę.

W LATACH 90., ZA RZĄDÓW JELCYNA, dziennikarze pisali swoje artykuły na dowolne tematy bez presji ze strony władz na porzucenie dziennikarskich śledztw czy zmianę interpretacji faktów. Za Putina zaś FSB w stosunku do zagranicznych dziennikarzy zaczęła stosować stare radzieckie metody: kłopoty z wizami czy zakaz wjazdu do kraju[25]. W maju 2002 roku szef Zarządu Operacji Kontrwywiadowczych przy Departamencie Kontrwywiadu FSB Nikołaj Wołobujew ogłosił, że FSB przerwała „nielegalną działalność" 31 zagranicznych dziennikarzy i 18 z nich otrzymało zakaz wjazdu na terytorium Rosji na pięć lat, a ich wizy zostały anulowane[26]. Od tego czasu działania takie stały się codzienną praktyką. Zgodnie z danymi Centrum Ekstremalnego Dziennikarstwa między rokiem 2000 a 2007 odmowę wjazdu do Rosji otrzymało ponad 40 dziennikarzy oraz obrońców praw człowieka.

W czerwcu 2006 roku władze rosyjskie nie wydały wizy wjazdowej brytyjskiemu dziennikarzowi Thomasowi de Waalowi[27]. Federalna Służba Migracyjna Rosji powołała się na prawo o zasadach migracji z 1996 roku. De Wall znany jest z tego, że od 1993 do 1997 roku opisywał wydarzenia na Kaukazie Północnym, po czym wydał książkę „Czeczenia: mała zwycięska wojna" („Chechnya: A Small Victorious War"). Naraził się tym, że trzy lata wcześniej zeznawał w Londynie jako świadek obrony w sprawie o ekstradycję lidera czeczeńskich separatystów Ahmeda Zakajewa.

W czerwcu 2008 roku nie wpuszczono do Rosji kolejnego Brytyjczyka Simona Piraniego, choć posiadał ważną wizę. On dla odmiany pisał o działalności niezależnych związków zawodowych. Rosyjskie władze wyjaśniły, że tym samym stanowi zagrożenie dla bezpieczeństwa państwa[28].

Obywatelki Mołdawii, Natalii Morar, dziennikarki niezależnego tygodnika „The New Times", która przez sześć lat mieszkała w Moskwie, w grudniu 2007 roku nie wpuszczono do Rosji, gdy wracała z podróży służbowej z Izraela. Wyglądało to na jawną zemstę: niedługo wcześniej Morar opublikowała artykuł, w którym wymieniała ówczesnego szefa FSB Aleksandra Bortnikowa w kontekście korupcyjnego skandalu. Morar została zmuszona do powrotu do Kiszyniowa, gdzie pracownicy ambasady rosyjskiej poinformowali ją, że stanowi zagrożenie dla bezpieczeństwa Rosji. W lutym 2008 roku przyleciała na moskiewskie lotnisko Domodiedowo wraz z mężem Ilią Baranowym (również pracownikiem „The New Times"), obywatelem Rosji, z którym małżeństwo zawarła już po odmówieniu jej zgody na wjazd do Rosji. Została jednak zatrzymana w trakcie kontroli paszportowej. Poinformowano ją, że małżeństwo w żaden sposób nie wpłynęło na jej status[29].

5 lutego 2011 roku Luke Harding, moskiewski korespondent gazety „The Guardian", wracał do Moskwy z podróży do Londynu. Na moskiewskim lotnisku został zatrzymany w trakcie kontroli paszportowej. Odprowadzono go do osobnego pokoju, gdzie po 45 minutach dowiedział się, że jego wiza została anulowana. Wsadzono go do pierwszego samolotu lecącego do Londynu i dopiero na pokładzie oddano paszport. Nie podano żadnych przyczyn anulowania wizy. Oficer służby granicznej FSB poinformował tylko korespondenta, że „Rosja jest teraz dla pana zamknięta". Wielka Brytania ostro zareagowała na deportację Hardinga. W gazetach pisano, że to pierwsza deportacja akredytowanego korespondenta brytyjskiej gazety od 1989 roku, kiedy to w podobny sposób deportowano z Moskwy dziennikarza „The Sunday Times". Poza tym skandal ten wydarzył się tuż przed wizytą rosyjskiego ministra spraw zagranicznych Siergieja Ławrowa w Londynie. Niektórzy brytyjscy politycy proponowali, by odwołać tę wizytę. W rezultacie MSW udzieliło kilku niezrozumiałych wyjaśnień i kilka dni później ponownie wydało wizę Hardingowi. Wrócił do Moskwy, ale tylko na kilka dni, żeby się spakować – dano mu jasno do zrozumienia, że nie ma co liczyć na przedłużenie jego moskiewskiej akredytacji.

Na początku ubiegłego dziesięciolecia zmieniły się również zasady współpracy rosyjskich dziennikarzy ze specsłużbami. Stopniowo przestały się one dzielić informacjami na temat swojej pracy. W pierwszych latach nowego stulecia Federalna Służba Ochrony reagowała tylko na pytania dotyczące sesji fotograficznych oraz kręcenia filmów wewnątrz Kremla. GRU w ogóle nie ma biura prasowego, Służba Wywiadu Zagranicznego odmawia komentarzy na temat wszelkich wydarzeń, które miały miejsce po 1961 roku, a Centrum Kontaktów Społecznych FSB woli ignorować pytania mediów – nawet jeśli w konsekwencji grozi specsłużbom pozew sądowy.

Jednocześnie w roku 2009 Zarząd Programów Pomocy rozszerzył swoje możliwości kontrolowania dziennikarzy. 15 lipca dyrektor FSB Aleksandr Bortnikow rozszerzył listę generałów FSB, którzy posiadają „pełnomocnictwa do wszczynania procedur prowadzenia operacji kontrwywiadowczych, ograniczających prawa obywateli" (czyli operacji, w których z powodu zakładania podsłuchów czy innych form inwigilacji łamane jest prawo do tajemnicy korespondencji i rozmów telefonicznych, a także zakaz dokonywania rewizji bez nakazu sądowego)[30]. Lista, która powstała w 2007 roku, początkowo ograniczała się do szefów Służb Kontrwywiadu i Bezpieczeństwa Ekonomicznego, pograniczników oraz kierownictwa FSB. Zarządzanie podpisane przez Bortnikowa uzupełniło wykaz o szefa Zarządu Programów Pomocy.

Zgodnie z prawem FSB może prowadzić podobne operacje pod kilkoma warunkami. Po pierwsze, musi mieć dowody na działalność szpiegowską zagranicznych służb specjalnych, organizacji lub osób prywatnych, które zagrażają bezpieczeństwu Federacji Rosyjskiej. Po drugie, musi istnieć uzasadniona konieczność zdobycia informacji na temat działań stwarzających zagrożenie dla bezpieczeństwa państwa; konieczność zabezpieczenia informacji stanowiących tajemnicę państwową; konieczność sprawdzenia osób, które współpracują bądź współpracowały z Federalną Służbą Bezpieczeństwa; konieczność zapewnienia bezpieczeństwa funkcjonariuszom specsłużb lub też konieczność sprawdzenia działalności służb specjalnych lub organizacji obcych państw albo organizacji międzynarodowych w zgodzie z umowami międzynarodowymi podpisanymi przez Federację Rosyjską.

Rosyjscy dziennikarze w sposób oczywisty nie są „klientami" kontrwywiadu. Nie mają przecież dostępu do tajemnic państwowych. Ujawnienie przez nich tajemnic albo nazwisk agentów możliwe jest tylko w przypadku, jeśli funkcjonariusze FSB albo inne osoby mające dostęp do takiego typu informacji przekazałyby im takie dane. Poza tym FSB ma specjalne wydziały zajmujące się ochroną tajemnicy państwowej: od własnego Zarządu Operacji Kontrwywiadowczych po Departament Kontrwywiadu Wojskowego. I zasadą jest, że to właśnie one inicjują prześladowania dziennikarzy, którzy jakoby publikują w prasie poufne informacje.

Prawnicy oraz oficerowie FSB, do których autorzy zwracali się z pytaniami, przekonywali, że Zarząd Programów Pomocy zażądał pełnomocnictw do inwigilacji dziennikarzy oraz wzywania ich na przesłuchania nie po to, by wszczynać dochodzenia przeciwko nim, ale by uważniej ich kontrolować. (Wcześniej żeby zorganizować przesłuchanie albo inwigilację, szef Zarządu Programów Pomocy musiał prosić o zgodę szefa innych wydziałów FSB. Teraz zaś szef wydziału FSB odpowiadającego za współpracę z dziennikarzami może sam wydać takie postanowienie).

W związku z zarządzeniem Bortnikowa pojawia się jeszcze jedno pytanie. Wszystkie wydziały FSB dzielą się na operacyjne oraz logistyczne. W tych pierwszych (na przykład w służbach kontrwywiadowczych i antyterrorystycznych) pracują funkcjonariusze, którzy werbują agentów. Do wydziałów logistycznych, które z werbunkiem nie mają nic wspólnego, zaliczano m.in. wydział zajmujący się współpracą z mediami.

Dlatego w latach 90. pracownicy biura prasowego FSB zaprzeczali pogłoskom, jakoby zajmowali się werbowaniem agentów.

Jednak prawo do wzywania na przesłuchiwania oraz inwigilacji bez wątpliwości są prerogatywami wydziałów operacyjnych. Poza tym w Centrum Kontaktów Społecznych FSB na pytanie Sołdatowa, czy Zarząd Programów Pomocy jest obecnie pododdziałem operacyjnym, odpowiedziano: „Regulują to nasze wewnętrzne dokumenty i nikt panu nie odpowie na to pytanie"[31].

JEŚLI ZA RZĄDÓW JELCYNA MEDIA cieszyły się względną swobodą, to dążenia Putina, żeby – cokolwiek by się działo – przedstawić służby specjalne w korzystnym świetle, a także kontrolować, co dziennikarze mogą, a czego nie mogą śledzić (i drukować), sprawiło, że powróciliśmy do radzieckiej praktyki utajnienia informacji oraz zakazu zadawania pytań.

10. METRO 2

TAJEMNICE PODZIEMNEGO ŚWIATA

SWOJE TAJEMNICE ROSYJSKIE SPECSŁUŻBY skrywają nie tylko w archiwach, lecz również dosłownie pod ulicami Moskwy, gdzie znajduje się tajny labirynt tuneli, zbudowanych jeszcze w latach „zimnej wojny".

Gdy Komitetowi ds. Bezpieczeństwa Państwowego zrobiło się zbyt ciasno w kompleksie budynków na Łubiance i KGB zaczęło po cichu okupować przylegające do placu kwartały, prawdziwe nazwy wielu budynków zostały skrupulatnie ukryte. Przechodniów w zdumienie wprawiał brak numerów na domach i wysokie ogrodzenia. Niektórzy domyślają się, że za murami skrywają się gmachy należące do KGB i Ministerstwa Obrony. Ale mało kto wie, że większość tajnych obiektów znajduje się pod ziemią.

Znaczną część prospektu Miczurinskiego w południowo-zachodniej części stolicy zajmuje Akademia FSB. Niedaleko Akademii leży kilka obszernych, pustych parceli. Pod nimi rozciąga się sieć tuneli, w których położone zostały tory kolejowe łączące tajne bunkry.

W latach zimnej wojny Wielka Brytania, USA oraz ZSRR, obawiając się ataku jądrowego, budowały podziemne schrony dla swoich rządów, sztabów i oficjeli. Związek Radziecki w inwestycjach tego typu prześcignął zarówno Stany Zjednoczone, jak i Wielką Brytanię. Rządowe i wojskowe bunkry, podziemne obiekty przemysłowe, tunele dla czołgów – wszystko to rozryło ziemię pod Moskwą i zmieniło w ser szwajcarski. Niezależni specjaliści przekonują, że pod stolicą Rosji może się znajdować nawet dwanaście pięter podziemnych budowli.

Największy podziemny system to sieć transportu, zwana przez Rosjan Metro-2. Jednak jego oficjalna nazwa to system D-6[1]. Linie D-6 są równoległe do linii moskiewskiego metra i przeznaczone tylko dla najważniejszych oficjeli. Drążyć je zaczęto jeszcze przed wojną: najpierw zbudowano stację Radziecka znajdującą się między dzisiejszymi stacjami metra Teatralna i Majakowska, ale potem zmieniono jej charakter: stała się podziemnym punktem dowodzenia.

Budowa D-6 na wielką skalę zaczęła się w latach 40. XX wieku (pierwsza linia Metra-2 pojawiła się w 1947 roku jako wąskotorówka z Kremla do najbliższej rezydencji Stalina) – i istnieje do dziś.

Nie można, co zrozumiałe, dotrzeć do jakiejkolwiek oficjalnej dokumentacji podziemnej sieci, jednak, zgodnie z pewnymi szacunkami, w chwili rozpadu ZSRR system D-6 składał się z czterech linii położonych na głębokości równej sześciopiętrowemu budynkowi.

Za bezpieczeństwo podziemnych obiektów odpowiadał specjalny pododdział KGB – Zarząd 15., utworzony w 1977 roku[2]. Ale w roku 1991, gdy KGB zostało rozwiązane, Zarząd 15. nie wszedł w skład ani FSB, ani Federalnej Służby Ochrony zapewniającej bezpieczeństwo najważniejszym urzędnikom. Przez trzy lata Zarząd 15. jakby nie istniał. Jednak w końcu, w roku 1994, pojawił się pierwszy dokument, w którym figurowała jego nowa nazwa: Zarząd Główny ds. Programów Specjalnych przy Prezydencie FR (GUSP). Była to osobna specsłużba o szczególnym statusie: w odróżnieniu od innych rosyjskich służb specjalnych GUSP nie otrzymał statusu niezależnej agencji, ale został włączony w skład administracji prezydenta. Pełnomocnictwa GUSP zostały oficjalnie określone dopiero w roku 1996 – w specjalnym rozporządzeniu głowy państwa[3]. Nie było żadnych aktów parlamentarnych, które by zatwierdzały utworzenie GUSP. Powstanie i funkcjonowanie tej struktury w ogóle nie było omówione przez parlament.

SZEFOSTWO GUSP było do tego stopnia skoncentrowane na zachowywaniu najściślejszej tajemnicy, że czasami nieświadomie samo przysparzało sobie problemów. Ponieważ GUSP nie został oficjalnie zaliczony do rodziny rosyjskich służb specjalnych, jego funkcjonariuszom nie pozwalano np. nosić broni. Kwestia ta została wyjaśniona dopiero w 1999 roku. Pod koniec lat 90., biorąc przykład z FSB, GUSP zaczął rozszerzać sferę swojej działalności i zwiększać zasoby. W roku 2000, zgodnie z różnymi opiniami, GUSP i wchodząca w jego skład Służba Obiektów Specjalnych (SSO) liczyła już 20 tys. funkcjonariuszy[4]. Jednak do dzisiaj szefostwo GUSP ani razu nie wystąpiło z jakimkolwiek publicznym wystąpieniem; GUSP nie ma swojego biura prasowego ani rzecznika. Na stronie internetowej zarządu umieszczone są tylko oficjalne dokumenty i symbolika. W krótkiej notce o historii zarządu nie ma ani słowa o KGB. Wszystko to wygląda tak, jakbyśmy nie mieli do czynienia ze specsłużbą, ale po prostu z jeszcze jednym organem władzy wykonawczej.

Nawiasem mówiąc, skromność i nietowarzyskość GUSP nie przeszkodziła pasjonatom zainteresować się tym, co się dzieje pod ziemią. Od początku lat 90. tunele są aktywnie badane przez Diggerów Planety Underground – grupę pasjonatów skupionych wokół Wadima Michajłowa. Wysoki, o bladej, ospowatej twarzy, Michajłow przesiąkł „duchem podziemia" jeszcze w dzieciństwie: jego ojciec, maszynista moskiewskiego metra, często zabierał go ze sobą do kabiny pociągu. W wieku dwunastu lat Michajłow z kilkoma przyjaciółmi odbył pierwszą wyprawę po skomplikowanym labiryncie tuneli, kanalizacji i tras pod Moskwą. Było to na długo przedtem, zanim natrafili na swoje pierwsze poważne znalezisko: podziemny bunkier z czasów stalinowskich leżący głęboko pod prospektem Leningradzkim.

W połowie lat 90. Michajłow stał się medialną gwiazdą na skalę międzynarodową. Oprowadzał wycieczki po podziemnym mieście, a jego popisowym numerem było nieoczekiwane wyjście spod ziemi w jakimś powszechnie znanym rejonie Moskwy – na przykład na placu Czerwonym.

Pierwsze opowieści o podziemnych budowlach pojawiły się w prasie rosyjskiej wkrótce po rozpadzie Związku Radzieckiego. W roku 1992 w gazecie „Argumenty i Fakty" ukazał się artykuł o tajnym metrze pod Moskwą. Publikacja wywołała ogromne zainteresowanie dziennikarzy, a Michajłow okazał się jedynym dostępnym ekspertem w tej dziedzinie.

Działalność Diggerów Planety Underground nie ograniczała się do komentarzy i wywiadów. Michajłow otwarcie protestował przeciwko projektom władz miasta naruszającym historyczną, urbanistyczną tkankę Moskwy. Ujawniał, które budynki mogą się zawalić z powodu chaotycznego rozwoju miasta i niezabezpieczonych odpowiednio podziemnych konstrukcji. To Michajłow na przykład uprzedził władze miasta, że budynek znanego Teatru Zwierząt im. Durowa wkrótce może się zawalić z powodu nieustannych pęknięć przebiegających pod nim rur.

W roku 1998 władze Moskwy zaczęły reagować na działalność Michajłowa. Mer Moskwy Jurij Łużkow, rozdrażniony krytyką z jego strony, nakazał podjąć szczególne środki mające zapewnić bezpieczeństwo podziemnym tunelom komunikacyjnym. Nie chodziło jednak o ich zabezpieczenie. Chodziło o to, że „wciąż mamy do czynienia z przenikaniem osób postronnych do podziemnych budowli – w tym również tak zwanych Diggerów Planety Underground – niszczeniem okablowania, podpaleniami. Media nierzadko publikują niesprawdzone informacje na temat podziemnych instalacji, wywołując w ten sposób niezdrowe zainteresowanie obywateli"[5]. Mer wydał polecenie, by stworzyć specjalne służby, których celem będzie ochrona dostępu do moskiewskiego systemu podziemnych tuneli i gmachów.

Jednak mimo napiętych stosunków z władzami Moskwy Michajłow często był wzywany do pomocy w przypadkach, gdy sytuacja wymagała jego wiedzy i doświadczenia. Diggerzy pomogli policji wyśledzić trzech uciekinierów z więzienia Butyrskiego, którzy próbowali ukryć się pod ziemią. Drużyna Michajłowa brała również aktywny udział w akcji ratunkowej po eksplozjach w budynkach mieszkalnych w 1999 roku.

W czerwcu 2000 roku Irina Borogan przygotowywała do publikacji w gazecie „Izwiestia" materiał o podziemnych budowlach pod Moskiewskim Uniwersytetem im. Łomonosowa (MGU). W towarzystwie Michajłowa weszła pod główną część Uniwersytetu. Ten gmach na Worobiowych Górach to w Moskwie miejsce kultowe. Wszyscy wiedzą, że jego wysokość to 240 metrów, a długość wszystkich korytarzy ciągnących się przez skrzydła do wieży znajdującej się w centrum budowli wynosi 33 kilometry. Do boków 35-piętrowej wieży przylegają dwa masywne skrzydła, w których mieszczą się akademiki oraz pomieszczenia wydziałów MGU. Ale najbardziej wstrząsający w tym budynku jest wielopoziomowy podziemny labirynt, który znajduje się pod nim. Budowany był jako schron dla tysięcy wykładowców oraz studentów uczelni na wypadek ataku jądrowego.

Borogan i Michajłow zeszli pod ziemię szybem wentylacyjnym znajdującym się pod fontanną obok głównego wejścia do Uniwersytetu. Gdy znaleźli się na dole, zobaczyli mnóstwo korytarzy rozchodzących się w różnych kierunkach. Wysokość niektórych z nich, jak oceniła to Borogan, przekraczała pięć metrów. Diggerzy opowiadali, że na trzecim poziomie bunkra znajduje się wejście do tajnego metra D-6. Na ile im wiadomo, jest to wejście do pierwszej jego linii, zbudowanej w latach 50. i łączącej Kreml z rządowym lotniskiem Wnukowo-2. Linia ta zaczyna się pod Kremlem, następnie przechodzi pod Rosyjską Biblioteką Państwową (tzw. Leninką), przecina podziemne miasto w Ramienkach, przestrzeń pod kompleksem MGU oraz Akademią Sztabu Generalnego. (System D-6 przeznaczony był do ewakuacji mieszkańców Kremla na wypadek wojny albo ataku jądrowego)[6].

Michajłow przyznał Borogan, że jego wędrówki po podziemnych korytarzach i tunelach w ostatnim czasie przyciągają coraz bardziej natarczywą uwagę służb specjalnych. Najwięcej problemów robi Federalna Służba Ochrony odpowiadająca m.in. za bezpieczeństwo prezydenta. Wielokrotnie go już zatrzymywała, przesłuchiwała i groziła więzieniem za nielegalne przenikanie do tajnych podziemnych obiektów.

W poszukiwaniu ochrony Michajłow zwrócił się do Ministerstwa ds. Sytuacji Nadzwyczajnych. W czerwcu 2000 roku oficjalnie ogłoszono, że ruch Diggerów otrzyma status organizacji znajdującej się pod kontrolą tego resortu. Jednak ministerstwo nie dotrzymało obietnicy. Michajłow znalazł się w trudnej sytuacji i w rezultacie w ostatnich latach praktycznie zaprzestał oprowadzania zagranicznych dziennikarzy po tajnych obiektach.

W październiku 2002 roku, gdy zostali wzięci zakładnicy w Teatrze na Dubrowce, zespół Michajłowa został wezwany do FSB. Diggerzy pomogli sztabowi operacyjnemu rozeznać się w tunelach, które prowadziły do centrum teatralnego. To nimi funkcjonariusze specnazu dostali się do sali, w której przetrzymywani byli zakładnicy.

Michajłow przyznał, że był mile połechtany propozycją wspólnej pracy ze służbami specjalnymi. Po zakończeniu szturmu na teatr powiedział czytelnikom gazety „Izwiestia": „To byłoby dziwne, gdybyśmy w ciągu 25 lat istnienia nie zostali prześwietleni na wylot przez FSB. To całkowicie normalne. Taka kontrola tajnej działalności jest konieczna"[7].

Michajłow przekonał nawet innych diggerów spoza swojej grupy, że prowadzą oni „nielegalną działalność wewnątrz systemów miejskich: przenikają do obiektów państwowych, włamują się do nich... Ludzie ci wynoszą na światło dzienne, po pierwsze, bardzo dużo kłamliwego wyobrażenia o podziemiach. A po drugie, są rzeczy, których nie wolno ujawniać, dlatego że mają związek z bezpieczeństwem państwa. Gdy my schodziliśmy do podziemi, nigdy nie wynosiliśmy stamtąd nic, co przeciekłoby potem do prasy czy internetu"[8].

Zapewniwszy sobie lojalność grupy Michajłowa, służby specjalne zamknęły w ten sposób jedyny kanał, którym aktywiści na górze mogli otrzymać informacje o życiu podziemi. Minęło niewiele czasu, gdy i GUSP, i FSB zaczęły naciskać na prasę. W maju 2002 roku Andriej Sołdatow opublikował w tygodniku „Wiersija" materiał o budowie osiedli mieszkaniowych w miejscu, w którym znajdowały się tajne obiekty FSB[9]. Artykuł zilustrowany został mapą stworzoną przez Sołdatowa na podstawie jawnych źródeł. Na mapie pokazane były moskiewskie obiekty GUSP oraz zabudowania innych służb specjalnych. Pół roku później FSB zaczęła dochodzenie przeciwko Sołdatowowi i „Wiersii", próbując oskarżyć ich o ujawnienie tajemnicy państwowej, a dokładnie informacji o obiektach GUSP. Nastąpiła seria przesłuchań, i dopiero kilka miesięcy później oskarżenia zostały oddalone[10].

Przez cały ten czas zarząd GUSP nie przerwał prac budowlanych. Według naszych informacji budowa D-6 jest kontynuowana, przy czym nie tylko w Moskwie[11]. W ostatnich latach więcej niż dziesięciu gubernatorów rosyjskich regionów otrzymało od szefostwa GUSP nagrody „za pomoc w zabezpieczeniu programów specjalnych". Na liście nagrodzonych znajdują się nazwiska gubernatorów obwodów Omskiego, Czelabińskiego, Kirowskiego i Biełgorodzkiego, Karelii, Woroneża, Stawropola, Krasnojarska i Kaliningradu. Nagrody GUSP otrzymały władze Sankt Petersburga oraz prezes spółki Rosyjskie Koleje Państwowe[12]. Ten deszcz nagród mógł spaść tylko wtedy, gdy władze regionalne wspierały przebudowę lokalnych obiektów GUSP (bunkrów i tuneli komunikacyjnych). Powszechnie wiadomo również, że w roku 2006 do Kazania została skierowana specjalna komisja GUSP, która miała sprawdzić stan „obiektów specjalnego przeznaczenia" w Tatarstanie[13].

W pierwszym dziesięcioleciu XXI wieku zarządowi GUSP, tajnej służbie, która powstała w oparciu o najlepsze tradycje zimnej wojny, udawało się zachować podziemny spadek po imperium radzieckim w stanie nietkniętym. A także w głębokiej tajemnicy. I choć organizacja ta zgodnie z założeniami powinna funkcjonować niezależnie od FSB, ta ostatnia odgrywała i odgrywa kluczową rolę w jej działalności. Dwóch ostatnich dyrektorów GUSP otrzymało to stanowisko po piastowaniu wysokich stanowisk w FSB: Wiktor Zorin (był dyrektorem GUSP w latach 1998-2000) był szefem Zarządu do Walki z Terroryzmem; Aleksandr Carienko przed przejściem do GUSP w 2000 roku był szefem Zarządu FSB w Moskwie i Obwodzie Moskiewskim. Trudno jednoznacznie powiedzieć, czy Carienko odszedł z FSB, czy też do dzisiaj pozostaje podwładnym dyrektora FSB. Od mianowania go szefem GUSP w roku 2000 minęło już sporo lat, ale w mediach Carienko wciąż nazywany jest generałem-pułkownikiem FSB[14].

Federalna Służba Bezpieczeństwa pod koniec dziesięciolecia wzięła przykład z GUSP i powróciła do radzieckiej praktyki, pilnie strzegąc tajemnic swoich obiektów.

11. CISZA ZA MURAMI

WIĘZIENIE LEFORTOWSKIE

LEFORTOWO TO NAJBARDZIEJ ZNANE więzienie w Rosji. Jednak nie jest łatwo je odnaleźć, choć położone jest praktycznie w samym centrum Moskwy. Przypadkowy przechodzień może sto razy obejść je dookoła, zbliżyć się do żelaznej bramy, otrzeć się o potężny ceglany mur – i mimo to nie zrozumie, z czym ma do czynienia. Nawiasem mówiąc, szansa na to, że więzienie zwróci uwagę niewtajemniczonej osoby, jest niewielka: od ulicy masywny budynek zasłania dom mieszkalny, a do drutu kolczastego nad ślepymi ścianami ludzie już dawno u nas przywykli.

Prawie wszystkie XX-wieczne zapisy życia więziennego to wspomnienia z Lefortowa. Z „Archipelagu GUŁag" wiemy na przykład, że w latach 40. znajdowały się tam specjalne „cele psychiczne", pomalowane na czarno, w których przez całą dobę paliło się światło. Więźniowie męczeni byli rykiem tunelu aerodynamicznego znajdującego się w sąsiednim Instytucie Aerodynamiki. Od wibracji spadały ze stołów miski i kubki. W prześwitach między gmachami więzienia, ustawionych w kształcie litery „K", na metalowych galeriach wewnątrz budynków oraz w przejściu do sal przesłuchań stali strażnicy z chorągiewkami. Ich obowiązkiem było przeprowadzanie więźniów korytarzami tak, żeby nie widzieli siebie nawzajem. Jewgienija Ginzburg w „Stromej ścianie" wspomina ścieżki wyściełane materiałem tłumiącym odgłosy, drzwi niewydające żadnego dźwięku, uprzejmość eskorty oraz głośne lefortowskie piwnice, w których „rozstrzeliwuje się w huku specjalnie uruchamianych silników traktorów".

Oczywiście po epoce stalinowskiej w więzieniu wiele się zmieniło. Jednak nie wszystko. Na przykład strażnicy, jak dawniej, zawiadamiają się nawzajem, gdy wyprowadza się oskarżonego z celi. Do tego celu, jak napisał były lefortowski więzień Eduard Limonow w książce „W niewoli u nieboszczyków" („W plenu u miertwiecow"), ochroniarze trzymają w ręku metalową kulkę z membraną wydającą charakterystyczny trzask. Czasami zadowalają się jednak zwykłym strzelaniem z palców.

W LISTOPADZIE 2002 ROKU, tydzień po zajęciu przez terrorystów centrum teatralnego na Dubrowce, autorzy tej książki przygotowywali do publikacji artykuł, w którym krytykowali działania władz i struktur siłowych podczas szturmu. W tym również użycie fentanylu, który doprowadził do śmierci zakładników.

Pewnego wieczoru do redakcji gazety „Wiersija", gdzie wówczas pracowaliśmy, przyszło kilku oficerów FSB. Skonfiskowali komputer Sołdatowa oraz serwer redakcji. Trochę się spóźnili – artykuł był już wysłany do druku.

Funkcjonariusze FSB zostawili Sołdatowowi wezwanie na przesłuchanie do Zarządu Kontrwywiadu moskiewskiego garnizonu. Jak twierdzono, powodem ich wizyty był artykuł opublikowany pół roku wcześniej. Ale w redakcji gazety nikt nie miał wątpliwości, że w ten sposób FSB próbuje naciskać na dziennikarzy, żeby powstrzymać ich śledztwo w sprawie wydarzeń na Dubrowce. Przesłuchanie to dość skuteczna metoda odstraszania, a jednocześnie świetny sposób na zdobycie informacji o dziennikarskich źródłach.

Po pierwszym przesłuchaniu w siedzibie kontrwywiadu wojskowego Sołdatowowi polecono następnym razem zjawić się w Zarządzie Śledczym FSB znajdującym się na ulicy Energetycznej, kilka kwartałów od parku Lefortowskiego, w tym samym kompleksie budynków, w którym znajduje się Więzienie Lefortowskie. Okazało się, że nie tak łatwo jest znaleźć to smutne miejsce schowane za posępną bryłą ogromnego bloczydła.

Sołdatow wszedł przez wartownię numer 2, przez którą zwykle wchodzą świadkowie, krewni aresztowanych oraz podejrzani. Klaustrofobiczne otoczenie więzienia nasuwa posępne myśli: czy po przesłuchaniu wrócisz do domu, czy eskorta odprowadzi cię do celi.

Interesanci czekali na swoją eskortę w holu – do więzienia można wejść tylko w towarzystwie oficera FSB. W holu nie ma pracowników więzienia, tylko kamery monitoringu. Nikt nie nawiązuje bezpośrednich relacji z interesantami, wszystkie instrukcje wydawane są przez głośnik.

Sołdatow przez wyblakłe, kręte korytarze został zaprowadzony na drugie piętro. Miał poczucie, że znalazł się w labiryncie: już po chwili człowiek traci orientację, gdzie się znajduje. Okna w gabinecie wychodzące na prostokątne wewnętrzne podwórko zasłonięte były białym papierem. Sołdatow zaprowadzony został do niedużego pokoju, w którym czekał na niego młody śledczy FSB. Natychmiast przystąpił do niekończącej się procedury wypełniania papierów. Sołdatow czuł się nieswojo, starał się odpowiadać na pytania możliwie najszybciej, żeby jak najprędzej opuścić to miejsce. Ale śledczy się nie spieszył i procedura przeciągnęła się do kilku godzin. Po kilku dniach do tego samego budynku została wezwana również Irina Borogan. W ciągu kilku tygodni śledczy FSB wzywali na przesłuchania do Lefortowa nie tylko nas, ale również innych pracowników redakcji, z których wielu nie miało dużo wspólnego z artykułem będącym przyczyną dochodzenia.

W CZASACH RADZIECKICH Lefortowo oznaczało jedno: strach. Ale również dziś FSB wykorzystuje je jako potężny środek nacisku[1]. Atmosfera tajemnicy wokół więzienia, która troskliwie podtrzymywana jest do dzisiaj, odgrywa w tej strategii istotną rolę.

Wszystkie moskiewskie więzienia zostały opisane przez historyków – nawet wewnętrzne więzienie KGB na Łubiance. Tylko o Lefortowie nie ma sprawdzonych informacji. Nawet czysto architektoniczne detale pozostają zagadką: nikt na przykład nie wie, dlaczego architekt Kozłow, gdy w roku 1881 projektował to wojskowe więzienie dla niższych urzędników oskarżonych o drobne wykroczenia, zdecydował się zbudować je w formie litery „K". (Jedna z teorii głosi, że „K" wzięło się od pierwszej litery imienia carycy Katarzyny). Po roku 1917 więzienie zaczęto wykorzystywać do izolacji przeciwników politycznych. Wielu z nich właśnie tu zostało rozstrzelanych.

Po śmierci Stalina pod koniec epoki masowych czystek wiele więzień bezpieki zostało zlikwidowanych. W latach 60. zostało zamknięte m.in. wewnętrzne więzienie na Łubiance. Jednak KGB zostawiło sobie Lefortowo – tu przetrzymywano dysydentów oraz podejrzanych o szpiegostwo. Po 1990 roku więzienie nadal było wykorzystywane do tych celów. Po kryzysie konstytucyjnym z października 1993 roku i próbie odsunięcia od władzy Borysa Jelcyna umieszczono tu jego przeciwników. Później więźniami Lefortowa byli m.in. dyplomata Walentin Mojsiejew oskarżany o szpiegostwo na rzecz Korei Południowej, magnat aluminiowy Anatolij Bykow, oficer FSB Aleksandr Litwinienko, Płaton Lebiediew oraz Aleksiej Piczugin z Jukosu. Pisarz Eduard Limonow w wymienionej już wyżej książce „W niewoli u nieboszczyków" szczegółowo opisał wygląd więzienia: „W miejscu, w którym schodzą się trzy części litery »K«... znajduje się szeroki pulpit... zawsze obok niego snuje się pięciu, sześciu, dziesięciu naszych gnębicieli. Wygląda dokładnie jak pulpit dyrygencki. Stoi tam kilka ekranów komputerów, jesteśmy na nich podglądani, są tam również mikrofony podsłuchu". Limonow pisze, że na dachu znajduje się piętnaście cel spacerowych, do których każdego dnia w trzech zmianach wyprowadzani są więźniowie. Na każdym z czterech poziomów znajduje się około pięćdziesięciu cel, ale zajęte są tylko dwa piętra. W latach 2001-2003, gdy Limonow siedział w Lefortowie, w więzieniu mogącym pomieścić do dwustu więźniów siedziało nie więcej niż pięćdziesiąt osób.

Większość cel przeznaczona jest dla trzech osób, ale siedzą w nich zazwyczaj dwie. Jest kilka izolatek i dwie cele sześcioosobowe. Powszechnie wiadomo, że w innych moskiewskich więzieniach więźniowie bardzo często ściśnięci są jak śledzie w beczce. Ale nie w Lefortowie.

Nawet adwokaci odnotowali, że Lefortowo to praktycznie jedyne więzienie w kraju, gdzie nie ma narkotyków ani tak zwanego sznurkowego telegrafu – tradycyjnego dla rosyjskich więzień środka komunikacji (z pomocą pocztowego sznurka więźniowie przekazują do cel grypsy, torebki z herbatą, tytoń).

Natalia Denisowa, żona oskarżonego o szpiegostwo dyplomaty Walentina Mojsiejewa, tak opisuje Lefortowo: „Choć warunki tam na pierwszy rzut oka wydają się niezłe, to reżim jest bardzo surowy. Na przykład nie mogłam uzyskać zgody na widzenia z mężem przez dziesięć miesięcy, choć, zgodnie z prawem, przysługują mi dwa maksymalnie trzygodzinne widzenia w miesiącu. Ani razu nie dano mi porozmawiać z mężem więcej niż godzinę(...) Z przekazywaniem paczek nie było problemów(...) Jest problem z przekazywaniem pieniędzy – trzeba je przesłać drogą pocztową, a trwa to miesiąc. Pieniądze zaś są potrzebne, żeby móc kupować jedzenie w kiosku, który znajduje się na terenie więzienia"[2].

Gdy na początku lat 90. główną następczynią KGB stała się FSK, w 1995 roku przemianowana na FSB, odziedziczyła również i Lefortowo. Jednak musiała poważnie powalczyć o kontrolę nad więzieniem.

W roku 1993 w procesie zainicjowanej przez Jelcyna reorganizacji służb specjalnych rosyjski kontrwywiad na pewien czas utracił swój aparat śledczy. W rezultacie w styczniu 1994 roku Lefortowo przeszło pod skrzydła MSW. Wkrótce po tej zmianie, po raz pierwszy w całej historii więzienia, uciekło z niego dwóch więźniów. Wykorzystując skandal, w kwietniu 1997 roku FSB, której do tego czasu udało się wskrzesić własne organy śledcze, odzyskała Lefortowo. Jednocześnie z Lefortowem w kompetencjach FSB znalazło się trzynaście więzień regionalnych[3].

Rok wcześniej, w 1996 roku, Rosja wstąpiła do Rady Europy. Kreml obiecał między innymi „w przeciągu roku przejrzeć prawo o Federalnej Służbie Bezpieczeństwa, by doprowadzić je do stanu odpowiadającego zasadom i standardom Rady Europy: w szczególności pozbawić FSB prawa do posiadania aresztów śledczych i zarządzania nimi"[4].

Rada Europy zażądała, by Rosja oddzieliła organy śledcze od więzień, ponieważ w przeciwnym wypadku śledczy mają możliwość wywierania nacisków na zatrzymanych. W roku 1998 MSW przekazało swoje więzienia i inne zakłady karne Ministerstwu Sprawiedliwości. Jednak FSB wciąż opiera się wprowadzeniu reguł Rady Europy.

W roku 2004 zastępca dyrektora FSB Wiaczesław Uszakow na spotkaniu z przedstawicielami Zgromadzenia Parlamentarnego Rady Europy wyjaśnił, że areszt tymczasowy jest niezbędny FSB, ponieważ gwarantuje „wysoki stopień bezpieczeństwa"[5]. A tylko Lefortowo, według Uszakowa, odpowiada tym potrzebom. (W marcu 2005 roku tezę Uszakowa podał w wątpliwość 27-letni więzień z Kirgizji Tałgat Kukujew, który bez szczególnej trudności pokonał mur otaczający

Więzienie Lefortowskie. Udało się go ponownie pojmać dopiero w maju 2005 roku).

26 maja 2005 roku minister sprawiedliwości Jurij Czajka podczas spotkania w Moskwie z komisarzem praw człowieka Rady Europy Alvaro Gil-Roblesem ogłosił, że Lefortowo oraz inne areszty śledcze FSB zgodnie z dekretem prezydenta Federacji Rosyjskiej zostaną przekazane pod jurysdykcję Ministerstwa Sprawiedliwości. W ten sposób Rosja wypełni swoje obowiązki wynikające z członkostwa w Radzie Europy. Ostatecznie w kwietniu 2005 roku prezydent Putin podpisał dekret o przekazaniu Ministerstwu Sprawiedliwości wszystkich więzień FSB (w tym również Lefortowa), a w lipcu zaaprobował odpowiednie poprawki do ustawy o FSB. Przekazanie powinno było nastąpić do stycznia 2006 roku[6]. Na początku wydawało się, że FSB wypełniła prezydencki dekret. Szefostwo MSW dostało nawet raport o przekazaniu więzień FSB pod jurysdykcję Federalnej Służby Wykonania Wyroków (FSIN), instytucji administrującej wszystkimi rosyjskimi więzieniami. We FSIN utworzono nawet specjalny Zarząd Aresztów Śledczych Podlegających Centrali.

Jednak pod koniec grudnia 2005 roku dowiedzieliśmy się z pewnych źródeł w Zarządzie Śledczym FSB, że pracownicy więzienia podlegający FSB pośpiesznie zostali przeniesieni do FSIN w charakterze tak zwanych APS (aparat przydzielonych pracowników). Innymi słowy, formalnie znajdując się na etacie FSIN, wciąż podlegali swojemu szefostwu w FSB. Informacje te otrzymaliśmy z różnych źródeł, a w styczniu 2006 roku opublikowaliśmy je w niezależnym internetowym wydaniu Jeżedniewnego Żurnała[7]. FSB ani razu nie próbowała sprostować tej informacji. W roku 2008 została ona za to oficjalnie potwierdzona – choć w dość osobliwej formie.

W marcu 2008 roku garnizonowy sąd wojskowy w Sankt Petersburgu usankcjonował aresztowanie dwóch oficerów FSB

– naczelnika i zastępcy naczelnika miejskiego aresztu śledczego nr 3. Wcześniej więzienie to podlegało Zarządowi FSB w Sankt Petersburgu, a w roku 2006, zgodnie z dekretem prezydenta, zostało przekazane FSIN. Obaj oficerowie, 45-letni podpułkownik Aleksandr Nogtiew oraz jego zastępca 32-letni major Pawieł Czelepionok, służyli w miejscowym zarządzie FSB, a po przekazaniu aresztu śledczego pod kontrolę FSIN pozostali na swoich stanowiskach. Oficjalnie zostali przeniesieni do Służby Wykonania Wyroków, ale – jak wynika z informacji podanej przez sąd i następnie opublikowanej przez media – zachowali przy tym swoje tytuły i stanowiska w FSB[8].

Niedotrzymanie przez Rosję warunków stawianych przez Radę Europy w żaden sposób nie oburzyło Władimira Putina. Przeciwnie, FSB zaczęła nawet zwiększać swój więzienny stan posiadania. W czerwcu 2006 roku prezydent Putin wydał nowy dekret, który wprowadzał zmiany w sytuacji FSB. Zgodnie z poprawką to FSB obecnie „ustala tryb działania tymczasowych aresztów śledczych, a także tryb prowadzenia w nich działalności operacyjno-śledczej"[9]. Dekret ten pozwolił FSB trzymać w swojej dyspozycji niewymienioną w dokumencie liczbę tymczasowych aresztów śledczych – a więc instytucji, z którymi służby specjalne nie powinny w ogóle mieć do czynienia. Co prawda zazwyczaj w milicyjnych aresztach tymczasowych zatrzymani spędzają tylko kilka dni – aż do postawienia zarzutów – jednak w tymczasowych aresztach śledczych kontrolowanych przez FSB wszystko może wyglądać zupełnie inaczej. W dekrecie prezydenta jest powiedziane wprost, że w tymczasowych aresztach śledczych FSB mogą być przetrzymywani również oskarżeni, w stosunku do których prowadzone jest śledztwo, a także ci, którym postawiono już zarzuty.

Należy tu oddać sprawiedliwość szefostwu FSB, które po prostu niezwykle kreatywnie wykorzystało tutaj pewien kruczek prawny. Otóż do niedawna tymczasowymi aresztami śledczymi dysponowało tylko MSW i służby ochrony pogranicza, które potrzebowały miejsc, gdzie trafiają zatrzymani na próbie nielegalnego przekroczenia granic. Ale w roku 2003 Federalna Służba Graniczna weszła w skład FSB. Tym samym pojawił się doskonały pretekst do rozszerzenia niektórych pełnomocnictw pograniczników, a dokładniej prawa przetrzymywania podejrzanych w tymczasowych aresztach śledczych, na całą Federalną Służbę Bezpieczeństwa. Co też zostało zrobione i potwierdzone dekretem prezydenta. Dzięki temu FSB posiada dziś tymczasowe areszty śledcze – nie tylko w rejonie przygranicznym, ale też w całym kraju. Tym samym FSB zręcznie uniknęła oskarżeń o niespełnienie obowiązku przekazania podlegających jej więzień Ministerstwu Sprawiedliwości, tworząc sieć własnych więzień na terenie całego kraju. Niemożliwe jest jednak ustalenie, ile więzień podlega obecnie Łubiance – kwestia liczebności i składu organów FSB stanowi tajemnicę państwową.

CZĘŚĆ 2.

WALKA Z TERROREM

12. SZTURM NA „NORD-OST"

WE WRZEŚNIU 2002 roku niewielkie grupy Czeczenów – po trzy, cztery osoby – zaczęły przyjeżdżać autobusami z Machaczkały i Chasawiurtu w Dagestanie do Moskwy. To stała trasa handlarzy z republik Kaukazu Północnego. Ma same zalety: autobus jedzie szybciej niż pociąg, a bilet na niego można kupić bez okazywania dokumentów.

Tym razem nie byli to jednak handlarze, lecz terroryści. Największa ich grupa zjawiła się w Moskwie 16 września. Pozostali przyjechali nieco później, 19 września[1]. Jednocześnie do stolicy została wysłana ciężarówka z materiałem wybuchowym ukrytym pod skrzynkami z jabłkami i jeszcze jedna – z trzema zapalnikami schowanymi w hamulcach kamaza.

Przez kilka tygodni Czeczeni mieszkali w trzech wynajętych mieszkaniach na obrzeżach Moskwy. Materiał wybuchowy starannie ukryto w garażach znajdujących się w różnych dzielnicach rosyjskiej stolicy. Z 52 osób przygotowujących zamach większość stanowili dwudziestokilkuletni mężczyźni. Najęli się do prac budowlanych w centrum teatralnym na Dubrowce. Kobiety miały pozostać w wynajętych mieszkaniach i czekać na rozkazy.

Ogromny budynek przy ulicy Mielnikowa 7, w którym dawniej znajdował się dom kultury fabryki Moskiewskie Łożyska, rozdzielony został między rozmaite instytucje, nie tylko kulturalne. Sala widowiskowa i przylegające do niej pomieszczenia zostały wynajęte przez spółkę Link – firmę producencką, która w październiku 2001 roku wyprodukowała pierwszy rosyjski, wystawiony z broadwayowskim rozmachem musical zatytułowany „Nord-Ost" inspirowany wyprawą, której efektem było odkrycie w 1913 roku Ziemi Północnej, archipelagu na Oceanie Arktycznym. Show odniósł spektakularny sukces, miał ponad 400 przedstawień.

Drugą część budynku zajmował Instytut Samouzdrowienia oraz klub gejowski, który odwiedzali m.in. deputowani, znani biznesmeni oraz politycy. W najlepszych czasach w klubie w ciągu jednej nocy bywało nawet 1500 osób. Jednak od maja 2002 roku klub był remontowany. Czeczeni wynajęli się do prac na ostatnim etapie robót. Mało kto zwracał uwagę, czym się konkretnie zajmują. Drzwi między klubem gejowskim a teatrem nigdy nie były zamknięte.

19 października 2002 roku eksplodował samochód Tavria zaparkowany przed McDonaldem na ulicy Pokryszkina. Zginęła jedna osoba, osiem zostało rannych. Drugi samochód czekał obok Sali Koncertowej im. Czajkowskiego, jednak terrorystom nie udało się doprowadzić do jego eksplozji. Z taktyki seryjnych uderzeń terroryści korzystali później wielokrotnie, na przykład w roku 2004 zajęcie szkoły w Biesłanie poprzedziło wysadzenie się terrorystki samobójczyni w Moskwie przed stacją metra Rižskaja oraz eksplozje na pokładach dwóch samolotów rejsowych. Ale w październiku 2002 roku FSB po raz pierwszy zetknęła się z podobną praktyką.

W środę 23 października o godzinie 20.45, gdy kończył się pierwszy akt musicalu, przed główne wejście do centrum teatralnego podjechały trzy mikrobusy: ford transit, volkswagen caravelle oraz dodge. Kilka sekund później duża grupa Czeczenów uzbrojonych m.in. w pistolety automatyczne Kałasznikowa wdarła się do teatru. Biegnąc, strzelali w powietrze. Pozostali członkowie grupy terrorystycznej znajdowali się już na widowni – kupili bilety i oglądali spektakl.

Grupa liczyła 41 osób – nie dość, by kontrolować cały wielki budynek. Dlatego terroryści postanowili opanować tylko salę widowiskową oraz przylegające do niej pomieszczenia, co stanowiło około 40 proc. ogólnej powierzchni gmachu. Jako zakładników zatrzymali 920 osób, w tym 67 obcokrajowców. Terroryści szybko nakazali wszystkim zadzwonić do swoich krewnych. Żądali, by zorganizowali oni demonstrację przeciw wojnie w Czeczenii. Wśród zatrzymanych byli dziennikarze oraz pracownicy milicji – szybko połączyli się z agencjami informacyjnymi oraz służbami specjalnymi. Gdy tylko Czeczeni zrozumieli, że władze już wiedzą o tym, co zaszło w teatrze, kazali zakładnikom oddać telefony komórkowe. Jednak wiele osób je ukryło.

W tym samym czasie szefostwo FSB świętowało na Łubiance sukcesy siatkarskiej drużyny Dynama. Dygnitarze musieli przerwać imprezę i przyjechać na Dubrowkę. Wkrótce zorientowali się, że mają do czynienia z jednym z największych zamachów terrorystycznych w najnowszej historii Rosji. Jednak początkowo władze nie wiedziały ani ilu terrorystów znajduje się w teatrze, ani jak są uzbrojeni. (Jak się wyjaśniło później, pośród 41 uczestników zamachu było 19 kobiet; zamachowcy dysponowali 17 kałasznikowami oraz 20 pistoletami). Terroryści wnieśli do budynku również 21 pasów szahida i dwie duże bomby, które z powodzeniem wystarczyłyby do unicestwienia teatru i wszystkich, którzy znajdowali się w środku. Zamachowcy mieli kilka tygodni, żeby wnieść do remontowanego klubu gejowskiego elementy bomb, zmontować je i ukryć.

Przywódcą terrorystów ogłosił się 22-letni Czeczen Mowsar Barajew, bratanek znanego czeczeńskiego dowódcy Abriego Barajewa zabitego w 2001 roku (prawdziwe nazwisko terrorysty to Mowsar Sałamow, nazwisko Barajew przybrał już po śmierci wujka). Dlatego na początku atak na „Nord-Ost" wyglądał jak akt prywatnej zemsty. Barajew miał mieć dwóch głównych pomocników – 29-letniego Rusłana Elmurzajewa, doświadczonego czeczeńskiego bojownika, bratanka znanych dowódców braci Ahmadowowów, i niejakiego „Jasira Assirijeca" (jego prawdziwe personalia nigdy nie zostały ustalone).

W rzeczywistości prawdziwym dowódcą operacji okazał się Rusłan Elmurzajew. Wśród kobiet kluczową postacią była zaś Jesira Witalijewa, 42-letnia Czeczenka, była kucharka legendarnego czeczeńskiego dowódcy Szamila Basajewa.

W ciągu trzech dni Czeczeni kilkaset razy telefonowali za granicę, co wzbudziło podejrzenia, że są sterowani spoza Rosji. Zaprzeczył temu jednak Mowsar Barajew, ogłaszając, że jego zwierzchnikiem jest Szamil Basajew, który zresztą tydzień po szturmie przyznał się do opracowania całej operacji[2].

Terroryści na Dubrowce działali według schematu, który wypróbował sam Basajew, gdy przetrzymywał zakładników w miejskim szpitalu w Budionnowsku w 1995 roku[3]. Mowsar Barajew od razu zaczął grozić, że zabije zakładników. Jednocześnie próbował wpłynąć na opinię publiczną, wpuszczając do zajętego budynku kilka osób. Oprócz dziennikarzy – Marka Franchettiego z gazety „The Sunday Times", operatorów z telewizji NTW oraz Anny Politkowskiej z „Nowej Gaziety" – wpuścili do sali widowiskowej lekarza Leonida Roszala, posłankę Irinę Chakamadę oraz popularnego piosenkarza Iosifa Kobzona[4].

Na rozkaz terrorystów ich żądania prezentowała jedna z zakładniczek, lekarka Marina Szkolnikowa. Kilkakrotnie wychodziła do dziennikarzy, przekazywała postulaty terrorystów i wracała do sali. Po pewnym czasie terroryści zaczęli stopniowo wypuszczać zakładników. Pod koniec drugiego dnia w wyniku negocjacji terrorystów ze sztabem operacyjnym uwolniono ponad 150 osób – głównie dzieci, kobiety i obcokrajowców.

W roku 1995 po wzięciu zakładników w szpitalu w Budionnowsku Basajew od razu rozstrzelał kilka osób, żeby pokazać wagę swoich żądań i gotowość na wszystko. Bojownicy Basajewa stawiali również opór w czasie szturmu, w konsekwencji zmienił się on w krwawą bitwę terrorystów ze specnazowcami. Ostatecznie Basajewowi udało się uciec do Czeczenii. Zabrał ze sobą część zakładników.

Grupie Mowsara Barajewa nie udało się zmienić teatru w twierdzę, jak to zrobił w szpitalu w Budionnowsku Szamil Basajew – wtedy dwustu jego bojowników rozstawiło zakładników w oknach w charakterze żywych tarcz. Tymczasem już kilka godzin po wzięciu zakładników większa część gmachu centrum teatralnego na Dubrowce została zajęta przez specnaz. Jedynym wyjściem dla Mowsara Barajewa było przekonać Kreml, że terroryści są gotowi wysadzić w powietrze teatr i zginąć razem z zakładnikami. Żeby zademonstrować determinację, Barajew pozował przed kamerami telewizyjnymi wraz z ubranymi na czarno, zasłaniającymi twarze kobietami obwieszonymi materiałami wybuchowymi.

Pierwszym żądaniem Czeczenów było przerwanie wojny. Dawali na to tydzień. Mieli nadzieję na powtórzenie sukcesu Basajewa, który w Budionnowsku wziął około 1500 zakładników i osiągnął to, że przez telefon negocjował bezpośrednio z władzami w Moskwie. Wówczas, w 1995 roku, udało mu się wymóc obietnicę wyprowadzenia wojsk z terytorium Czeczenii. Później rosyjskie władze były ostro krytykowane za to, że w negocjacje z terrorystami włączył się premier. Ale też za operację antyterrorystyczną, w rezultacie której zginęło ponad stu zakładników – wielu z rąk specnazowców – a ponad czterystu zostało rannych.

W Czeczenii koniec pierwszej wojny czeczeńskiej uważany był za zasługę Basajewa[5], Kreml zaś uznał Budionnowsk za jedną ze swoich największych klęsk.

W SZTABIE OPERACYJNYM od pierwszego dnia zdawano sobie sprawę, że cokolwiek by się działo, należy uniknąć rozwoju wydarzeń według scenariusza z Budionnowska. Szefami sztabu, który miał się zająć operacją uwolnienia zakładników, Putin mianował zastępcę dyrektora FSB Władimira Proniczewa oraz wiceministra MSW Władimira Wasiliewa. Kreml dał im wolną rękę co do metod rozwiązania całej sytuacji. Mogli samodzielnie decydować zarówno o szturmie teatru, jak i o negocjacjach z terrorystami.

Kilkuset żołnierzy wojsk wewnętrznych otoczyło teatr. W tym samym czasie dziesiątki oficerów FSB przesłuchiwało ludzi zatrzymanych na terenie centrum teatralnego, próbując znaleźć możliwych informatorów pracujących dla terrorystów. „Punkt filtracyjny" FSB urządzony został w pobliskiej szkole.

Jednak jedynym wydziałem, który bezpośrednio miał się skonfrontować się z terrorystami, było Centrum Specjalnego Przeznaczenia FSB, na którego czele stał generał Aleksandr Tichonow. W skład Centrum wchodzą trzy oddziały: grupa antyterrorystyczna „Alfa" (czyli Zarząd „A"), grupa „Wympieł" (Zarząd „W") oraz Służba (później Zarząd) Operacji Specjalnych – niewielki elitarny oddział FSB zajmujący się zatrzymaniami szczególnie niebezpiecznych przestępców[6]. Przygotowani do przeprowadzenia operacji antyterrorystycznych, przede wszystkim uwalniania zakładników, byli tylko żołnierze „Alfy" i „Wympieła".

Zgodnie z tradycją w oddziałach „A" i „W" służą wyłącznie oficerowie. W roku 2002 „Alfa" składała się z czterech oddziałów operacyjno-bojowych, „Wympieł" zaś z pięciu. Podczas operacji specjalnej każdy z tych oddziałów, liczący po 30 żołnierzy, staje się grupą szturmową. Jednak w momencie ataku terrorystów na centrum teatralne na Dubrowce dwa spośród oddziałów operacyjno-bojowych były dyslokowane w Czeczenii, a jeden pozostawał w rezerwie. Centrum Specjalnego Przeznaczenia mogło więc wykorzystać w operacji pozostające do jego dyspozycji trzy pododdziały „Alfy" i trzy „Wympieła".

Jedną ze szturmowych grup „Wympieła" dowodził 37-letni pułkownik Siergiej Szawrin. Wysoki, szczupły, opanowany, niepodnoszący głosu mężczyzna nie przypominał typowego oficera FSB. W Centrum Specjalnego Przeznaczenia zaczął pracować w latach 80. Wcześniej służył u pograniczników, którzy, choć formalnie działali w strukturach KGB, zawsze starali się – na ile to było możliwe – dystansować wobec Łubianki. Uważali się bardziej za żołnierzy niż za pracowników specsłużb.

W czasie zimnej wojny oficerowie grupy „Wympieł" trenowani byli do przeprowadzania operacji za granicą, uczyli się języków, wyjeżdżali w zagraniczne podróże służbowe, w tym do Ameryki Południowej i do Europy. Poza tym musieli umieć przeniknąć do najbardziej chronionych obiektów strategicznych (na przykład do elektrowni jądrowych), żeby wykrywać luki w systemie bezpieczeństwa. Oficerowie z „Wympieła" z góry traktowali swoich kolegów służących w kontrwywiadzie. Jednak lata 90. to były ciężkie czasy dla „Wympieła". W czasie konfliktu Jelcyna z parlamentem w październiku 1993 roku jego żołnierze odmówili wykonania rozkazu szturmu na Biały Dom, siedzibę parlamentu. Za karę za niesubordynację „Wympieł" został przeniesiony na dwa lata do MSW. Z 200 oficerów przeszło tam tylko 50, pozostali zwolnili się ze służby. W roku 1995 ci, którzy przetrwali, wrócili w struktury FSB[7]. Szawrin był jednym z nich. Nie odszedł z „Wympieła" i zaczął służbę w Czeczenii. Do chwili zamachu na Dubrowce 14 razy wyruszał do zbuntowanej republiki. W 1996 roku otrzymał tytuł Bohatera Rosji – po tym jak w czasie szturmu Groznego bez strat wyprowadził swój oddział z okrążenia.

Ale tamtego dnia Szawrin, stojąc w mokrym śniegu obok gmachu teatru na Dubrowce, nie był pewny, czy uda mu się uchronić swoją grupę przed stratami. „Wszyscy zdawali sobie sprawę, że istnieje wariant, w którym terroryści wpuszczają specnaz do sali, a potem ktoś z zewnątrz za pomocą sygnału radiowego wysadza ją w powietrze. Wtedy to byłby koniec" – opowiadał już po wszystkim Szawrin Andriejowi Sołdatowowi[8].

Szawrin znał już rozkaz dla specnazu: przeprowadzić szturm i zabić wszystkich terrorystów. Szawrin wspomina: „Rozkaz przeprowadzenia szturmu był podpisany przed jego rozpoczęciem[9]. Ale wiedzieliśmy, że budynek jest zaminowany, że materiałów wybuchowych wystarczyłoby, żeby zrównać wszystko z ziemią, a system ich odpalania był zdublowany, więc wystarczył jeden żywy terrorysta, by wysadzić to wszystko w powietrze. Dlatego próba pochwycenia kogokolwiek żywcem mogła doprowadzić wyłącznie do tragedii. Wystarczyłoby, żeby jedna osoba uruchomiła zapalnik, i nie uratowalibyśmy nikogo".

W piątkowy wieczór 25 października około 23.00 autorzy książki weszli do budynku szkoły, w której krewni zakładników czekali na rozwój wydarzeń[10]. Na ścianie wisiały listy, z których wynikało, że ustalonych zostało 698 nazwisk zakładników. Z czasem liczba ta wzrosła do 920. Mniej więcej o 2.00 w nocy 26 października do jednego z naszych przyjaciół zadzwoniła jedna z zakładniczek – dziennikarka gazety „Moskowskaja Prawda". Poinformowała, że terroryści ogłosili, iż o szóstej rano zaczną rozstrzeliwać zakładników.

Żeby być jak najbliżej budynku teatru, wraz z dwoma kolegami weszliśmy na klatkę schodową sąsiedniego budynku. Mieliśmy szczęście. Pewna kobieta, zdająca sobie sprawę z wagi pracy dziennikarzy, wpuściła nas do swojego mieszkania. Ponieważ dom znajdował się na prawo od wejścia do teatru, na rogu ulicy Mielnikowa i Pierwszej Dubrowskiej, z okien na wyższych piętrach doskonale było widać teatr oraz plac przed nim. Mieliśmy ze sobą lornetkę oraz dwa aparaty fotograficzne. Nie zauważyliśmy żadnych szczególnych zmian w rozlokowaniu sprzętu i sił w porównaniu z pierwszą nocą po ataku, gdy terroryści zażądali, by wyprowadzić specnaz z okolic teatru. Przed samym wejściem wciąż stały minibusy – czerwony i biały – którymi przyjechali terroryści. Przestały tylko działać ich reflektory, które świeciły przez pierwszą noc: padły akumulatory. Opuszczając minibusy, terroryści zostawili włączone silniki: mogło to oznaczać, że zostały zaminowane. Podjęta drugiej nocy przez dwóch żołnierzy wojsk wewnętrznych próba wyłączenia aut skończyła się niepowodzeniem: jeden z nich został raniony przez terrorystę snajpera, który obserwował okolicę z okna teatru.

W nocy z 25 na 26 października sytuacja zaczęła się rozwijać w przyspieszonym tempie. Żeby możliwie precyzyjnie oddać obraz wydarzeń, niepodretuszowany szczegółami, które wypłynęły później, przywołamy tu zapis naszego reportażu z miejsca wydarzeń:

3.00-4.00 w nocy. Na placu oświetlonym reflektorami panuje cisza.

5.00 Nieoczekiwanie gasną reflektory oświetlające wejście do centrum teatralnego na Dubrowce. To zły znak: dzień wcześniej terroryści poinformowali, że jeśli przed budynkiem zgaśnie światło, zaczną rozstrzeliwać zakładników.

5.35 Rozlega się wystrzał z miotacza granatów i w ślad za nim ogłuszający brzdęk tłukącego się szkła. Słychać serie ze strony zakładu położonego naprzeciwko służbowych wejść do teatru, z odległości mniej więcej 200 metrów słychać karabin maszynowy.

6.05 W radiu mówią: przedstawiciele sztabu operacyjnego informują, że otrzymali telefon od zakładnika. Poinformował on, że cierpliwość terrorystów się skończyła, zaczynają rozstrzeliwać ludzi. Według oficjalnej wersji cała strzelanina to sprawka terrorystów. Ale nie mamy żadnych wątpliwości: zaczął się szturm, z inicjatywy naszych sił. Na jakiś czas zapada cisza, z okna widać, że specnaz się przegrupowuje. Na plac przed głównym wejściem wjeżdża granatowy jeep ze zgaszonymi reflektorami. W środku ludzie w pełnym uzbrojeniu. Sądząc po mundurach, to „Witjaz" (jeden z oddziałów specnazu).

6.35 Przez plac w kierunku budynku biegnie grupa żołnierzy wojsk wewnętrznych – około sześciu-ośmiu osób. Podbiegają do głównego wejścia i zaczynają nogami i kolbami wybijać szkło. W tym samym czasie na plac wjeżdża sprzęt wojskowy, w tym również karetki pogotowia. Dosłownie minutę później podjeżdża transporter opancerzony stojący wcześniej na rogu Pierwszej Dubrowskiej i Mielnikowa. Zatrzymuje się około 120 metrów od wejścia do teatru. Wewnątrz budynku rozlegają się dwie eksplozje. W odpowiedzi karabin maszynowy z transportera opancerzonego wypuszcza serię. Widzimy, jak specnazowcy przez główne wejście wyprowadzają dwie kobiety. Nagle wewnątrz budynku rozbłyska mocne światło, rozlegają się serie z automatów. Dziesięciu specnazowców pada na trawę na prawo od budynku. Druga grupa żołnierzy synchronicznie pada z lewej strony placu przed teatrem. Mniej więcej w tym samym czasie rozlegają się dwa wybuchy wewnątrz budynku z białym odblaskiem – najwyraźniej to wybuchy granatów. Następnie grupy, rozproszone na parkingu, biegną przez plac do głównego wejścia.

6.40 Trzy wybuchy z czerwonym odblaskiem wewnątrz budynku oraz serie w odpowiedzi.

6.45 Nieduży oddział specnazowców z silnym reflektorem idzie po holu na parterze do tego skrzydła budynku, w którym znajduje się biblioteka.

6.47 Ze środka zaczynają w trzech miejscach wypadać szyby. Ktoś przecina plakat z ogromnym napisem „Nord-Ost", który zakrywał szklane ściany foyer na pierwszym piętrze.

6.50 Wywleczono kogoś przez główne wejście. Po kilku sekundach widzimy dwóch żołnierzy, którzy taszczą młodego człowieka w szarym swetrze. Kto to: przebrany terrorysta, zakładnik czy dziennikarz – nie wiemy.

7.00 Otwierają się szeroko drzwi głównego wejścia. Trzy land rovery oddziału Ministerstwa Sytuacji Nadzwyczajnych „Centropas" podjeżdżają do budynku. Puste autobusy przejechały ulicą Mielnikowa wprost pod naszymi oknami. Koło głównego wejścia znajdują się już dziesiątki osób, zewsząd krzyki: „dalej, dalej!". Z budynku dosłownie wypełza zakładniczka, wynoszą kogoś na ugiętych nogach. Wynoszą ciało, jeszcze jedno.

7.03 Słychać strzały. Wyprowadzają grupę ludzi. Wynoszą dziewczynę. A następnie – kilka ciał.

7.06 Ciała zaczynają wynosić już nie tylko specnazowcy, ale też ratownicy w białych kaskach. Składają je bezpośrednio przed głównym wejściem do budynku – jest ich tam już ponad 20. Po ubraniu widać, że to głównie kobiety, a raczej dziewczyny. Dzięki Bogu wyprowadzono kogoś żywego. Kilka karetek z rannymi opuszcza plac. Na placu z prawej zatrzymują się cztery autobusy, z naszego okna doskonale je widać. W tym samym czasie po lewej od głównego wejścia wciąż zrzucają ciała, są już ich dziesiątki, liczba trupów szybko rośnie. Mija jeszcze kilka minut – zajmują już całą przestrzeń; stopnie z lewej strony iskrzą się różnokolorowymi strojami, w które były ubrane zakładniczki. Zaledwie trzy dni temu kobiety te stroiły się, wybierając się do teatru. Miejsca mimo wszystko nie starcza i ciała rzucają już jedno na drugie. Nie wiemy, czy jest jeszcze jakakolwiek nadzieja, że ktokolwiek z tych ludzi jest żywy. Sądząc po tym, co widzimy, nie.

Z placu przed wejściem odjeżdża pierwszy autobus z uwolnionymi zakładnikami. Wyglądają strasznie – albo śpią, albo są nieprzytomni. Po kilku minutach z budynku wynoszą jakieś szmaty (może obrusy, zasłony) i zaczynają narzucać je na ciała.

Ciąg martwych ciał przed głównym wejściem wciąż się wydłuża. Odjeżdża jeszcze jeden autobus.

W tym samym czasie w telewizji informują, że jakiś członek sztabu operacyjnego ogłosił koniec szturmu: zakładnicy zostali uwolnieni, terroryści zabici. Ani słowa o ofiarach. Gdy ta informacja wybrzmiewa w telewizji, z teatru wynoszą jeszcze dwa ciała.

7.43–7.50 Jeszcze dwa autobusy z zakładnikami opuszczają plac. Zakładnicy mają sine twarze i otwarte usta.

7.50 Przed wejściem budują zasłaniające widok barierki.

8.00 Wasiljew, jeden z szefów sztabu operacyjnego, informuje, że zabitych zostało 36 terrorystów, w tym Mowsar Barajew. Mówi, że sztab był zmuszony rozpocząć szturm, po tym jak kilkoro zakładników próbowało uciec na własną rękę. Chwilę po tej informacji nasz kolega nagle krzyczy: „Oni wsadzają trupy do autobusów! Sami zobaczcie, spadają z siedzeń!". I przekazuje nam lornetkę. W tym samym momencie w telewizji korespondent NTW opowiada, że widzi przejeżdżające obok niego autobusy z zakładnikami – mówi, że mają sine twarze.

8.45 Na prawo od parkingu składają czarne worki z trupami terrorystów. Podjeżdża autobus, do którego zaczynają ładować ciała.

11.00 Wciąż wynoszą ciała z budynku teatru na Dubrowce. Nawet wtedy, gdy opuszczamy mieszkanie, kilka trupów wciąż leży na stopniach głównego wejścia.

OD SAMEGO POCZĄTKU dowodzący operacją przygotowywali się do silnej eksplozji jednej z bomb znajdujących się na sali widowiskowej. Ale podczas szturmu nie doszło do wybuchu. Gdy tylko do sali wpuszczony został gaz, który miał obezwładnić terrorystów, kobiety w pasach szahidów, zamiast wysadzić się razem z zakładnikami, po prostu zasłoniły twarze chustkami i położyły się na podłodze. Jednak żołnierze jednostki specjalnej mieli rozkaz, by zastrzelić wszystkich terrorystów. Dlatego nigdy już się nie dowiemy, dlaczego terroryści nie uruchomili zapalników.

Siergiej Szawrin opowiedział nam o tym decydującym momencie w ten sposób: „Gdy wchodziliśmy do sali, zobaczyliśmy »szahidkę«. Siedziała na krześle. Miała otwarte oczy, w rękach przewody, wystarczyło je tylko połączyć. Dlaczego tego nie zrobiła – nie wiem. Być może czekała na rozkaz. Miała czas”[11].

Już następnego dnia po szturmie stało się jasne, że specnaz przed atakiem wpuścił do sali fentanyl – środek używany jako anestetyk, narkotyk, którym miał nadzieję uśpić terrorystów. Fentanyl jest 300 razy silniejszy niż morfina, niemniej jednak zaczyna działać dopiero po dwóch minutach[12].

Nie mógł więc natychmiastowo uśpić terrorystów. Zdaniem Szawrina w sztabie operacyjnym zakładano, że szturm przeżyje niewielu zakładników. Obawiano się eksplozji, dlatego FSB postanowiła użyć gazu. Była to, z braku innych środków i możliwości, rozpaczliwa próba wsparcia specnazowców – niezależnie od tego, na ile efektywna byłaby ta pomoc. Sztab operacyjny uważał sytuację za beznadziejną, gotów był więc skorzystać ze wszystkich możliwych sposobów zmniejszenia strat. Skoro nie doszło do wybuchu, szturm uznano za sukces. W takiej chwili nie zastanawiano się nad następstwami zatrucia zakładników.

Na Dubrowce zginęło 130 zakładników. Tylko pięciu z nich z rąk terrorystów[13]. Władze przekonywały, że fentanyl to po prostu gaz spowalniający oddychanie, a duża liczba ofiar wynikała z wycieńczenia zakładników trzydniowym uwięzieniem. Jednak Pawieł Finogienow powiedział Irinie Borogan, że jego 32-letni brat, który zginął na Dubrowce, cieszył się świetnym zdrowiem: „Igor służył w OMON-ie i uczestniczył w szkoleniach, w trakcie których trzeba przejść strefę ataku chemicznego bez maski przeciwgazowej. Był w doskonałej formie”[14].

Nikt nie myślał o tym, jakie mogą być następstwa użycia gazu. Nie przygotowano szpitala polowego, nie było dość zapasów tlenu, lekarze nie mieli przygotowanej odpowiedniej ilości antidotum dla zatrutych gazem zakładników. Wkrótce stało się jasne, że nikt ze szturmujących nie otrzymał żadnych instrukcji odnośnie do użycia fentanylu. „Na poziomie sztabu prognozowano: będą straty, zabici i ranni, będzie strzelanina, będzie eksplozja, będzie wiele ofiar w ludziach. A tu co się wydarzyło? Szturm się odbył, nie było eksplozji i ponad 800 osób trzeba było wyprowadzić ze stanu zatrucia gazem. Na to nie byli gotowi – wspominał Szawrin. – Czekali na eksplozję. Myśleli, że przy życiu pozostanie mniej niż 10 procent zakładników".

Sztab operacyjny się przeliczył. FSB i inne służby specjalne nie sądziły, że groźba wysadzenia teatru w powietrze może się okazać blefem. Laboratorium FSB zaproponowało gaz, ale nikt nie pomyślał o skutkach jego działania. Sztab operacyjny był zajęty tylko jedną myślą – nie powtórzyć Budionnowska. Generałowie chcieli, by Putinowi udało się to, co w swoim czasie nie udało się Jelcynowi.

24 października, drugiego dnia po przejęciu teatru przez terrorystów, Michaił Leontjew, komentator polityczny Programu Pierwszego uważany za zaufanego człowieka Putina, powiedział w swoim programie: „Sens tego, co się dzieje, polega na tym – że wszyscy przez te siedem lat z kawałkiem płacimy za Budionnowsk. Za niewidzianą nigdzie na świecie hańbę politycznego porozumienia z bandytami. Kiedy ktoś mówi o pertraktacjach, niech policzy, iloma życiami w ciągu tych siedmiu lat zapłaciliśmy za Budionnowsk i Chasawjurt. I iloma jeszcze możemy zapłacić. Jesteśmy winni – wszyscy jesteśmy winni, że zasugerowaliśmy im myśl, że Budionnowsk można powtórzyć"[15].

Po szturmie tę samą mantrę powtórzył generał FSB, członek sztabu operacyjnego akcji na Dubrowce, Aleksandr Zdanowicz. 26 października dziennikarze poprosili go, by porównał akcje „Nort-Ost" i w Budionnowsku. Odpowiedział: „I w tamtym, i w tym wypadku siły specjalne przygotowane były do podjęcia zdecydowanych działań. Moim zdaniem wtedy [w Budionnowsku] zabrakło politycznej woli, zabrakło decyzji"[16].

Ci, którzy podawali w wątpliwość sukces operacji na Dubrowce, spotykali się z represjami. Echo Moskwy otrzymało oficjalne pismo z Ministerstwa Łączności i Mediów o możliwym zamknięciu stacji za emisję wywiadu z terrorystami. Na pewien czas został wyłączony kanał telewizyjny Moskowija. Reportaże telewizji NTW z miejsca wydarzeń skrytykował sam Władimir Putin[17]. W tym samym czasie pracownikom szpitali zakazano udzielać dziennikarzom informacji o stanie zatrutych gazem zakładników. Władze oficjalnie ogłosiły, że tylko niektóre szczegóły operacji zostaną ujawnione.

27 października, w niedzielę, następnego dnia po szturmie na teatr, autorzy tej książki, w tym czasie pracujący w tygodniku „Wiersija", zrozumieli, że informacje, które posiadają, nie mogą czekać cały tydzień na druk. Postanowili opublikować je na swojej stronie internetowej agentura.ru. W poniedziałek reportaż przedrukował znany włoski dziennikarz Giulietto Chiesa z gazety „La Stampa"[18].

W piątek 1 listopada, w dniu zsyłania do druku kolejnego numeru „Wiersii", do redakcji przyszli funkcjonariusze FSB z nakazem rewizji. Powiedzieli, że szukają źródeł informacji, które zostały wykorzystane w artykule Sołdatowa opublikowanym w maju, czyli pół roku wcześniej. Funkcjonariusze wynieśli z redakcji kilka komputerów oraz redakcyjny serwer, a kilku dziennikarzom wręczyli wezwania nakazujące stawienie się w FSB. W niedzielę do Sołdatowa zadzwonił funkcjonariusz Zarządu Śledczego FSB Aleksiej Gorczakow. Poinformował, że wzywa go na przesłuchanie.

CAŁY NASTĘPNY MIESIĄC autorzy tej książki oraz inni pracownicy „Wiersii" byli regularnie przesłuchiwani. To nie był łatwy czas, wciąż czuliśmy, że jesteśmy pod presją.

Nie mogliśmy swobodnie spotykać się z naszymi źródłami. Poza tym podczas przesłuchań wszystkim nam kazano podpisać klauzulę poufności.

Pod koniec listopada 2002 roku do Sołdatowa zadzwonił Władimir – major Zarządu FSB w Moskwie i Obwodzie Moskiewskim pracujący w wydziale do walki z terroryzmem. Chciał się pilnie spotkać. Sam wyznaczył miejsce: wejście do zoo na Krasnej Priesnie.

Władimir, wieloletnie cenne źródło informacji, spotkał się z Sołdatowem na przystanku autobusowym. Mimo mrozu odmówił wejścia do samochodu. Zaproponował spacer wokół zoo. „Posłuchaj, Andriej – powiedział Władimir – mamy z panem duży kłopot. Polecono mi przekazać, że FSB jest gotowa zamknąć dochodzenie, ale pod jednym warunkiem: jeśli zapomni pan o »Nord-Ost«".

Władimir nalegał na przerwanie dziennikarskiego śledztwa. Jednak wiele elementów operacji uwolnienia zakładników wciąż pozostawało niejasnych: nie wiedzieliśmy, kto wydał rozkaz użycia gazu ani czy wszyscy terroryści, którzy zaatakowali teatr na Dubrowce, zginęli podczas szturmu. Zamierzaliśmy badać wydarzenia na Dubrowce i wcale nie chcieliśmy kończyć naszego dziennikarskiego śledztwa.

Sołdatow zdziwił się, że o jego spotkaniach z Władimirem wie szefostwo FSB i że w sposób otwarty wykorzystuje Władimira do tego, żeby przekonać „Wiersiję", by odstąpiła od dalszego śledztwa. Tymczasem autorzy otrzymali informacje o tym, że liczba ofiar była prawdopodobnie znacznie wyższa niż oficjalnie podane 130 osób. Ale z powodu przesłuchań w FSB coraz trudniej było uzyskać nowe dane; nasze źródła bały się, że pracownicy „Wiersii" znajdują się pod stałą obserwacją.

Podczas spaceru wokół zoo Sołdatow stanowczo odmówił przerwania śledztwa. „Niech pan to rzuci, tam nie ma czego szukać i dla nikogo to nie jest ciekawe. Wygraliśmy!" – zaoponował

Władimir. Tłumaczył też, że operacja została okrzyknięta zwycięstwem, żeby zapobiec podobnym atakom w przyszłości. Wyjaśniał, dlaczego FSB nie chce podać dokładnej liczby ofiar. „Andriej – mówił – pan przecież wie, że według kodeksu szahidów, jeśli zamachowiec zabrał ze sobą sześć osób, to zwyciężył".

Władimir uprzedził Sołdatowa, że jeśli nie przerwie swojego śledztwa, będzie bez końca wzywany na przesłuchania. W odpowiedzi Sołdatow orzekł, że w takim wypadku każde przesłuchanie będą opisywać w prasie jego przyjaciele dziennikarze, więc w konsekwencji w trudnej sytuacji znajdzie się nie tylko on sam, ale również FSB. I na tym właśnie się skończyło: FSB wciąż wzywała Sołdatowa na przesłuchania, a dziennikarze wciąż o nich pisali[19]. W końcu po kilku tygodniach zostawiono Sołdatowa w spokoju, a FSB oddała komputery „Wiersii". Nikt jednak nie poinformował Sołdatowa, czy jego sprawa została zamknięta.

Minęły tygodnie od szturmu – Kreml świętował zwycięstwo nad terroryzmem i nagradzał generałów, którzy zaplanowali operację. Najwyższą z możliwych nagród, tytułem Bohatera Federacji Rosyjskiej, zostali uhonorowani dyrektor FSB Nikołaj Patruszew, jego zastępca Władimir Proniczew dowodzący operacją z ramienia FSB oraz Aleksandr Tichonow, szef Centrum Specjalnego Przeznaczenia FSB. Jednocześnie szef Zarządu FSB w Moskwie i Obwodzie Moskiewskim został awansowany[20]. Komentując swoje decyzje, władze przekonywały, że służby specjalne, osłabione w latach 90., teraz potrzebują wsparcia, a nie krytyki.

MIMO WSZYSTKICH PRÓB podjętych przez władze, by pokazać, że szturm na „Nord-Ost" był zwycięstwem, w rzeczywistości operacja ta pokazała przerażające nieprzygotowanie służb specjalnych do tego typu zadań. Szturm na teatr na Dubrowce, który pociągnął za sobą bardzo dużą liczbę ofiar, pokazał katastroficzną niezdolność rosyjskich służb specjalnych do efektywnego działania w ekstremalnej sytuacji porwania zakładników.

13. BIESŁAN

ZEGAR NIE DZIAŁA

W CIĄGU DWÓCH LAT od wzięcia zakładników w teatrze na Dubrowce bojownicy przeprowadzili serię zakończonych sukcesem zamachów terrorystycznych na Kaukazie Północnym. Służby specjalne znów pokazały, że są niezdolne do szybkiego i efektywnego reagowania w sytuacji kryzysowej.

Pierwszy zamach miał miejsce 21 czerwca 2004 roku, gdy do miast Nazrań i Karabułak w Inguszetii wdarło się ponad dwustu bojowników[1]. Napastnicy działali w grupach po 20-30 osób. Zaatakowali 15 budynków władz, w tym siedzibę 503. pułku pancernego, budynki MSW, bazę oddziału przygranicznego FSB, magazyn wojskowy i miejscowe oddziały milicji. Bojownikami znów dowodził Szamil Basajew[2]. Głównym celem stali się funkcjonariusze resortów siłowych. Bojownicy w mundurach moro i w maskach zatrzymywali ludzi na ulicach, żądając dokumentów i rozstrzeliwując na miejscu tych, przy których znajdowali zaświadczenia, że są pracownikami służb.

Według oficjalnych danych bojownicy zabili 62 pracowników organów siłowych, wśród których byli minister spraw wewnętrznych Inguszetii, dwóch prokuratorów i dziewięciu oficerów miejscowego zarządu FSB[3]. Najazd był świetnie skoordynowany: w tym czasie, gdy główne siły przeczesywały Nazrań i Karabułak w poszukiwaniu pracowników resortów siłowych, 35 bojowników skierowało się do składu broni MSW w Nazraniu, gdzie przejęli 1500 kałasznikowów i sporą liczbę amunicji. Po zajęciu ciężarówek należących do milicji napastnicy załadowali je bronią i opuścili obiekt. Załadunek zajął im trzy-cztery godziny – przez cały ten czas bojownicy kontynuowali atak na obiekty wojskowe. Najazd trwał nie więcej niż pięć godzin. Tymczasem wojska federalne dotarły do Nazrania dopiero następnego dnia, już po zakończeniu walk.

Najazd na Nazrań otworzył nowy rozdział konfrontacji na Kaukazie Północnym. To był pierwszy od wielu lat atak dużej grupy bojowników poza granicami Czeczenii. Akcja była wymierzona przeciwko organom państwa, przede wszystkim FSB, a siły federalne straciły kontrolę nad rejonem na niemal cały dzień. W sytuacji gdy wielu Rosjan myślało już, że druga wojna czeczeńska to przeszłość, atak na Nazrań stał się wyzwaniem rzuconym rosyjskim służbom specjalnym. Tym bardziej że Kremlowi bardzo zależało w tym czasie, by udowodnić, że wojna rzeczywiście się skończyła i że wystarczy policyjna operacja pod auspicjami MSW, aby utrzymać porządek w Czeczenii. FSB – podobnie jak armia – kontynuowała wprawdzie operacje specjalne, ale za porządek w republice miało odpowiadać MSW.

W ZWIĄZKU ZE ZMIANAMI KOMPETENCJI POSZCZEGÓLNYCH SŁUŻB sytuacja na Kaukazie Północnym była w tym czasie wyjątkowo skomplikowana – na jednym terytorium działały jednocześnie oddziały MSW i Głównego Zarządu Wywiadowczego, regionalne zarządy FSB oraz w mniejszym stopniu inne oddziały kontrolowane przez moskiewską centralę FSB. Komunikacja między nimi była albo bardzo słaba, albo nie było jej wcale[4]. W sierpniu Kreml próbował naprawić tę sytuację. W każdym rejonie Okręgu Południowego zostały utworzone tak zwane Grupy Operacyjnego Zarządzania (GrOU). Łącznie powstało ich 12. Dowodzili nimi oficerowie wojsk wewnętrznych MSW w randze pułkowników. Każdy z 12 pułkowników automatycznie otrzymywał stanowisko pierwszego zastępcy szefa komisji antyterrorystycznej. Przewodniczącym zazwyczaj jest szef administracji regionalnej. 16 sierpnia Władimir Putin osobiście przyjął pułkowników na Kremlu. Grupy te były bezpośrednio podporządkowane MSW. Ich zadaniem była koordynacja wspólnych działań dowódców pochodzących z różnych resortów siłowych w przypadku ataku terrorystycznego w regionie[5]. W razie wzięcia zakładników albo napadu bojowników dowódca GrOU automatycznie stawał się szefem sztabu operacyjnego i miał prawo podejmować decyzje bez uzgadniania ich z Moskwą. Utworzenie 12 grup oznaczało przeniesienie odpowiedzialności ze struktur federalnych na poziom regionalny.

W latach 90. wszystkie decyzje w czasie poważnych ataków terrorystycznych podejmowane były przez władze w Moskwie[6]. Celem nowego systemu miała być decentralizacja działań antyterrorystycznych. (Kreml nie ujawnił nazwisk pułkowników, żeby zdjąć z nich odpowiedzialność przed społeczeństwem w przypadku fiaska tej czy innej operacji).

24 sierpnia 2004 roku o godzinie 21.35 oraz 22.30 z moskiewskiego lotniska Domodiedowo wystartowały dwa samoloty – Tu-134 i Tu-154 – realizujące rejsy krajowe. Około godziny 23.00 oba samoloty praktycznie jednocześnie eksplodowały kilkaset kilometrów od siebie. W obydwu katastrofach zginęło łącznie 89 osób. Już następnego dnia było jasne, że samoloty wysadziły dwie terrorystki samobójczynie.

31 sierpnia kolejna terrorystka samobójczyni wysadziła się niedaleko centrum Moskwy, w pobliżu stacji metra Riżskaja. Zginęło dziesięć osób, 51 zostało rannych. Później się okazało, że wszystkie te zamachy terrorystyczne służyły jedynie

temu, by odwrócić uwagę służb specjalnych od zamachu terrorystycznego o znacznie większej skali, zaplanowanego na dzień następny.

1 WRZEŚNIA 2004 ROKU ponad 40 terrorystów, uzbrojonych w pistolety automatyczne i miotacze granatów – zdobycze z najazdu na Inguszetię – napadło na szkołę w mieście Biesłan w Osetii Północnej. Wzięli ponad 1100 zakładników, w tym 770 dzieci[7].

Kilka godzin po zajęciu szkoły terroryści rozstrzelali ponad dziesięć osób – wyłącznie dorosłych mężczyzn – i wyrzucili ich ciała z okien szkoły. Przez pierwsze dwa dni terroryści żądali od władz, by pertraktacje prowadzili prezydenci Inguszetii i Osetii Północnej oraz lekarz dziecięcy Leonard Roszal. Każdemu z negocjatorów, który wychodził ze szkoły, pozwalali zabrać ze sobą kilkoro zakładników, demonstrując w ten sposób gotowość do rozmów. Terroryści pozwolili m.in. wejść do szkoły byłemu prezydentowi Inguszetii Rusłanowi Auszewowi i jako znak dobrej woli wypuścili 26 osób.

Bojownicy jednak odmówili rozmów z dziennikarzami, ogłaszając, że ci mogą być informatorami FSB. (Znaną dziennikarkę Annę Politkowską mogli wpuścić do szkoły, ale 1 września została – jak uważała ona sama i jej koledzy z redakcji „Nowej Gaziety" – celowo zatruta w samolocie do Biesłanu. Wyniki jej badań zniknęły z kliniki, do której trafiła, co tylko wzmacnia podejrzenia o uczestnictwo służb specjalnych w tym incydencie)[8].

3 września, w piątek, trzeciego dnia po ataku, nic nie zapowiadało szturmu. Kordon wokół szkoły nadal nie był szczelny, czekano na nowoczesny sprzęt z Moskwy. Przed świtem pojawiła się informacja, że terroryści są gotowi zezwolić lekarzom zabranie ciał rozstrzelanych zakładników, które dwa dni przeleżały na trawie przed szkołą. Bojownicy pozwolili czterem lekarzom z Ministerstwa ds. Sytuacji Nadzwyczajnych podjechać pod szkołę karetką. W tym momencie, zupełnie

niespodziewanie, w szkolnej sali sportowej, gdzie trzymano zakładników, rozległy się dwie eksplozje.

Był 3 września, godzina 13.05.

WYBUCH PRAKTYCZNIE ZERWAŁ dach nad salą gimnastyczną i zburzył część jednej ze ścian. Dzieci w panice zaczęły wybiegać z sali. Gdy terroryści zaczęli do nich strzelać, specnaz nie miał wyjścia – zaczął szturm szkoły.

Oficerowie Centrum Specjalnego Przeznaczenia FSB, szkoleni do akcji odbijania zakładników, okazali się nieprzygotowani na tak gwałtowny rozwój wydarzeń. I choć w Biesłanie była wystarczająca liczba żołnierzy specnazu, dwie grupy szturmowe z dziesięciu znajdowały się 30 kilometrów od miasta, gdzie w budynku identycznym jak szkoła w Biesłanie ćwiczyły szturm[9]. Część oficerów Centrum Specjalnego Przeznaczenia, którzy znajdowali się akurat obok szkoły, nie miała nawet na sobie kamizelek kuloodpornych. Mimo to biegli w kierunku sali gimnastycznej. Zginęło dziesięciu oficerów – to największe straty Centrum Specjalnego Przeznaczenia w całej historii jego istnienia.

Operacja specjalna szybko przekształciła się w miejską bitwę. Miejscowi ochotnicy, w większości ojcowie albo krewni zakładników, wynosili z budynku dzieci na rękach. Inni z bronią w rękach biegli w kierunku szkoły. Około 14.00 jeden z nich krzyknął: „Potrzebna jest amunicja myśliwska – znajdźcie ją!". W tym czasie walki przeniosły się również poza teren szkoły. Ktoś strzelał, ktoś, zorientowawszy się, że terroryści mogą próbować się ukryć, zaczął ich zatrzymywać. Na naszych oczach dwójka miejscowych ochotników złapała kobietę, którą wzięli za terrorystkę – od linczu uratowało ją tylko nagłe pojawienie się jej męża.

Po trzech godzinach trudne do identyfikacji grupy uzbrojonych ludzi kontynuowały polowanie na siebie nawzajem wokół szkoły. Mniej więcej o godzinie 17.00 udało się nam przedostać bezpośrednio do niej – znaleźliśmy się wśród dziesiątek Osetyjczyków. Strzelanina w szkole i wokół wciąż trwała. W tym czasie państwowe kanały telewizyjne w Moskwie informowały o zakończeniu szturmu. O godzinie 18.00 Sołdatow zadzwonił do radia Echo Moskwy – i akurat w tej samej chwili rozległa się kolejna eksplozja. „Co się dzieje? – zabrzmiało w telefonie. – Powiedziano nam, że operacja już dawno się skończyła. Co to był za dźwięk?".

W rzeczywistości ostatnia eksplozja miała miejsce o godzinie 23.15 – wybuchł pocisk z czołgu, który strzelał do trzech ostatnich bojowników ukrywających się w szkolnej piwnicy.

Ostatecznie w ciągu trzech dni zginęło 334 zakładników. Wśród nich 186 dzieci.

To była katastrofa.

WYDARZENIA W BIESŁANIE okazały się bezwzględnym sprawdzianem zdolności rosyjskich służb specjalnych do działania w warunkach ataku terrorystycznego, w którym zostaje zatrzymana duża grupa zakładników. Do przeprowadzenia operacji antyterrorystycznej zostały ściągnięte wszystkie elitarne oddziały specjalne, ale ich działania przypominały pracę zepsutego zegara: wszystkie elementy wydają się sprawne, każdy z osobna działa, ale cały mechanizm zawodzi.

Od chwili ataku na szkołę w Biesłanie było jasne, że to katastrofa, która będzie miała międzynarodowy rezonans. Jednak obawiając się odpowiedzialności za możliwą wpadkę, generałowie FSB w Moskwie świadomie próbowali przedstawić całe wydarzenie jako lokalny kryzys. Według nowych zasad, ustanowionych w toku dopiero co przeprowadzonej reorganizacji, kierować operacją specjalną powinien dowódca jednej z 12 grup zarządzania operacyjnego. Jednak na czele operacji stanął szef FSB Osetii Północnej Walerij Andriejew.

Tymczasem wkrótce po zamachu Putin wysłał do Biesłanu dyrektora FSB Nikołaja Patruszewa i ministra spraw wewnętrznych Raszyda Nurgalijewa. Jednak opuścili oni republikę, korzystając z pierwszej okazji[10]. Obaj wysoko postawieni urzędnicy nie dojechali nawet do miasta. Wylądowali na lotnisku – i stąd odlecieli do Moskwy[11].

Szkołę terroryści zajęli o godzinie 8.00, a do południa szefowie FSB i MSW już zdążyli dolecieć do Biesłanu i wrócić z powrotem do Moskwy, gdzie czekał na nich prezydent Putin[12]. „Nie spotkałem Nurgalijewa i Patruszewa w Biesłanie" – powiedział później dowodzący operacją Walerij Andriejew. Kwestia ta – czy Nurgalijew i Patruszew byli w Biesłanie – poruszona została na posiedzeniu Sądu Najwyższego Osetii Północnej w trakcie procesu jedynego pozostałego przy życiu terrorysty Nurpasziego Kułajewa 15 grudnia 2005 roku[13].

Rok po tej tragedii, 2 września 2005 roku, Władimir Putin spotkał się z członkami komitetu Matki Biesłanu. Na spotkaniu zadano mu pytanie: „Dlaczego 1 września nie pojawili się w Biesłanie Patruszew i Nurgalijew, którzy byli już na lotnisku i odlecieli?(...) Dlaczego któryś z nich nie został?". Putin odpowiedział: „Tak bywa: zbyt wielu generałów przeszkadzałoby sobie nawzajem. Dlatego odlecieli"[14].

Ale najgorsze ze wszystkiego było to, że utworzono dwa sztaby operacyjne: pierwszy, oficjalny, na którego czele stał Andriejew, szef FSB Osetii Północnej. W drugim znajdowali się generałowie z Moskwy. Dwóch zastępców dyrektora FSB Władimir Proniczew i Władimir Anisimow oficjalnie zostało mianowanych „konsultantami" Andriejewa, przy czym zakres ich pełnomocnictw nie został w żaden sposób określony. Na posiedzeniu sądu 15 grudnia 2005 roku Andriejew wspomniał, że dyrektor FSB Patruszew powiedział mu, że zadaniem Proniczewa jest „niesienie praktycznej pomocy w trakcie prowadzenia operacji antyterrorystycznej". Nikt nie udzielił informacji, na czym polegała ta misja.

Bojąc się wywołać irytację miejscowej ludności, zwierzchnicy resortów siłowych nie otoczyli szczelnym kordonem opanowanej przez terrorystów szkoły. W konsekwencji doprowadziło to do spontanicznego szturmu, który był zaskoczeniem zarówno dla terrorystów, jak i dla specnazu.

Jednak to właśnie miejscowi mieszkańcy okazali się najlepiej przygotowani na katastrofalny finał: oni jako pierwsi mobilizowali ludzi i samochody do ewakuacji zakładników z płonącego budynku szkoły. To jeszcze jeden dowód, że sztab operacyjny nie był zdolny do przeprowadzenia operacji ratunkowej.

W Biesłanie w ciągu tych tragicznych dni znajdowało się kilku wysoko postawionych zwierzchników resortów siłowych, wśród nich dwóch zastępców dyrektora FSB oraz grupa generałów, w tym Aleksandr Zdanowicz, którego autorzy tej książki spotkali 3 września w pobliżu sztabu operacji antyterrorystycznej. Mimo nadzwyczajnego stężenia generalskich gwiazdek w mieście panowało poczucie, że sztabowi operacyjnemu brakuje pełnomocnictw i zamiast zaplanowanej operacji uwolnienia zakładników w Biesłanie miał miejsce wymuszony szturm szkoły i bezładne walki uliczne, które skończyły się dopiero wiele godzin później, gdy do akcji wkroczyły czołgi. Wszystko to wyglądało tak, jakby operacja uwolnienia zakładników odbyła się spontanicznie i bez jakiegokolwiek dowodzenia.

O godzinie 14.00, gdy strzelanina trwała już ponad godzinę, zobaczyliśmy nagle Eduarda Kokojty, prezydenta Osetii Południowej, który rozkazywał rosyjskim żołnierzom, by wystawili wokół szkoły warty, uniemożliwiając terrorystom ucieczkę z miasta[15]. A więc również prezydent sąsiedniego regionu należącego do Gruzji był jednym z tych, którzy w chwili szturmu podejmowali w Biesłanie decyzje.

BIESŁAN STAŁ SIĘ OKRUTNĄ i krwawą demonstracją bezsilności szefostwa rosyjskich służb specjalnych, ich niezdolności do użycia efektywnych środków w sytuacji kryzysowej i niechęci do ponoszenia odpowiedzialności. Trzy koszmarne dni chaosu i anarchii kosztowały życie – przypomnijmy – 334 zakładników, w tym 186 dzieci.

14. WIĘCEJ GENERAŁÓW

ZAGROŻENIE TERRORYSTYCZNE I ODPOWIEDŹ KREMLA

PO ZAMACHACH na teatr na Dubrowce i szkołę w Biesłanie krewni ofiar, dziennikarze, politycy i organizacje społeczne wzywali do przeprowadzenia parlamentarnego dochodzenia w sprawie tych aktów terroru oraz działań służb specjalnych. Była wśród nich Irina Chakamada, wiceprzewodnicząca Dumy Państwowej i jedna z liderek opozycyjnego Sojuszu Sił Prawicowych (SPS), jedna z osób, z którymi terroryści z Dubrowki zgodzili się rozmawiać. „Wie pan, wydawało mi się, że ci terroryści samobójstwo mieli nie tyle w słowach, ile w oczach – opowiadała po zamachu. – Popatrzyłam im w oczy i poczułam, że oni rzeczywiście są gotowi na śmierć". Chakamada nalegała, żeby wypuścili dzieci: „Zaczęłam ich przekonywać, wyjaśniać, że dzieci nie mają z tym nic wspólnego... Wydawało mi się nawet, że jednego z nich udało mi się zmiękczyć: widziałam, że jego oczy rozbłysły, zaczął mi opowiadać, że on też ma małe dzieci... Ale w tym momencie przyszedł ich dowódca i urwał: – Koniec, proszę mnie nie drażnić swoimi prośbami!"[1].

Po szturmie na teatr i śmierci 130 zakładników, z których większa część zatruła się użytym przez FSB gazem, Chakamada i inni deputowani z SPS nalegali na parlamentarne śledztwo. Borys Niemcow, kolejny lider SPS, miał nadzieję, że dzięki takiemu dochodzeniu uda się odpowiedzieć na trzy podstawowe pytania: W jaki sposób uzbrojeni bandyci znaleźli się w centrum Moskwy? Na ile pomoc medyczna udzielona uwolnionym zakładnikom była adekwatna i na ile odpowiadała dzisiejszym możliwościom? Dlaczego władze ukrywają informacje na ten temat? „Nikogo nie oskarżamy, ale śledztwo jest konieczne – prowadzone zarówno przez organy państwa, jak i parlamentarne" – tłumaczyła Irina Chakamada[2]. Ale tylko 44 z 441 deputowanych poparło jej postulat. Lider prokremlowskiej większości Wiacesław Wołodin nazwał propozycję Chakamady „niestosowną". Powiedział: „Każdy podobny krok, przedsięwzięty przed oficjalnym zakończeniem dochodzenia w sprawie przyczyn i okoliczności zamachu terrorystycznego, można uznać wyłącznie za powód do autoreklamy i próbę wzmocnienia własnej pozycji politycznej pasożytującą na ludzkiej tragedii"[3].

Inicjatywa ta upadła również dlatego, że nie poparło jej Jabłoko, jeszcze jeden demokratyczny klub w Dumie Państwowej. 29 października Putin zaprosił lidera Jabłoka Grigorija Jawlinskiego na Kreml i podziękował za wsparcie okazane władzom podczas wydarzeń na Dubrowce: „Jest pan jednym z tych, którzy brali udział w wydarzeniach, odegrał pan nader pozytywną rolę, ale w odróżnieniu od innych nie wykorzystał pan tego PR-owo"[4].

Wobec klęski inicjatywy parlamentarnej SPS postanowił powołać własną komisję śledczą. Przez kilka dni przesłuchiwała ona uczestników wydarzeń i ekspertów. Rezultaty dochodzenia zostały opublikowane 20 listopada 2002 roku – skupiały się głównie na medycznych aspektach użycia fentanylu. Jeden z ratowników opowiadał: „Nikt nas nie uprzedził, co zobaczymy tam w środku. Wiedzieliśmy po prostu, że będzie wielu poszkodowanych. O tym, że został tam użyty gaz i należy wziąć ze sobą chociażby środki ochrony indywidualnej, właściwie nikt nam nie powiedział. Zmuszeni byliśmy sami ocenić stan poszkodowanych".

W podsumowaniu komisja śledcza napisała: „Główną przyczyną znacznego wzrostu liczby ofiar wśród zakładników uratowanych podczas szturmu było niedbalstwo osób odpowiedzialnych za organizację pierwszej pomocy, za transport poszkodowanych do szpitali, a także koordynację akcji ratowniczej po szturmie". Wśród konkretnych przyczyn śmierci ludzi wyniesionych z teatru specjaliści wymienili m.in. nieprawidłowe ułożenie ciał poszkodowanych – na plecach zamiast na boku albo na brzuchu, co powodowało śmierć przez uduszenie w rezultacie zapadnięcia języka i zachłyśnięcia wymiocinami[5].

Władze wszczęły śledztwo w sprawie zamachu. Ale dotyczyło ono przygotowań do niego, a nie tego, czy służby specjalne oraz inne organy władzy zadziałały prawidłowo. Rodziny ofiar robiły wszystko, co tylko możliwe, żeby wyjaśnić, co się w rzeczywistości wydarzyło. Nadaremnie. Próbując wymusić jakąkolwiek reakcję państwa, bliscy ofiar zwrócili się do sądu z powództwem o wypłacenie im odszkodowań. Oskarżono ich więc o próbę wzbogacenia się na tragedii. Ostatecznie nie udało się im wywalczyć niczego poza rekompensatą równą wartości rzeczy należących do ofiar.

Paweł Finogienow, którego brat umarł zatruty gazem, powiedział Irinie Borogan: „Władza nie robi niczego, żeby dać nam choć krztynę informacji o tym, dlaczego nasi bliscy zginęli i kto jest temu winny". Dlatego Finogienow i jeszcze kilku innych krewnych ofiar zamachu zwrócili się do Europejskiego Trybunału Praw Człowieka w Strasburgu. „Administracja prezydenta mocno naciska na prokuraturę oraz wszystkich ludzi zaangażowanych w dochodzenia dotyczące zamachu – opowiadał Finogienow. – Główna wytyczna to nikomu nie udzielać żadnych informacji".

Jednak w lipcu 2008 roku Trybunał w Strasburgu uległ prośbie Rosji i podjął decyzję o ograniczeniu dostępu do materiałów związanych z zamachem na Dubrowce. Rodziny ofiar „Nord-Ostu" utworzyły więc swoją własną komisję śledczą. Doszła ona do następującego wniosku: „Brak bezstronnej oceny działań służb specjalnych, organizacji i przeprowadzenia akcji ratunkowej, ukrycie ważnych dla dochodzenia faktów dotyczących tego, co wydarzyło się w teatrze na Dubrowce, doprowadziły być może do jeszcze straszniejszej tragedii w Biesłanie"[6].

Nacisk społeczeństwa oraz mediów okazały się niewystarczające, żeby wymusić przeprowadzenie prawdziwego dochodzenia w sprawie zamachu na Dubrowce oraz wyjaśnić, kto podjął decyzję o użyciu gazu i ponosi odpowiedzialność za śmierć zakładników. Ani służby specjalne, ani Kreml nie chcieli takiego dochodzenia – więc do niego nie doszło.

PRZEZ DWA LATA po wydarzeniach w Biesłanie sytuacja rozwijała się według tego samego scenariusza. Nie zważając na wezwania do przeprowadzenia parlamentarnego śledztwa, 7 września 2004 roku na specjalnej konferencji prasowej Władimir Putin powiedział, że wystarczające będzie wewnętrzne dochodzenie. Na pytanie o śledztwo parlamentarne odpowiedział: „Śledztwo takie może się stać kolejnym politycznym show"[7].

Ale masowe protesty w Osetii Północnej wymusiły na Putinie zgodę na utworzenie komisji Rady Federacji do przeprowadzenia śledztwa w sprawie okoliczności zamachu terrorystycznego w Biesłanie. Na początku była mowa o niedużej grupie senatorów, ale przewodniczący Dumy Państwowej Boris Gryzłow ogłosił utworzenie oddzielnej komisji parlamentarnej. Ostatecznie 20 września powstała komisja mająca w składzie 11 senatorów i 10 deputowanych Dumy. Na jej czele stanął Aleksandr Torszyn, zastępca przewodniczącego Rady Federacji, a w przeszłości funkcjonariusz partyjny. Sprawozdanie komisji zostało ogłoszone dopiero po dwóch latach, w grudniu 2006 roku. W znacznym stopniu powtarzało oficjalną wersję wychwalającą wszystkie przeprowadzone przez władze reformy systemu walki z terrorem.

Komisja doszła do wniosku, że służby specjalne działały prawidłowo i podjęły „konieczne środki do zachowania zdrowia i życia zakładników oraz by zminimalizować następstwa aktu terrorystycznego". Jedynym błędem, który wykryła komisja, były mankamenty pracy sztabu operacyjnego, do którego nie weszli prezydent Osetii Północnej, przewodniczący parlamentu oraz minister spraw wewnętrznych republiki. W raporcie skrytykowano też „komunikację ze społeczeństwem".

Ale rodziny ofiar Biesłanu nie ustawały w żądaniu niezależnego dochodzenia oraz ukarania winnych funkcjonariuszy specsłużb. We wrześniu 2005 roku, rok po biesłańskiej tragedii, Putin zaprosił na spotkanie do Moskwy pięcioro krewnych zabitych zakładników. Rozmowa z prezydentem trwała 2 godziny 45 minut. Jak powiedzieli później uczestnicy spotkania, zapytali oni Putina, czy za to, co się stało, powinien odpowiedzieć dyrektor FSB Patruszew, minister spraw wewnętrznych Nurgalijew oraz struktury siłowe jako takie. Jeden z zaproszonych, Azamat Sabanow, zadał wprost Putinowi pytanie, czy szefowie służb specjalnych nie powinni się podać do dymisji. Putin przyznał, że po ludzku powinni to zrobić. „Jeśli ja bym był na ich miejscu, tak bym zrobił" – odpowiedział. Jednak ani Patruszew, ani Nurgalijew nie zostali pozbawieni stanowisk.

Annieta Gadijewa, jeszcze jedna uczestniczka spotkania, zainteresowała się, czy został zwolniony Walerij Andriejew, który w czasie wydarzeń w Biesłanie stał na czele sztabu operacyjnego. „Odwołał pan Andriejewa ze stanowiska?" – zapytała. „Tak. Odsunęliśmy go od pracy operacyjnej". Dziewczyna drążyła dalej: „Dlaczego w takim razie awansowano go na wyższy stopień i dano nowe stanowisko? Jest teraz zastępcą rektora w Akademii FSB. Czego on może nauczyć?". Gdy kolejny rozmówca podniósł kwestię losu Andriejewa, Putin odpowiedział krótko: „Zajmę się tym". Jednak mimo nacisków ze strony społeczeństwa ani jeden z funkcjonariuszy służb specjalnych nie został ukarany za oczywiste uchybienia w koordynacji działań służb specjalnych podczas szturmu na szkołę w Biesłanie.

26 grudnia 2005 roku zastępca prokuratora generalnego Nikołaj Szepiel ogłosił, że prowadzone przez prokuraturę dochodzenie w sprawie Biesłanu nie wykazało żadnych błędów w działaniach służb specjalnych[8]. Ale ludzi, szczególnie z Osetii Północnej, wyniki śledztwa wcale nie uspokoiły. Dla wyciszenia nastrojów władze zastosowały taktykę kozłów ofiarnych. Do tej roli zostali wytypowani trzej oficerowie miejscowej milicji: Mirosław Ajdarow, Tajmuraz Murtazow i Guram Drjajew. Wszyscy zostali oskarżeni o przestępcze zaniedbania, ale wyszli na wolność w ramach amnestii w maju 2007 roku[9].

W CZERWCU 2007 ROKU w Narodowym Komitecie Antyterrorystycznym (NAK) utworzona została specjalna grupa, której celem miało być „przeciwdziałanie ideologii terroryzmu". 24 kwietnia 2008 roku ówczesny dyrektor FSB oraz szef NAK Nikołaj Patruszew zatwierdził plan pracy nowego wydziału. Znaleźliśmy kopię tego dokumentu, który ogólnie nakreślał podstawowe zasady pracy służb specjalnych od 2008 do 2012 roku. Plan ten mówił m.in. o specjalnych szkoleniach o kryptonimie „Bastion" przeznaczonych dla dziennikarzy opisujących zamachy terrorystyczne oraz działania jednostek antyterrorystycznych.

Naszym zdaniem ów kurs stworzony przez służby specjalne to nic innego jak pranie mózgów i próba ograniczenia możliwości pracy dziennikarzy w miejscu zamachów terrorystycznych oraz w strefie przeprowadzania operacji specjalnych. W Ministerstwie Spraw Wewnętrznych oficjalnie ogłoszono, że dziennikarze, którzy nie przeszli tego szkolenia, mogą zostać niewpuszczeni do stref, gdzie przeprowadza się operacje specjalne, ponieważ liczba akredytacji dziennikarskich jest ograniczona i będą priorytetowo przyznawane uczestnikom kursów „Bastion".

Plan zatwierdzony przez Patruszewa tylko potwierdził nasze podejrzenia. Zgodnie z tym dokumentem służby specjalne powinny „wystawić opinię końcową przedstawicielom mediów, którzy ukończyli szkolenie na kursach »Bastion« oraz wręczyć odpowiednie świadectwo, które będzie stanowić podstawę do akredytacji dziennikarza przy sztabie operacyjnym w przypadku przeprowadzenia operacji antyterrorystycznej". Przeczy to rosyjskiej ustawie o mediach, w której nie wspomina się o jakichkolwiek szkoleniach jako warunku otrzymania akredytacji dziennikarskiej.

Dokument ten zawiera również polecenie dla FSB, SWR, Ministerstwa Obrony i innych resortów, by udzielały adekwatnej odpowiedzi na „akcje o charakterze antyrosyjskim" przeprowadzane za granicą przez propagandowe centra organizacji terrorystycznych, w tym również niedopuszczenie do powstania w Berlinie Międzynarodowego Społecznego Trybunału do spraw Zbrodni Wojennych w Czeczenii. Pomysł powołania takiego trybunału przedstawili posłowie niemieckiego parlamentu w połowie pierwszej dekady XXI w.[10]

W CIĄGU DWÓCH dziesięcioleci szefostwo służb specjalnych zwykło zrzucać odpowiedzialność za działania bojowników i terrorystów na Kaukazie Północnym na jakieś siły zewnętrzne, czy to Al-Kaidę, arabskich ekstremistów, czy to wywiady obcych państw udzielających pomocy rebeliantom.

Po zamachach terrorystycznych z 11 września 2001 roku dyrektor FSB ogłosił, że Czeczenia to drugi front walki z Al-Kaidą i że najbardziej krwawe zamachy terrorystyczne finansowane są przez Arabów[11].

Dwóch znanych arabskich bojowników walczących w Czeczenii Emira Chattaba oraz Abu Al-Walida oskarżono o organizację wybuchów domów w Moskwie we wrześniu 1999 roku[12]. FSB poinformowała, że Abu Al-Walid otrzymał 4,5 miliona dolarów za zamach terrorystyczny w moskiewskim metrze w 2004 roku[13]. W październiku 2004 roku sekretarz prasowy FSB na Kaukazie Północnym poinformował, że Al-Kaida i Bractwo Muzułmańskie są główną przyczyną napięć w Czeczenii[14].

Koncentracja służb specjalnych na wrogu zewnętrznym jako głównej przyczynie aktywności terrorystów nie wytrzymuje krytyki. Arabowie rzeczywiście byli obecni w Czeczenii, ale zawsze jako podwładni czeczeńskich dowódców. To Szamil Basajew opracował taktykę stosowaną przez terrorystów w Rosji. Wojna partyzancka bez wątpienia była jego żywiołem, jednak najbardziej rozkwitł podczas operacji, których celem było wzięcie zakładników.

Gdy w listopadzie 1991 roku prezydent Dżochar Dudajew ogłosił niepodległość Czeczenii, Borys Jelcyn wprowadził w republice stan wyjątkowy i postawił wojska przy granicy z republiką. W odpowiedzi Basajew (miał wtedy 26 lat) z dwoma kolegami porwał samolot lecący do miasta Mineralne Wody, rozkazał pilotom obrać kurs na Ankarę i ogłosił, że wysadzi samolot, jeśli stan wyjątkowy nie zostanie odwołany. Po wylądowaniu w Turcji obyło się bez ofiar, a Basajewowi pozwolono wrócić do Czeczenii.

W ciągu kolejnych 15 lat Szamil Basajew maczał palce w wielu zamachach terrorystycznych. I to tych najbardziej krwawych i przerażających, wcale nie przeprowadzanych przez terrorystów samobójców, ale zakładających porwanie możliwie dużej liczby zakładników. Wystarczy wymienić tu szpital w Budionnowsku (1995), Kizlar i Pierwomajskoje (1996), centrum teatralne w Moskwie (2002), szkołę w Biesłanie (2004) – wszystkie te zamachy były organizowane przez Basajewa.

Na początku XXI wieku terroryści czeczeńscy zaczęli wykorzystywać terrorystów samobójców. Jednak ich taktyka różniła się od metod Al-Kaidy. W Rosji działały głównie kobiety szahidki. Zdaje się, że terrorystki samobójczynie to wynalazek Basajewa. Zaczął je wykorzystywać, jeszcze zanim pierwsza kobieta wysadziła się w Palestynie.

W DRUGIEJ POŁOWIE pierwszego dziesięciolecia nowego wieku Kreml opracował nową koncepcję walki z terroryzmem. Zgodnie z nią kluczowym elementem w ocenie zamachu terrorystycznego nie jest liczba ofiar, lecz skala zagrożenia stabilności politycznej.

Według podpisanego przez Borisa Jelcyna w 1998 roku dokumentu „O walce z terroryzmem" terroryzmem są przede wszystkim akty „...przemocy lub groźby użycia przemocy w stosunku do osób prywatnych albo organizacji, a także niszczenie (uszkodzenie) albo groźba zniszczenia (uszkodzenia) mienia państwowego oraz innych obiektów związana z zagrożeniem dla życia ludzi"[15].

Ale w 2006 roku dekret Jelcyna został napisany na nowo. Jego nowa wersja nosiła tytuł „O przeciwdziałaniu terroryzmowi" i proponowała zasadniczo inną interpretację tego terminu: „Terroryzm to ideologia przemocy oraz praktyka wpływania na decyzje podjęte przez organy władzy państwowej, lokalne organy samorządowe albo organizacje międzynarodowe, związana z użyciem przemocy i (lub) innymi formami nielegalnych działań"[16].

Nowa koncepcja uznaje terroryzm za działanie wymierzone przede wszystkim przeciwko państwu, podczas gdy w pierwszej wersji uchwały była mowa o działaniach wymierzonych przeciwko jego obywatelom. Wystarczy wspomnieć, że pełna nazwa antyterrorystycznego wydziału FSB brzmi następująco: Służba do Obrony Porządku Konstytucyjnego oraz do Walki z Terroryzmem, przy czym pod terminem „porządek konstytucyjny" rozumie się istniejący system polityczny.

W okresie rządów Putina przy słabej opozycji i słabych mediach rosyjskie służby specjalne nie bały się oskarżeń o niekompetencję. Jedynym klientem, którego trzeba było zadowolić, był Putin. Kronika błędów FSB i reakcja Kremla na owe błędy pokazuje, którędy biegnie czerwona linia: jeśli zamach terrorystyczny spowodował śmierć licznych ofiar, ale nie stanowił zagrożenia dla władzy, to generałom przebaczano. Jednak jeśli zamach stanowił zagrożenie dla stabilności politycznej w kraju albo regionie, winni musieli zostać znalezieni i ukarani, nawet jeśli zajmują najwyższe stanowiska w FSB.

Zamach na teatr na Dubrowce w 2002 roku w żaden sposób nie wpłynął na pozycję Kremla, dlatego generałowie FSB nie tylko uniknęli kary, ale zostali wręcz nagrodzeni. Wiktor Zacharow, szef zarządu FSB w Moskwie i Obwodzie Moskiewskim odpowiedzialny za zapobieganie zamachom terrorystycznym w stolicy, awansował do stopnia generała-pułkownika, a dyrektorowi FSB Patruszewowi wręczono najwyższe państwowe odznaczenie[17]. Oprócz generałów odznaczonych zostało 35 deputowanych Moskiewskiej Dumy Miejskiej. W lutym 2003 roku na uroczystej ceremonii w jej siedzibie każdy z deputowanych otrzymał pamiątkowy znaczek: „Uczestnik operacji specjalnej" za pomoc w czasie zamachu terrorystycznego w centrum teatralnym na Dubrowce[18]. Jako pierwszy odznaczony został ówczesny mer Moskwy Jurij Łużkow.

Również po wzięciu zakładników w Biesłanie szef miejscowego zarządu FSB Walerij Andriejew de facto awansował. Wprawdzie został pozbawiony swojego stanowiska, ale mianowano go na wyższe – na zastępcę rektora Akademii FSB w Moskwie. Moskiewscy generałowie, obecni przy szturmie na szkołę w Biesłanie, zachowali swoje stanowiska.

Jednak całkiem inaczej Kreml zareagował na napaść ludzi Basajewa na Inguszetię w czerwcu 2004 roku, gdy bojownicy na kilka godzin przejęli władzę w całym regionie. W tym wypadku

Putin podjął ostrą decyzję: 19 lipca zwolnił Anatolija Jeżkowa, zastępcę dyrektora FSB oraz szefa Regionalnego Sztabu Operacyjnego na Kaukazie Północnym, Wiaczesława Tichomirowa, dowódcę wojsk wewnętrznych MSW Rosji, oraz Michaiła Łabunca, dowódcę wojsk wewnętrznych MSW w Okręgu Północnokaukaskim[19]. W ciągu miesiąca jeszcze jeden wysoko postawiony generał FSB Aleksandr Żdańkow został po cichu zdjęty ze stanowiska szefa Departamentu do Walki z Terroryzmem. Jeszcze pod koniec 2004 roku szef zarządu FSB w Inguszetii Siergiej Koriakow został przeniesiony do pracy na Syberii[20].

Dyrektor FSB otrzymał stopień generała armii w lipcu 2001 roku. W latach 90. stopień ten dostawali bardzo nieliczni wojskowi i nie wszyscy dyrektorzy FSB dostąpili tego zaszczytu. Nawet sam Putin na stanowisku szefa FSB nie został mianowany generałem.

Za Andropowa KGB ustanowiło swoisty rekord – w szeregach resortu jednocześnie służyło czterech generałów armii. Rekord ten został powtórzony w okresie rządów Putina. W maju 2005 roku nominację otrzymał Władimir Proniczew, zastępca dyrektora FSB oraz szef Służby Granicznej FSB stojący na czele sztabu operacyjnego w czasie wydarzeń na Dubrowce. W grudniu 2005 roku generałem armii został Siergiej Smirnow, pierwszy zastępca dyrektora FSB. W marcu 2007 roku generałami armii od razu zostało mianowanych dwóch zastępców dyrektora FSB – szef Służby Bezpieczeństwa Ekonomicznego Aleksandr Bortnikow oraz Aleg Syromołotow z kontrwywiadu[21]. FSB miała więc w szeregach czterech generałów armii. W tym samym czasie w wywiadzie wojskowym był jeden generał armii, a w MSW dwóch.

REGUŁĄ JEST, ŻE rosyjskie społeczeństwo niewiele wie o przestępstwach popełnianych przez oficerów FSB. Resort nie pozwala na żadne zewnętrzne dochodzenia, w których nie uczestniczyliby jego przedstawiciele.

W latach 90. we wszystkich rosyjskich służbach specjalnych zostały utworzone Zarządy Bezpieczeństwa Wewnętrznego. Na fali tworzenia nowych struktur udało się przekonać prezydenta, że służby specjalne najlepiej będą się kontrolować same. FSB (wtedy jeszcze pod nazwą FSK) w 1992 roku również utworzyła taki wydział[22]. W rezultacie narodziła się praktyka, że jeśli przestępstwo funkcjonariusza FSB odkryją pracownicy MSW, muszą poinformować o tym szefostwo wewnętrznej policji FSB. Jedynym organem, który zachował pełnomocnictwa do zewnętrznej kontroli działalności służb specjalnych, jest Prokuratura Generalna sprawująca nadzór nad wszystkimi służbami specjalnymi, łącznie z FSB. Jednak możliwości prokuratury zostały ograniczone przyjętą w lutym 1995 roku uchwałą. Znajduje się w niej następujący punkt: „Informacje o osobach, które współpracują lub współpracowały ze służbą bezpieczeństwa na zasadzie poufności, a także organizacjach, taktyce, metodach oraz środkach działania organów federalnej służby bezpieczeństwa, nie stanowią przedmiotu nadzoru prokuratorskiego”[23].

Jeszcze więcej pełnomocnictw Prokuratury Generalnej w stosunku do FSB ograniczono w kwietniu 2002 roku, kiedy to prokurator generalny Władimir Ustinow oraz dyrektor FSB Patruszew podpisali wspólną uchwałę ustanawiającą nowe granice nadzoru prokuratorskiego. W dokumencie podkreślano, że „nadzór powinien w równym stopniu pilnować przestrzegania praw człowieka, jak i zachowania porządku organizacyjnego”. Poza tym nakazywano, by „materiały operacyjno-służbowe oraz inne dokumenty były badane w ustanowionym przez prawo porządku tajności w pomieszczeniach organów Federalnej Służby Bezpieczeństwa odpowiadających wymogom zachowania tajemnicy państwowej. Przewożenie takich materiałów do prokuratury może się odbywać wyłącznie w wyjątkowych sytuacjach”[24].

W lutym 2006 roku Putin podpisał nową uchwałę – o wniesieniu zmian w wykazie informacji stanowiących tajemnicę państwową. Jeśli w starym wykazie było 87 punktów, w nowym jest ich już 113. W trzech nowych punktach (nr 90, 91 i 92) jest mowa o tym, że tajemnicę państwową stanowią informacje ujawniające pracę w służbach wywiadowczych, kontrwywiadzie oraz pododdziałach do walki z przestępczością zorganizowaną. Ograniczenia te miały na celu ochronę bezpieczeństwa oficerów, którzy przeniknęli do grup przestępczych albo terrorystycznych. Jednak wkrótce znalazły inne zastosowanie.

W roku 2007 autorzy tej książki przygotowywali do publikacji w „Nowej Gaziecie" artykuł poświęcony systemowi ewidencji przestępstw popełnionych przez funkcjonariuszy rosyjskich służb specjalnych. Skierowaliśmy oficjalną prośbę do Głównej Prokuratury Wojskowej o podanie statystyk spraw karnych, w których w charakterze podejrzanych figurują funkcjonariusze FSB, FSO i SWR.

Nie chodziło nam o nazwiska – potrzebowaliśmy tylko statystyk o charakterze działalności przestępczej funkcjonariuszy specsłużb. W odpowiedzi otrzymaliśmy pismo z Prokuratury Wojskowej, w którym przeczytaliśmy, że „informacja ta (...) stanowi tajemnicę państwową, w związku z czym nie może zostać ujawniona". Z tym samym pytaniem zwróciliśmy się również do Moskiewskiego Okręgowego Sądu Wojskowego. Jego prezes Aleksandr Bieznasjuk odpowiedział, że interesujące nas dane statystyczne „są informacjami opatrzonymi klauzulą »ściśle tajne«". Generał Bieznasjuk wyjaśnił, że „zgodnie z resortowymi przepisami regulującymi zasady prowadzenia tajnej kancelarii pracownicy sądu dopuszczeni do korzystania z wyżej wymienionych materiałów nie mają prawa ujawniać ich osobom nieposiadającym odpowiednich certyfikatów dostępu"[25].

Ostatecznie opublikowaliśmy ten artykuł. Jednak bez informacji, której szukaliśmy.

W SWOIM PIERWSZYM wystąpieniu w charakterze prezydenta Federacji Rosyjskiej – w orędziu do Zgromadzenia Federalnego – Władimir Putin ogłosił: „Obstaję przy jedynej dyktaturze – dyktaturze prawa”[26]. Minęło osiem lat i Dmitrij Miedwiediew, który zmienił Putina na stanowisku prezydenta, w swoim przemówieniu inauguracyjnym powiedział: „Jesteśmy zobowiązani doprowadzić do prawdziwego szacunku wobec prawa, przezwyciężenia nihilizmu prawnego”[27]. Oba cytaty wskazują na jedną z najbardziej nieudanych reform dwóch ostatnich dziesięcioleci. Są dowodem, że wszystkie próby budowania fundamentów praworządności w postsowieckiej Rosji na razie się nie powiodły. Związek Radziecki żył według zasad, które określała partia. Rosja po roku 1991 próbowała pójść inną drogą: budować demokrację opartą na praworządności – państwo, w którym wszyscy będą podporządkowani tym samym zasadom; w którym sądownictwo nie będzie selektywne, a siła nie znajdzie się ponad prawem.

W latach 90. i na początku XXI wieku przyjęto wiele nowych ustaw regulujących nowy porządek gospodarczy, na nowo regulujących pracę organów państwowych i wspomagających walkę z przestępczością. Jednak ustanowienie praworządności okazało się niewiarygodnie trudne. Do rozwiązania tego problemu niezbędne będzie również określenie roli służb specjalnych, które powinny stać na straży prawa i walczyć z jego łamaniem. Same specsłużby nie potrafiły się uporać z tym zadaniem. Jak dawniej unikają zewnętrznej kontroli i występują raczej w roli agentów państwa niż reprezentantów prawa.

15. LIKWIDACJE

FSB POZA GRANICAMI ROSJI

W ZSRR zamachy terrorystyczne zdarzały się bardzo rzadko, więc KGB miała nikłe doświadczenie w walce z terrorem. Uwaga organów bezpieczeństwa była skupiona na szpiegach i dysydentach. Przestępstwa, które można było uznać za zamachy terrorystyczne, dokonywane były z innych powodów.

W latach 80. na terytorium Związku Radzieckiego miało miejsce sześć zamachów terrorystycznych i za każdym razem dokonywali ich obywatele ZSRR, którzy porywali samoloty, by uciec z kraju. Najgłośniejsze porwanie miało miejsce 8 marca 1988 roku: rodzina Owieczkinów – matka i dziesięciu synów – próbowała zmusić załogę samolotu, by poleciała z nimi do Londynu. Zamiast w stolicy Wielkiej Brytanii Tu-154 wylądował na lotnisku wojskowym pod Leningradem, gdzie jednostka do zadań specjalnych wzięła samolot szturmem. Zginęło trzech pasażerów, stewardesa oraz pięcioro członków rodziny Owieczkinów[1].

W następnym dziesięcioleciu kraj zetknął się z realnym zagrożeniem zamachami terrorystycznymi. Już w 1991 roku Szamil Basajew porwał samolot, żądając niezależności Czeczenii. Później porwania były coraz częstsze. Terroryści porywali samoloty, helikoptery, autobusy, a raz nawet przedszkole. Od 1995 roku, gdy Basajewowi udało się doprowadzić do wyprowadzenia wojsk rosyjskich z Czeczenii poprzez wzięcie na zakładników pacjentów szpitala miejskiego w Budionnowsku, zamachy terrorystyczne stawały się coraz bardziej brutalne.

Nowe rosyjskie służby specjalne zetknęły się z rosnącym zagrożeniem terroryzmem i żeby mu sprostać, powinny były zmienić swoje metody i zreorganizować strukturę. Pierwszym problemem stało się znalezienie ludzi, którzy mogliby utworzyć oddział antyterrorystyczny.

W radzieckim KGB były dwa pododdziały, które miały związek z walką z terroryzmem. Pierwszy wchodził w skład Zarządu Piątego, który zajmował się ściganiem opozycji politycznej oraz śledził grupy terrorystyczne na terytorium kraju. Drugi był częścią Zarządu „K" i zajmował się kontrwywiadem zagranicznym – włączając w to niedopuszczenie do infiltracji przez terrorystów terytorium ZSRR.

Gdy w 1991 roku utworzono Zarząd do Walki z Terroryzmem, jego funkcjonariuszy zwerbowano spośród ludzi Zarządu Piątego. Oficerowie, z których wielu zajmowało się wcześniej obserwacją dysydentów, mieli teraz skonfrontować się z terrorystami. Jednak nawyki i metody Zarządu Piątego nie pasowały do nowego zadania. Funkcjonariusze operacyjni KGB przywykli do długiej operacyjnej gry, podczas gdy walka z terroryzmem wymagała szybkich działań. Poza tym FSB odziedziczyła po KGB tradycję wyczekiwania, dopóki grupa ekstremistów nie okrzepnie i nie przyciągnie większej grupy uczestników. Dopiero wtedy atakowano i informowano szefostwo o odpowiednio wielkim sukcesie.

13 sierpnia 1998 roku doszło do wybuchu w poczekalni siedziby FSB na Łubiance. Wyleciały tylko szyby z okien, ale gdy 4 kwietnia 1999 roku niedaleko miejsca poprzedniego zamachu znów eksplodował materiał wybuchowy, okazało się, że

zamachowcy włożyli do rynny 3 kilogramy trotylu. Od wybuchu w ścianie poczekalni powstała ogromna dziura, a dwaj funkcjonariusze FSB ochraniający budynek zostali ranni.

Odpowiedzialność za oba wybuchy wzięła na siebie ekstremistyczna organizacja Nowa Alternatywa Rewolucyjna, którą tworzyły cztery dziewczyny i jeszcze kilkoro ich przyjaciół pozostających pod wrażeniem niemieckiej radykalnej organizacji terrorystycznej RAF (Rote Armee Fraktion – Frakcja Czerwonej Armii).

FSB wykryła przestępców już po pierwszym wybuchu, ale wolała ich nie zatrzymywać, tylko obserwować, choć areszt mógł zapobiec drugiej eksplozji[2]. Na rozprawie przedstawiciele FSB poinformowali, że rozpracowali liczącą około 500 członków silną organizację terrorystyczną i zapobiegli planowanemu obaleniu rządu.

Do połowy lat 90. FSB podejmowała rozpaczliwe próby znalezienia nowych ludzi do pracy w wydziale antyterrorystycznym. Z powodu podejrzliwości wobec emigrantów z Kaukazu Północnego kandydatury Czeczenów z reguły były odrzucane[3]. W poszukiwaniu nowych kadr resort zwrócił się więc w stronę MSW: sądzono, że oficerowie milicji mają doświadczenie w zwalczaniu czeczeńskich i innych etnicznych grup przestępczych w Moskwie. Było to ważne z punktu widzenia FSB, ponieważ jej agenci uważali, że czeczeńskie grupy przestępcze działające w Moskwie zapewniają wsparcie finansowe i dostawy broni bojownikom w samej Czeczenii. Dlatego przed nowym wydziałem FSB i MSW zostało postawione zadanie rozpracowania czeczeńskich grup przestępczych. Specjalnie do tego celu zorganizowany pododdział FSB URPO (Zarząd do Rozpracowywania Organizacji Przestępczych) ze wszystkich sił próbował umieścić w nich swoich agentów. Funkcjonariusze otrzymali wyjątkowe pełnomocnictwa, aż po przydzielanie ochrony liderom grup przestępczych. Nic dziwnego, że wkrótce

URPO zostało oskarżone o korupcję[4]. Jednak w tym samym czasie jego pracownicy operacyjni pracowali bardzo efektywnie i zdobywali naprawdę cenne informacje.

W rezultacie pod koniec lat 90. rosyjskie służby specjalne przyswoiły sobie ostre metody walki z terroryzmem. Akcent padał na nielegalne operacje przeprowadzane – w celu uniknięcia wycieku informacji – przez tajne i nikomu niepodporządkowane oddziały specjalne[5].

W roku 1999, wraz z początkiem drugiej wojny, metody te zaczęły być stosowane w Czeczenii.

PO TRWAJĄCEJ STOSUNKOWO KRÓTKO operacji militarnej w styczniu 2001 roku Ministerstwo Obrony przekazało kontrolę nad Czeczenią Federalnej Służbie Bezpieczeństwa. Jednak FSB odpowiadała za Czeczenię tylko przez 31 miesięcy – od stycznia 2001 roku do lipca 2003 roku. Następnie kontrola nad republiką przeszła w ręce MSW.

W tym czasie i później oddziały specjalne FSB prowadziły w Czeczenii bezprawne likwidacje. Podobne zadania realizowały oddziały MSW i wywiadu wojskowego. W GRU likwidacjami bojowników zajmowały się bataliony „Wostok" i „Zapad", uzupełnione Czeczenami. W sierpniu 2004 roku minister obrony Siergiej Iwanow w czasie podróży do republiki spotkał się z dowódcami obydwu batalionów, żeby okazać im swoje wsparcie. Poinformował jednocześnie, że odziały te zostaną wyposażone w najbardziej nowoczesną broń[6].

MSW również wysłało do regionu grupy egzekutorów – zazwyczaj na jeden miesiąc. Wyspecjalizowane grupy operacyjne (WSOG) działały nie tylko w Czeczenii, ale również w Dagestanie i w Inguszetii. Jeden z oficerów uczestniczących w operacjach opowiedział nam o swojej działalności: „Nasza grupa składała się z czterech osób – kierowcy i trzech funkcjonariuszy od majora wzwyż. Początkowo wysyłano nas na miesiąc, potem możliwe było przedłużenie tego terminu. Sprawozdania? Tylko aparatami polaroid i tylko do Moskwy"[7].

FSB stosowała dwie strategie likwidacyjne. W pierwszej główną rolę odgrywały tak zwane połączone grupy specjalne (ich oficjalna, skomplikowana nazwa to SSG Regionalnego Sztabu Operacyjnego Zarządu Operacyjnego FSB). Składały się z funkcjonariuszy regionalnych zarządów FSB oraz żołnierzy wojsk wewnętrznych MSW. Dziesięć grup SSG powstało w kwietniu 2002 roku w celu przeprowadzenia egzekucji przywódców bojowników w Szalińskim, Wiedieńskim, Nożaj-Jurtowskim i Kurczałojskim rejonie Czeczenii. W czasie trwania operacji SSG działały niezależnie od miejscowego zarządu FSB[8].

4 kwietnia 2004 roku zostało schwytanych czterech mieszkańców czeczeńskiej stanicy Assinowskaja: troje braci Iłajewych – Rustam (30 lat), Inwier (21 lat) i Ałdan (17 lat) – oraz Kazbek Batajew (20 lat). Wszyscy czterej byli uchodźcami ze wsi Bamut zniszczonej podczas bombardowań. O 4.30 rano do stanicy trzema transporterami opancerzonymi wjechało dwudziestu uzbrojonych ludzi. Prawie wszyscy byli w maskach. Zatrzymali się przed domem matki braci Jachity Iłajewy, wdarli się do środka i zabrali młodych mężczyzn. Nieznajomi się nie przedstawili, jednak po rosyjsku mówili bez akcentu, a twarze tych, którzy nie mieli masek, były całkowicie słowiańskie. Nikt nigdy więcej tych czterech Czeczenów nie zobaczył.

Wszystkie pytania kierowane przez krewnych do MSW Czeczenii oraz do miejscowej prokuratury pozostawały bez odpowiedzi. Po kilku miesiącach bliscy zaginionych otrzymali odpowiedź od śledczego Rejonu Aczchoj-Martanowskiego Aleksandra Stiepanowa, który potwierdził, że ludzi tych rzeczywiście transporterami opancerzonymi wywiozły „osoby niewiadomego pochodzenia". W piśmie tym znajdowała się również informacja, że w sprawie tej zostało wszczęte dochodzenie i rodzina zostanie poinformowana o rezultatach śledztwa. Według informacji „Nowej Gaziety" czterech mężczyzn zabrała grupa specjalna FSB SSG-12. Przypadek ten został włączony do sprawozdania Fundacji Helsińskiej Federacji Rosyjskiej[9]. Dwóch z zaginionych, Rustam i Inwier, było pracownikami służby bezpieczeństwa prezydenta Czeczenii Ramzana Kadyrowa, w stosunku do której rosyjskie służby specjalne odnoszą się z dużą dozą nieufności – Kadyrow stworzył ją z byłych bojowników. Ciała zaginionych najpewniej nigdy nie zostaną odnalezione. Rosyjski specnaz potrafi zatrzeć ślady po swoich operacjach. Jedna z metod, tak zwane rozpylanie, polega na tym, że ciała przywiązywane są do pocisków artyleryjskich wypełnionych trotylem – wysadza się je w powietrze. Jak nam wyjaśniło dwóch oficerów specnazu, którzy przez dziesięć lat walczyli w Czeczenii, skuteczność metody polega na tym, że „absolutnie nic nie zostaje. Nie ma ciała, nie ma dowodów, nie ma problemu"[10].

Oczywiście nie tylko rosyjscy specnazowcy wykazywali się szczególnym okrucieństwem. Również bojownicy polowali na rosyjskich żołnierzy i przeprowadzali zamachy terrorystyczne przeciwko zwykłym obywatelom własnego kraju.

OPRÓCZ SSG, KTÓRE zajmowały się egzekucjami, w Czeczenii działały oddziały Centrum Specjalnego Przeznaczenia FSB. Zdaniem pułkownika Siergieja Szawrina, zastępcy dowódcy oddziału „Wympieł", w Czeczenii stale stacjonowały dwa oddziały po ponad 30 osób każdy[11]. Odpowiadały one za najgłośniejsze egzekucje wykonane w ciągu ostatnich dziesięciu lat.

8 marca 2005 roku w czeczeńskiej wiosce Tołstoj-Jurt przez grupę szturmową Centrum Specjalnego Przeznaczenia został wytropiony i zabity Asłan Maschadow, ostatni prezydent seperatystycznej Czeczenii. Za odegranie kluczowej roli w tej operacji jeden z oficerów został odznaczony tytułem Bohatera Rosji[12].

Praktyki likwidacji bez dochodzenia i rozprawy sądowej nie należą do przeszłości.

2 września 2009 roku rosyjscy obrońcy praw człowieka poświęcili konferencję prasową działalności „szwadronów śmierci" na Kaukazie Północnym[13]. „Nie należy bać się tego terminu, ponieważ zabijają oni zwykłych obywateli i popychają Kaukaz ku wojnie" – powiedział znany aktywista, obrońca praw człowieka Lew Ponomariew, lider ruchu O Prawa Człowieka.

„Na Kaukazie Północnym »szwadrony śmierci«, charakterystyczne dla dyktatur, działają już ponad dziesięć lat. Wykształcił się system przemocy, której nieodłączną częścią są tortury, porwania, nielegalne więzienia, nielegalne likwidacje" – poinformował Aleksandr Czerkasow, członek stowarzyszenia Memoriał. Według danych Memoriału w roku 2009 w Czeczenii ujawniono 79 przypadków porwania ludzi. „Na Czeczenię po dwóch latach, wydawałoby się, względnego spokoju napłynęła nowa fala zamachów terrorystycznych, dokonywanych przez zamachowców samobójców. A z drugiej strony coraz częściej dochodzi do porwań i mordowania ludzi. W tym roku Czeczenia cofnęła się o trzy lata" – z żalem zauważył Czerkasow.

W sąsiadującym z Czeczenią Dagestanie od lutego 2009 roku według danych Memoriału porwano dwadzieścia pięć osób. Dwanaście z nich zostało zabitych. Tydzień po konferencji prasowej w wiosce Kała w Rejonie Derbientskim zniknął 32-letni pracownik budowlany Sirażdudin Umarow. 9 września wyznaczył mu spotkanie znajomy – funkcjonariusz milicji o imieniu Azer. Po przybyciu w umówione miejsce pochwycili go nieznajomi ludzie w maskach. Następnego dnia znaleziono jego okaleczone ciało. Służby specjalne potwierdziły, że Umarow został zabity przez pracowników organów – co prawda w ich wersji w ramach operacji antyterrorystycznej. „Tak okaleczono jego ciało, że z trudem go poznałam – powiedziała żona zabitego 33-letnia Giulbienis Badurowa. – Nie miał jednego oka, obie ręce były połamane"[14].

Kilka miesięcy wcześniej Umarow został zatrzymany razem z wujkiem. Byli podejrzani o przynależność do nielegalnego oddziału zbrojnego. Wujka Umarowa uznano za winnego i skazano. Jego samego wypuszczono na wolność, wrócił do Dagestanu. Jednak dwa miesiące później został znaleziony martwy[15].

BEZPRAWNE LIKWIDACJE przeczą rosyjskiemu prawu. Rosja nie wypowiedziała wojny Czeczenii – przeprowadzano tam tylko operację antyterrorystyczną. A prowadząc tego typu operację, specsłużby powinny działać zgodnie z kodeksem karnym Federacji Rosyjskiej. Jako że terroryzm to przestępstwo przewidziane przez kodeks karny, należy terrorystów zatrzymywać, przedstawiać im oskarżenia i doprowadzać do skazania w ramach rozprawy sądowej. Jeśli sąd zdecyduje, że są winni, powinni iść do więzienia, ponieważ egzekucje są w Rosji zawieszone, zaś w kodeksie karnym nie ma nic o możliwości likwidacji terrorystów bez przedstawienia im oskarżeń w sądzie.

Pod koniec 2005 roku Walerij Djatlenko, były generał FSB, zastępca prezesa Komitetu Dumy Państwowej do spraw bezpieczeństwa, tak skomentował praktykę likwidacji: „Piszecie o egzekutorach, ale to nie odpowiada rzeczywistości. Nikt nikomu nie dał takiego rozkazu. Po prostu niewielkie grupy dywersyjne ukrywają się w lasach, więc musiała powstać taktyka ich zwalczania. Więc oddział przeczesuje las i sprawdza wszystkich, na których się natknie. A że zasada jest taka, że w lesie nie powinno być nikogo.... Więc często dochodzi do wymiany ognia, a broniąc siebie, oni, za przeproszeniem, walczą... Wzdłuż granicy też chodzą patrole i walczą z tymi, którzy próbują nielegalnie przekroczyć granicę. Ale to przecież nie są żadne likwidacje. Likwidacja to termin ze słownika esesmanów”[16].

Na pytanie „A jak to prawidłowo nazwać?” odpowiedział: „To egzekucja. Albo po prostu zbrojna walka... Dla mnie termin likwidacja jest równoznaczny z zabójstwem. A to nie tak. Tam trwa wojna, a grupy te [specjalne oddziały likwidacyjne] to nie narzędzie kary, tylko jedna z form walki”[17].

Rosyjskie służby specjalne w Czeczenii przyswoiły również inne metody przeciwdziałania terroryzmowi. Jeden z nich – tak zwane kontrzatrzymanie – to dyskusyjna metoda wpływania i nacisku na osoby podejrzewane o terroryzm. Polega na zatrzymywaniu rodzin terrorystów. Po raz pierwszy terminu „kontrzatrzymanie" użył prokurator generalny Władimir Ustinow, występując w Dumie Państwowej 29 października 2004 roku. Poinformował, że „kontrzatrzymania" są środkiem prewencyjnym stosowanym wobec terrorystów. „Jeśli ludzie – jeśli ich w ogóle można nazwać ludźmi – wzięli udział w zamachu terrorystycznym, to zatrzymanie ich rodzin i pokazanie tym terrorystom, co może się stać z ich bliskimi, może w pewnym stopniu uratować innych ludzi"[18].

Mimo że praktyka „kontrzatrzymań" nie jest w Rosji legalna, korzysta się z niej dość często. Pierwsze takie zatrzymanie miało miejsce w marcu 2004 roku – aresztowano wtedy ponad 40 krewnych komendanta polowego Mahomeda Chamibijewa. W rezultacie Chambijew poddał się wojskom federalnym. Drugie takie zatrzymanie odbyło się w czasie wydarzeń w Biesłanie: zatrzymano krewnych żony Asłana Maschadowa, w tym również jej ojca. Później, 12 sierpnia 2005 roku, została zatrzymana Natasza Chumadowa, siostra czeczeńskiego komendanta polowego Doku Umarowa[19].

W maju 2004 roku na polecenie Putina powstał specjalny oddział podporządkowany prokremlowskiemu prezydentowi Czeczenii. „Gwardia Kadyrowa" utworzona na bazie służby bezpieczeństwa prezydenta Achmata Kadyrowa włączona została do czeczeńskiego MSW. Zaczęła się posługiwać metodami sprawdzonymi w Czeczenii przez specsłużby: porwaniami i „kontrzatrzymaniami"[20]. Według danych stowarzyszenia Memoriał zatrzymanie rodziny Asłana Maschadowa w grudniu 2004 roku było przeprowadzone właśnie przez „kadyrowców"[21].

W ROKU 2006, kilka miesięcy przed swoją śmiercią, Szamil Basajew zreorganizował strukturę oddziałów czeczeńskich bojowników. Do tego czasu imitowała strukturę wojskową: składała się z brygad, pułków, batalionów, Ministerstwa Szariackiego Bezpieczeństwa i nawet z centrum antyterrorystycznego. Zetknąwszy się z likwidacjami, Czeczeni musieli jednak zmienić zasady walki partyzanckiej. Stworzyli sieć niewielkich (trzy-pięcioosobowych) grup przez Basajewa nazywanych SOG – Specjalne Grupy Operacyjne. Znów była to imitacja, ale tym razem grup specjalnych FSB. Tyle że grupy Basajewa zajęły się fizyczną likwidacją funkcjonariuszy służb i przedstawicieli władz.

W rezultacie wzrosła autonomia bojowników i zmniejszył się wyciek informacji – o planowaniu operacji wiedziało teraz tylko kilka osób, a ich realizacja nie wymagała trzymania w lasach dużych oddziałów narażonych na ataki specnazu.

W listopadzie 2006 roku dowódca frontu kaukaskiego Ali Tazijew (znany jako Emir Magas) w wywiadzie udzielonym portalowi czeczeńskich separatystów Kavkazcentr powiedział, że „udało się stworzyć elastyczny system dowodzenia, w którym każdy pododdział ma maksymalną samodzielność w kwestii planowania operacji", a celem grup jest „ukierunkowana praca nad konkretnymi osobami, a także przygotowanie i realizacja operacji bojowych mających na celu zniszczenie wcześniej wyznaczonych celów"[22]. Źródła w rosyjskich służbach specjalnych potwierdziły nam tę informację.

Poza tym od tego czasu specsłużby mają do czynienia z nowym pokoleniem bojowników – do 2008 roku 30–40-letnich „weteranów" wymieniła młodzież, której celem jest dżihad. Bandy dżihadystów działają nie tylko w Czeczenii, ale również poza jej granicami – w Inguszetii, Kabardo-Bałkarii, Dagestanie. Od najazdów, wymagających dużej liczby osób, bojownicy przeszli do zasadzek.

Napady na rosyjskich urzędników i wojskowych stały się codzienną praktyką: od 2007 do 2009 roku czeczeńscy terroryści wyśledzili i zabili wielu wysoko postawionych funkcjonariuszy federalnych. 12 stycznia 2008 roku w Nalcziku został zabity szef Zarządu do Walki z Przestępczością Zorganizowaną Kabardo-Bałkarii pułkownik Anatolij Kjarow. 7 marca został rozstrzelany Mark Miecajew, szef analogicznego zarządu Osetii Północnej. 12 czerwca 2009 roku w stolicy Dagestanu Machaczkale został zabity generał Adilgieriej Mahomiedtarigow, minister spraw wewnętrznych republiki.

Do repertuaru terrorystów wróciły zamachy samobójcze. W listopadzie 2008 roku szahidka wysadziła się we Władykaukazie, stolicy Osetii Północnej, zabijając 11 osób (40 zostało rannych). W czerwcu 2009 roku terrorysta samobójca wysadził się w Groznym – zginęło dwóch funkcjonariuszy milicji[23]. 29 marca 2010 roku terrorystki samobójczynie znów dotarły do Moskwy: dwie kobiety z Dagestanu prawie jednocześnie wysadziły się na dwóch stacjach moskiewskiego metra. Zginęło 40 osób.

W tym samym czasie operacje rosyjskiej armii zostały znacznie ograniczone: w 2007 roku Putin zmniejszył kontyngent w Czeczenii z 50 tys. do 25 tys. żołnierzy. W ten sposób zrównał liczebność wojsk federalnych z gwardią czeczeńskiego prezydenta Ramzana Kadyrowa. W ciągu tych trzech lat Kadyrow zrobił wszystko, by usunąć z Czeczenii rosyjskie służby specjalne i wojsko. Udało mu się znacznie zmniejszyć aktywność oddziałów zajmujących się likwidacjami oraz liczbę funkcjonariuszy federalnych resortów siłowych w republice. Centrum Specjalnego Przeznaczenia FSB nie ma już swojej bazy w Czeczenii, grupy MSW WSOG nie są już tam wysyłane, a bataliony GRU „Wostok" i „Zapad" zostały rozwiązane. Żołnierze tworzący te bataliony zostali włączeni do formacji znajdujących się pod kontrolą czeczeńskiego prezydenta.

W kwietniu 2009 roku Kreml poinformował, że trwająca 15 lat wojna w Czeczenii została zakończona. Prezydent Dmitrij

Miedwiediew oficjalnie zmienił warunki operacji antyterrorystycznej w Czeczenii[24]. Jednak już w 2010 roku stało się jasne, że deklaracja ta nie odpowiadała rzeczywistości zarówno w Czeczenii, jak i na całym Kaukazie Północnym. W tym roku bojownicy zorganizowali i przeprowadzili dwa duże zamachy. Pod koniec sierpnia napadli na wioskę Centoroj, z której pochodził Kadyrow, a półtora miesiąca później na parlament republiki. Jeśli wierzyć oficjalnym informacjom, kadyrowcy ponieśli niewielkie straty – zginęło dziewięć osób. Jednak napady te dowiodły, jak słaba jest władza w regionie.

Poza tym w roku 2010 wielokrotnie zwiększyła się liczba zamachów terrorystycznych na całym Kaukazie Północnym. Według danych zastępcy prokuratora generalnego Iwana Sydoruka od początku 2010 roku w Północnokaukaskim Okręgu Federalnym przeprowadzono cztery razy więcej zamachów terrorystycznych niż w ciągu całego poprzedniego roku (dane z września 2010 roku). Tylko w samej Kabardo-Bałkarii, według danych szefa MSW Nurgalijewa, liczba zamachów terrorystycznych w ciągu roku wzrosła pięciokrotnie. Jednocześnie 2010 był rokiem największych sukcesów oddziałów specsłużb zajmujących się likwidacjami. W marcu zostali zabici dwaj młodzi i charyzmatyczni liderzy podziemia: w Kabardo-Bałkarii Anzor Astiemirow, dowodzący najazdem na Nalczik w 2005 roku, a w Inguszetii ideolog Emiratu Kaukaskiego Said Buriatskij, który miał brać udział w organizacji m.in. zamachu terrorystycznego na prezydenta Inguszetii Jewkurowa. W czerwcu dostał się do niewoli Ali Tazijew. W sierpniu w Dagestanie funkcjonariusze Centrum Specjalnego Przeznaczenia FSB zlikwidowali Magomieda Ali Wagabowa, lidera grupy bojowników z Gubdena w Dagestanie uważanego za organizatora zamachów terrorystycznych w moskiewskim metrze.

Jednak raporty służb specjalnych z przeprowadzonych operacji specjalnych wcale nie przybliżają zwycięstwa nad terroryzmem.

24 STYCZNIA 2011 ROKU terrorysta samobójca wysadził się na moskiewskim lotnisku Domodiedowo. Eksplozja ta stała się jeszcze jednym dowodem na to, że akcje likwidacyjne prowadzone przez służby specjalne być może zastraszyły narody Kaukazu Północnego, ale nie zapobiegają zamachom terrorystycznym.

16. ŚMIERĆ W KATARZE

ZABÓJSTWA NA ŚWIECIE

W ODPOWIEDZI NA NARASTAJĄCĄ LICZBĘ aktów terroru rosyjskie służby specjalne stopniowo przeniosły swoje działania poza granice Rosji i zaczęły przeprowadzać likwidacje w innych krajach. Chociażby w Katarze. 13 lutego 2004 roku o godzinie 12.45 w stolicy tego emiratu, mieście Dausze, eksplodowała bomba podłożona w białej toyocie land cruiser. Czeczeński dowódca polowy Zelimchan Jandarbijew oraz jego 13-letni syn wracali nią z meczetu po piątkowej modlitwie. Jandarbijew nie zdążył przejechać nawet 300 metrów, gdy samochód wybuchł. Po kilku godzinach poinformowano, że zmarł od odniesionych ran. Była to najgłośniejsza likwidacja po 22 kwietnia 1996 roku, gdy w ataku rakiety nakierowanej za pomocą przechwyconego sygnału telefonu satelitarnego został zabity Dżochar Dudajew. Nikt nie wziął na siebie odpowiedzialności za zabójstwo jednego z najbardziej wpływowych liderów separatystów czeczeńskich. Ale było jasne, że zabicie Jandarbijewa to pokaz nowej taktyki rosyjskich służb specjalnych w walce z kaukaskimi bojownikami. W latach 90. XX wieku teatrem ich działań była głównie Czeczenia. Teraz federalni zaczęli tropić liderów „zbrojonego podziemia" na całym świecie. Władze rosyjskie uznały Jandarbijewa za terrorystę w związku z jego rolą w planowaniu zamachu terrorystycznego na teatr na Dubrowce, jednak szanse na jego ekstradycję były praktycznie zerowe. Sympatie większości świata muzułmańskiego w konflikcie na Kaukazie Północnym pozostawały po stronie Czeczenów.

Jandarbijew urodził się w roku 1952 w czeczeńskiej rodzinie deportowanej przez Stalina do Kazachstanu. Gdy pod koniec lat 80. północnokaukaską inteligencję opanowały nastroje nacjonalistyczne, Jandarbijew, który przed pieriestrojką pisał wiersze i prozę, zajął się polityką. Założył własną partię polityczną, a w roku 1993 został mianowany zastępcą prezydenta niepodległej Czeczenii Dżochara Dudajewa. W latach 1996–1997, w okresie faktycznej niezależności Czeczenii, gdy w republice królował chaos, a realna władza należała do dowódców polowych, Jandarbijew pełnił funkcję prezydenta Iczkerii. W wyborach prezydenckich w 1997 roku zajął trzecie miejsce – po Asłanie Maschadowie i Szamilu Basajewie. Dwa lata później wyjechał do Zjednoczonych Emiratów Arabskich: Maschadow mianował go pełnomocnikiem Czeczenii w krajach muzułmańskich. (W tym charakterze otworzył on czeczeńską ambasadę w Kabulu oraz konsulat w Kandaharze). Na początku XXI wieku – na osobiste zaproszenie emira, który nie zważał na to, że od 2001 roku Jandarbijew jest poszukiwany międzynarodowym listem gończym – przeprowadził się do Kataru[1]. W maju 2003 roku Rosja oficjalnie zażądała od Kataru ekstradycji Jandarbijewa, a w czerwcu komitet Rady Bezpieczeństwa ONZ do walki z terroryzmem umieścił go na liście osób podlegających sankcjom[2].

Tydzień po skutecznym zamachu na życie Jandarbijewa, w nocy z 18 na 19 lutego, katarskie służby bezpieczeństwa aresztowały w willi stojącej tuż obok rosyjskiej ambasady trzech Rosjan. O aresztowaniu zrobiło się głośno po komunikacie ministra spraw zagranicznych FR Igora Iwanowa, który przyznał, że cała trójka zatrzymanych to funkcjonariusze rosyjskich służb specjalnych: „Wymienieni obywatele rosyjscy, z których jeden ma paszport dyplomatyczny, są funkcjonariuszami rosyjskich specsłużb. Przebywali w Katarze legalnie i nie naruszając miejscowego prawa, wykonywali zadania informacyjno-analityczne związane z walką z międzynarodowym terroryzmem”[3]. Iwanow oznajmił jednocześnie, że Rosja „nie ma nic wspólnego z incydentem” (chodziło o zabicie Jandarbijewa), oraz podkreślił, że rosyjskie władze „wielokrotnie, w tym również na najwyższym szczeblu, zwracały się do Kataru z żądaniem wydania Jandarbijewa, który osobiście był winien śmierci setek obywateli Rosji, w tym również ofiar zamachu terrorystycznego na centrum teatralne na Dubrowce, którym dowodził bezpośrednio z Kataru”. Podstawą tych twierdzeń były dwie rozmowy telefoniczne między Mowsarem Barajewem, dowódcą grupy terrorystów, która opanowała teatr na Dubrowce, i Jandarbijewem. Rozmowy te zostały przechwycone przez służby specjalne.

W odpowiedzi władze Kataru ujawniły nazwiska aresztowanych Rosjan. Okazali się nimi Aleksandr Fietisow, pierwszy sekretarz rosyjskiej ambasady w Katarze, który dzięki statusowi dyplomaty został zwolniony, jednak zakazano mu opuszczać kraj, Anatolij Jabłoczkow, który często był wymieniany jako Bieliaszkow, oraz Wasilij Pugaczow (albo Bogaczow). Katarski sąd oskarżył Jabłoczkowa i Pugaczowa o zabójstwo Jandarbijewa, próbę zabójstwa jego syna Dauda oraz o przemyt broni do Kataru. W sądzie wszyscy oni przyznali się do winy, na co Rosja odpowiedziała, że ich zeznania zostały wymuszone torturami[4].

Przebieg zamachu w Dausze można zrekonstruować jedynie z informacji opublikowanych na stronie separatystów przekonujących, że wszystkie dane pochodzą z protokołów przesłuchań podejrzanych, oraz z artykułów w rosyjskich mediach opisujących proces zabójców Jandarbijewa[5]. Na żądanie Rosji sprawa prowadzona była za zamkniętymi drzwiami, dlatego w całej tej historii wciąż jest wiele białych plam.

22 STYCZNIA 2004 ROKU o godzinie 7.30 Jabłoczkow i Pugaczow wylądowali na lotnisku w Dausze. Nasze źródła przekonują, że obaj byli oficerami wywiadu wojskowego. Później rosyjska gazeta „Kommiersant" poinformowała, że według danych katarskiej prokuratury rozkaz zabójstwa Jandarbijewa pochodził od samego ministra obrony Siergieja Iwanowa[6].

Dwie godziny później granicę Kataru ze Zjednoczonymi Emiratami Arabskimi przekroczyły jeep cherokee i nissan primera, oba samochody na dyplomatycznych numerach. Przywieziono nimi materiał wybuchowy. Jabłoczkow i Pugaczow zamieszkali w wynajmowanej przez ambasadę Rosji willi, gdzie spotkali się z pierwszym sekretarzem ambasady Fietisowem.

Przygotowania do operacji zajęły trzy tygodnie. 13 lutego trzej Rosjanie w mistubishi pajero, również z tablicami dyplomatycznymi, podjechali na parking hotelu Sheraton w Dausze. Jabłoczkow przesiadł się z pajero do wynajętej furgonetki i skierował do meczetu, w którym miał czekać na Jandarbijewa. Gdy toyota land cruiser Jandarbijewa zaparkowała przed meczetem, Jabłoczkow podłożył bombę pod podwoziem samochodu czeczeńskiego lidera. Po eksplozji Jabłoczkow i Fietisow wrócili na parking hotelu Sheraton, gdzie czekał na nich Pugaczow. Przed powrotem do willi raz jeszcze zmienili samochody.

Później ochroniarz parkingu przed meczetem bez trudu rozpoznał Jabłoczkowa i Fietisowa, których słowiańskie twarze rzucały się w oczy w arabskim mieście. W wynajętej willi znaleziono dość przekonujących dowodów na udział jej mieszkańców w zamachu, w tym detale zapalników oraz fotografie Jandarbijewa.

W tym czasie Katar nie miał własnych służb kontrwywiadu. Emir zwrócił się więc o pomoc do Stanów Zjednoczonych: niewykluczone, że to właśnie Amerykanie pomogli namierzyć telefony komórkowe wykorzystywane przez rosyjskich agentów. Doradca amerykańskiego sekretarza stanu Steven Pifer w wywiadzie dla moskiewskiej gazety „Wriemia Nowostiej" potwierdził, że Amerykanie rzeczywiście „udzielili Katarowi nieznacznego wsparcia technicznego"[7]. Pracownik ambasady USA w Moskwie, do którego agencja The Associated Press zwróciła się z prośbą o skomentowanie tej informacji, odpowiedział, że Waszyngton na prośbę emira wysłał do Kataru grupę pirotechników, ale dodał, że amerykańscy specjaliści „nie mieli nic wspólnego z jakimkolwiek aresztowaniem czy dochodzeniem"[8].

KREML ROBIŁ BARDZO WIELE, by sprowadzić aresztowanych z powrotem do Rosji: od wizyt na najwyższym szczeblu po telefony prezydenta i naciski mediów. Putin kilkakrotnie wysyłał na rozmowy do Kataru Igora Iwanowa, ministra spraw zagranicznych, a od 9 marca 2004 roku – sekretarza Rady Bezpieczeństwa Rosji. W Katarze interesy aresztowanych reprezentowali adwokaci ze znanej rosyjskiej kancelarii Jegorow, Puginski, Afanasjew i Partnerzy. Świadczyło to o bezpośrednim wsparciu prezydenta, ponieważ szef kancelarii Nikołaj Jegorow był kolegą z roku i przyjacielem Putina.

Po wysadzeniu Jandarbijewa wdowa po nim udzieliła Leonidowi Parfionowowi wywiadu, który został wyemitowany w maju w programie „Namiedni", jednym z najpopularniejszych i najbardziej prestiżowych programów telewizji NTW. Wywiad zdążyli obejrzeć mieszkańcy wschodnich regionów Rosji, ale już kilka godzin później – zanim program został pokazany w centrum i na zachodzie Rosji, w tym również w Moskwie – dyrekcja NTW zdjęła go z anteny. W liście do Parfionowa szefowie stacji przekonywali, że to FSB kazała zdjąć wywiad z anteny, twierdząc, że może to negatywnie wpłynąć na tok sprawy w Katarze. Oburzony Parfionow opublikował swój punkt widzenia w gazecie „Kommiersant". Dwa dni później został zwolniony z NTW, a jego program zdjęto z anteny. Zgodnie z informacjami na stronie NTW Parfionow złamał warunki umowy, która „nakazywała mu wspieranie polityki szefów koncernu"[9].

26 lutego 2004 roku na moskiewskim lotnisku Szeremietiewo zostało zatrzymanych dwóch obywateli Kataru. Funkcjonariusze FSB poinformowali, że podejrzewani są oni o związki z czeczeńskimi bojownikami. FSB nie zbił z tropu fakt, że obaj zatrzymani, Ibat Achmiedow i Naser Ibrahim Midachi, byli członkami olimpijskiej reprezentacji Kataru. Lecieli z Białorusi do Serbii przez Moskwę, ale zamiast w samolocie znaleźli się w Więzieniu Lefortowskim. Zatrzymanie dwóch sportowców było właściwie otwartą próbą władz rosyjskich, by zmusić Katar do wymiany[10].

23 marca Putin zadzwonił do emira Kataru. Po tym telefonie Fetisow otrzymał zgodę na powrót do Moskwy, a dwóch obywateli Kataru wypuszczono z moskiewskiego więzienia[11]. W kwietniu w Katarze rozpoczął się proces sądowy i na prośbę strony rosyjskiej odbywał się on za zamkniętymi drzwiami[12]. Rozprawa ciągnęła się przez kilka miesięcy, oskarżeni zostali uznani za winnych zabójstwa i skazani na dożywocie (prokurator żądał kary śmierci)[13]. Latem władze Kataru obiecały przekazać skazanych Rosji – po to by wyrok odsiedzieli w ojczyźnie. Żeby zrealizować tę obietnicę, Katar musiał wprowadzić zmiany w swoim kodeksie karnym, ponieważ wcześniej nie przewidywał on możliwości odesłania skazanych obcokrajowców do ojczyzny[14].

Wkrótce Rosja i Katar podpisały porozumienie o wymianie więźniów.

Wieczorem 23 grudnia na moskiewskim lotnisku Wnukowo wylądował rządowy samolot. Wybór padł na Wnukowo właśnie ze względu na jego status lotniska dla VIP-ów: wracając z zagranicznych podróży, Putin zazwyczaj lądował właśnie tutaj. Katarskich więźniów witały rosyjskie władze – i choć media nie zostały wpuszczone na to powitanie, do prasy przedostały się informacje, że przed samolotem rozłożono czerwony dywan. Ojczyzna witała swoich tajnych agentów jak bohaterów[15].

Tego samego dnia oficjalna agencja informacyjna Kataru poinformowała: „Katar spełnił żądanie władz Rosji dotyczące wydania dwóch obywateli rosyjskich w celu dalszego odbywania przez nich kary, określonej wyrokiem katarskiego sądu, w rosyjskim więzieniu. Żądanie zostało spełnione na podstawie porozumienia między dwoma państwami, zawartego zgodnie z regułami i prawami odnoszącymi się do tego przypadku"[16].

W tym czasie w Moskwie deputowani do parlamentu oraz urzędnicy rządowi ustalali, na jaką nagrodę zasługują bohaterowie narodowi – nikt nawet nie próbował zachować pozorów, że warunki postawione przez władze Kataru zostaną dotrzymane[17].

„W oczach Rosji oni są niewinni. Nie ma żadnych przesłanek do nowej rozprawy sądowej" – ogłosił Dmitrij Pieskow, zastępca sekretarza prasowego Putina, w styczniu 2005 roku[18]. W lutym 2005 roku szef Federalnej Służby Wykonywania Kar Jurij Kalinin przekonywał, że nie ma informacji na temat miejsca pobytu agentów skazanych w Katarze. „U nas ich nie ma – powiedział Kalinin korespondentom kanału REN-TW. – Być może jest im gdzieś udzielana pomoc medyczna. Wyrok sądu katarskiego nie stanowi podstawy do zamknięcia ich w Rosji"[19].

Katarska operacja miała się stać akcją pokazową rosyjskich służb specjalnych. Późniejsze aresztowanie trzech podejrzanych o zabójstwo Rosjan, wyrok sądu katarskiego oraz triumfalny powrót do Moskwy – wszystko to pomogło stworzyć podwaliny pod nową strategię prowadzenia operacji specjalnych poza Rosją. Rosyjskie władze ciągle odwoływały się przy tym do izraelskiej praktyki likwidacji terrorystów za granicą. Po zabójstwie Jandarbijewa jeden z pułkowników FSB z elitarnego oddziału „Wympieł" powiedział Sołdatowowi wprost: „Proszę spojrzeć na Mosad. Dlaczego nie możemy tak samo postępować z naszymi terrorystami?".

Grupa „Wympieł" została utworzona przez KGB w sierpniu 1981 roku. Jej celem miało być wprowadzanie agentów do rozpracowywanych struktur, zamachy oraz likwidacje wrogów w warunkach wojny. W latach 80. oficerowie „Wympieła" – wysoko wykwalifikowani profesjonaliści, biegle mówiący w różnych językach – byli wysyłani w delegacje do niemal wszystkich krajów świata[20]. Jednak w połowie lat 90. „Wympieł" został przekształcony w oddział antyterrorystyczny i jego celem od tej chwili stała się likwidacja bojowników na Kaukazie Północnym. W procesie tych zmian bezcenne nawyki oficerów „Wympieła" stopniowo zanikały.

W tym samym czasie Kreml z powodzeniem uczył się na swoich błędach. Rosyjskie władze zrozumiały, że likwidacje najbardziej efektywnie przeprowadza się w krajach, które pod naciskiem gotowe są zrewidować swoją politykę dotyczącą tego typu metod. Katar od początku był rozpatrywany jako państwo, na które Rosja jest w stanie wpłynąć. Zostało to potwierdzone w praktyce.

DWA LATA PO ZABÓJSTWIE JANDARBIJEWA, 3 czerwca 2006 roku, około godziny 15 samochód Chevrolet Tahoe, którym jechało pięciu rosyjskich dyplomatów, został zablokowany przez minibusa i sedana 400 metrów od rosyjskiej ambasady w stolicy Iraku. Padły strzały. Jeden z dyplomatów, Witalij Titow, został ciężko ranny. Zmarł tego samego dnia. Pozostała czwórka została porwana. 19 czerwca iraccy bojownicy zażądali od Rosji wyprowadzenia wojsk z Czeczenii i uwolnienia wszystkich muzułmanów z rosyjskich więzień. Dali na to 48 godzin.

W przeciwnym razie zagrozili śmiercią dyplomatów. 25 czerwca terroryści umieścili w sieci wideo z egzekucją zakładników: jednemu z nich została odcięta głowa, drugi został zabity strzałem w twarz, trzeci w momencie nagrywania wideo był już martwy – kamera zarejestrowała tylko obraz jego zwłok. Następnego dnia Rosja potwierdziła, że cała czwórka dyplomatów nie żyje.

28 czerwca Putin rozkazał rosyjskim służbom specjalnym odnaleźć i zlikwidować terrorystów, którzy zorganizowali porwanie i zabójstwo pracowników rosyjskiej ambasady w Iraku[21]. Nikołaj Patruszew, ówczesny dyrektor FSB, poinformował, że służby specjalne zrobią wszystko, by zlikwidować zamachowców: „Powinniśmy działać tak, by ani jeden terrorysta, który popełnił tę zbrodnię, nie uniknął odpowiedzialności" – powiedział i dodał: „To nie jest przypadkowe polecenie. Wpisuje się ono w logikę tego, jak działamy (czyli w koncepcję walki z terroryzmem przyjętą przez rosyjskie służby specjalne)"[22]. I choć wyglądało to na emocjonalną reakcję na zabójstwo dyplomatów, w rzeczywistości państwo już od jakiegoś czasu opracowywało podstawy prawne do przeprowadzania likwidacji poza granicami kraju. Kilka miesięcy przed opisywanymi tu wydarzeniami rosyjski parlament zaczął opracowywać projekt ustawy, która pozwalałby FSB zabijać terrorystów poza granicami Rosji[23]. Według informacji zastępcy prezesa Komitetu Dumy Państwowej ds. bezpieczeństwa Michaiła Griszankowa pierwsza wersja uchwały została przedstawiona w Dumie jeszcze w marcu 2006 roku[24]. Minął tydzień od deklaracji Putina odpłacenia irackim terrorystom – i 5 lipca Duma przegłosowała poprawki do uchwał „O Federalnej Służbie Bezpieczeństwa" i „O przeciwdziałaniu terroryzmowi", a 7 lipca Rada Federacji przyjęła postanowienie „O wykorzystywaniu Sił Zbrojnych FR i oddziałów specjalnego przeznaczenia poza granicami FR w celu zapobiegania międzynarodowej działalności terrorystycznej"[25]. Zgodnie z tym pakietem uchwał

antyterrorystycznych prezydent otrzymywał prawo wydawania oddziałom rosyjskiego specnazu lub służbom specjalnym rozkazów przeprowadzania operacji poza granicami Federacji Rosyjskiej.

Pierwszym miejscem, w którym taka operacja została przeprowadzona, była Abchazja. W epoce ZSRR była jednym z najpiękniejszych regionów turystycznych, ale po wojnie rosyjsko-gruzińskiej w 2008 roku zaczęła być całkowicie zależna od Rosji. Abchazja w dosłownym sensie tego słowa izolowała się od wszystkich poza Rosją, która otworzyła granice dla jej obywateli i odbudowała połączenie kolejowe z Suchumi [według prawa międzynarodowego Abchazja jest autonomią w ramach Gruzji, choć w praktyce jest zupełnie od niej niezależna. Jako niepodległe państwo uznana została przez zaledwie kilka państw, w tym Rosję – przyp. red.]. Umacniając stosunki z Abchazją, Moskwa uprościła nawet procedurę przyznawania rosyjskiego obywatelstwa obywatelom Abchazji. Dziś większość jej mieszkańców ma dwa paszporty.

17 sierpnia 2007 roku o godzinie 13.30 w centrum niewielkiego miasta Gudauta zastrzelony został lider miejscowej radykalnej wspólnoty muzułmańskiej Hamzat Gicba. Z powodu fascynacji boksem zwano go Rocky. W Abchazji znany był jako bohater gruzińsko-abchaskiego konfliktu z lat 1992–1993. Podczas konfliktu w Czeczenii był członkiem oddziału Szamila Basajewa, a w styczniu 1996 roku jednym z terrorystów, którzy na wodach tureckich porwali pasażerski prom „Awrazija". Po roku 2000 Gicba wrócił do Abchazji, gdzie stanął na czele radykalnej wspólnoty muzułmańskiej. Jednocześnie wciąż pozostawał w bliskim kontakcie z czeczeńskimi bojownikami oraz osobiście z Szamilem Basajewem, który ożenił się z jego siostrą[26].

Nie jest tajemnicą, że abchascy muzułmanie otrzymywali wsparcie finansowe z Turcji, gdzie istnieje potężna abchaska diaspora. Ale najbardziej pomocą tą zainteresowani byli północnokaukascy bojownicy. Rosyjskie służby specjalne uważały Gicbę za pośrednika w przekazywaniu pieniędzy między Turkami i Czeczenami.

Według naszych informacji Gicba ukrywał również bojowników, którzy w październiku 2005 roku napadli na Nalczik, po czym zbiegli do Abchazji. W republice odnoszono się do Gicby i jego kontaktów pobłażliwie – częściowo dlatego, że był on bohaterem wojny o niepodległość, a po części z powodu ospałości abchaskich organów sprawiedliwości.

Zabójcy czekali w samochodzie Chrysler zaparkowanym przed meczetem. Kiedy Gicba z niego wyszedł, zastrzelili go z pistoletu automatycznego. Godzinę po zabójstwie znaleziono płonącego chryslera. Miejscowa milicja ustaliła, że kilka dni przed zabójstwem samochód ten przekroczył rosyjsko-abchaską granicę na rzece Psou. Kamery zapisały numer rejestracyjny samochodu, ale ponieważ Abchazi nie prowadzą rejestracji obywateli przekraczających granicę samochodami, nie wiadomo, kto znajdował się w środku. Strona abchaska zwróciła się do rosyjskich pograniczników, ale ci odpowiedzieli, że samochód na takich numerach w ogóle nie przekraczał granicy[27]. Urzędnik, bliski abchaskim kręgom rządowym, powiedział nam: „Nie mamy żadnych wątpliwości, że operację tę przeprowadziła FSB: Gicba stał na czele radykalnej wspólnoty wahabitów, a rosyjski rząd nie miał żadnego innego sposobu na rozprawienie się z nią”[28].

MNIEJ WIĘCEJ W TYM SAMYM CZASIE w Azerbejdżanie miała miejsce seria zabójstw. Ofiarami byli Czeczeni. 18 listopada 2007 roku w Baku został zastrzelony Imran Gazijew – zastępca szefa przedstawicielstwa czeczeńskiej republiki Iczkerii w Azerbejdżanie. Zabójca wystrzelił, gdy Gazijew wysiadał ze swojego samochodu. Broń – pistolet Bajkał [handlowa nazwa popularnego pistoletu Makarowa PM – przyp. red.] z tłumikiem – została porzucona na miejscu przestępstwa. Ten nieduży pistolet został zaprojektowany jeszcze w latach 40. dla wyższych rangą oficerów wojska, jednak cieszył się popularnością również wśród żołnierzy wojsk wewnętrznych oraz funkcjonariuszy KGB. Członkowie oddziałów antyterrorystycznych wykorzystują bajkał jako broń dodatkową. Popularny jest również wśród kryminalistów. Dzięki swojej zdolności przebijania kamizelki kuloodpornej pistolet ten otrzymał na Zachodzie przydomek „gangster's gun"[29].

Zabójstwo Gazijewa w Baku było morderstwem na pokaz. Jego celem była próba zastraszenia miejscowej diaspory czeczeńskiej. Jednak nie ograniczono się do jednej ofiary. Na początku 2007 roku Rada Czeczeńskich Uchodźców w Azerbejdżanie wystosowała list otwarty do Wysokiego Komisarza Narodów Zjednoczonych do spraw Uchodźców Antonio Guterresa, w którym przekonywała, że sytuacja Czeczenów w Azerbejdżanie „znacznie się pogorszyła" z powodu „zagrożenia bezpieczeństwa osobistego naszych obywateli, którzy przybyli do tego kraju, szukając schronienia i obrony"[30]. Rada powołała się na przypadki „porywania ludzi", przywołując przypadek Rusłana Elijewa, który przepadł w Baku w listopadzie 2006 roku. W marcu 2007 roku jego ciało zostało odnalezione w Czeczenii w lesie w okolicy wsi Samaszki[31].

Agenci FSB już od wielu lat przeprowadzają operacje w Azerbejdżanie. Najlepszym tego dowodem jest incydent, który miał miejsce w 2002 roku, gdy pięciu oficerów FSB zostało zatrzymanych w Baku z fałszywymi dokumentami oraz aparaturą do inwigilacji[32]. Ale choć stosunki między Azerami a Moskwą były wtedy znacznie gorsze niż obecnie, odesłano ich do Rosji bez przedstawienia jakichkolwiek zarzutów.

Przez pewien czas władze Azerbejdżanu cierpliwie tolerowały obecność separatystów czeczeńskich w swoim kraju. Jednak po zamachu na teatr na Dubrowce przedstawicielstwo

Iczkerii w Baku zostało zamknięte. Poza tym Azerbejdżan powstrzymał się od komentarzy w związku z zabójstwem Gazijewa, choć przedstawiciele diaspory czeczeńskiej jednoznacznie wskazywali na Rosję. W roku 2007 stosunki między Rosją a Azerbejdżanem znacznie się poprawiły. Nasze źródła w MSW potwierdziły, że Rosja podpisała nawet umowę z Azerbejdżanem pozwalającą jej przeprowadzać operacje specjalne na terytorium Azerbejdżanu oraz przekraczać funkcjonariuszom służb granicę państwa[33]. Nawiasem mówiąc, po opublikowaniu tej informacji w „Nowej Gaziecie" zarówno Rosja, jak i Azerbejdżan powstrzymały się od komentarzy.

W LATACH 2008-2009 DO ZABÓJSTW Czeczenów niejednokrotnie dochodziło też w Turcji. Rosyjskie służby specjalne od dawna oskarżały Turcję o wspieranie czeczeńskich bojowników. Tym bardziej że w Stambule znalazło azyl wielu czeczeńskich uchodźców. We wrześniu 2008 roku został tam zabity Gadżi Edilsułtanow, były czeczeński dowódca polowy. Zastrzelono go na ulicy w dzielnicy Basaksehir. Trzy miesiące później, 10 grudnia 2008 roku – na oczach żony i dzieci – zginął jeszcze jeden czeczeński dowódca polowy Islam Dżabibiekow. Dostał trzy postrzały w głowę. Umarł na miejscu.

Kolejnym zabitym w Stambule czeczeńskim bojownikiem był Mussa Atajew (znany także jako Ali Osajew). Zginął 26 lutego 2009 roku.

Rosja ogłosiła, że przyczyną wszystkich tych zabójstw były porachunki finansowe[34]. Ale wyjaśnienia te nie uspokoiły władz w Ankarze, a także rządów innych krajów. 21 marca 2009 roku turecka gazeta „Sabah" poinformowała o tajnym spotkaniu w Stambule przedstawicieli tureckich i francuskich służb specjalnych, na którym omawiano serię zabójstw czeczeńskich uchodźców[35]. W artykule zacytowano m.in. francuskiego sędziego Philippe'a Dorce'a: „Otrzymaliśmy od naszej agencji wywiadu wojskowego DGSE informację, że we Francji planowane są zamachy na Czeczenów. Dlatego seria zabójstw czeczeńskich uchodźców w Turcji przyciągnęła naszą uwagę. Sądzimy, że wszystkie te przestępstwa są ze sobą powiązane. Powołaliśmy specjalną grupę zajmującą się mieszkającymi we Francji Czeczenami. W związku z otrzymanymi informacjami wywiadowczymi dokładnie sprawdzamy wersję o rosyjskim udziale w tej sprawie"[36]. W artykule w gazecie „Sabah" znalazły się również informacje o tym, że – zdaniem francuskiego wywiadu – zabójstwa w Turcji zostały zaplanowane przez FSB, a francuskie służby specjalne pomogły jednemu z mieszkających we Francji czeczeńskich liderów zmienić miejsce pobytu oraz nazwisko.

Również jeden z tureckich urzędników biorących udział w spotkaniu powiedział dziennikarzom „Sabah", że zabójstwa Czeczenów nie miały związku z przestępczością zorganizowaną. Ale ostatecznie zamachy te w żaden sposób nie wpłynęły na relacje rosyjsko-tureckie.

BYŁY PODPUŁKOWNIK FSB ALEKSANDR LITWINIENKO służył w słynnym Wydziale do Zwalczania Przestępczości Zorganizowanej (URPO). I choć oddział ostatecznie rozwiązano, skandal z powodu okrutnych metod, których używali jego funkcjonariusze, trwał jeszcze długo. W roku 1998 Litwinienko był jednym z uczestników konferencji prasowej, na której kilku oficerów FSB poinformowało, że otrzymali rozkaz zabicia oligarchy Borisa Bieriezowskiego. Dwa dni później uciekł do Londynu i poprosił tam o status uchodźcy politycznego.

W Londynie Litwinienko otrzymywał wsparcie od Bieriezowskiego[37] i wciąż publicznie krytykował działania rosyjskich władz. Na konferencji prasowej w Londynie oskarżył FSB o organizację wybuchów w moskiewskich blokach mieszkalnych w 1999 roku. Później ogłosił, że FSB współpracowała z Al-Kaidą i brała udział w zabójstwie rosyjskiej dziennikarki Anny Politkowskiej.

Litwinienko zmarł w Londynie w listopadzie 2006 roku. Brytyjscy eksperci ustalili, że został zatruty substancją radioaktywną zidentyfikowaną jako polon-210. W ostatnim oświadczeniu, podpisanym w szpitalnym łóżku, Litwinienko oskarżył o swoją śmierć Putina. Nazwał go wprost zleceniodawcą zabójstwa. Dochodzenie przeprowadzone w Wielkiej Brytanii pokazało, że substancja radioaktywna została dostarczona z Rosji. W rezultacie prokuratura brytyjska zażądała wydania Andrieja Ługowoja – byłego oficera KGB i dobrego znajomego Litwinienki, który spotkał się z nim w Londynie 1 listopada 2006 roku, a następnie wrócił do Rosji. Rosyjskie władze odmówiły jednak wydania Ługowoja.

Brytyjczycy nigdy nie mówili wprost o zleceniodawcach zabójstwa Litwinienki. Zgodnie z nieoficjalną wersją podaną brytyjskim dziennikarzom przez kontrwywiad MI5 zatrucie zostało zorganizowane przez Kreml, ale na poziomie rządowym nigdy Rosji o zabicie Litwinienki nie oskarżono[38]. Jednak gdy Rosja odmówiła ekstradycji Ługowoja, Wielka Brytania odesłała do Moskwy czterech pracowników ambasady rosyjskiej w Londynie[39]. Rosja z kolei wydaliła czterech brytyjskich dyplomatów, a wspólna rosyjsko-brytyjska grupa antyterrorystyczna została rozwiązana. W Rosji Ługowoj został wybrany do Dumy Państwowej, gdzie wszedł do komitetu do spraw bezpieczeństwa. Komitet ten ma nadzorować działalność rosyjskich służb specjalnych i tworzyć uchwały regulujące ich funkcjonowanie.

Zabójstwo Litwinienki było najgłośniejszym zabójstwem obywatela rosyjskiego w ciągu ostatnich dziesięciu lat. Polon, poza wszelką wątpliwością, został dostarczony z Rosji, a przewieźć przez granicę substancję radioaktywną można było wyłącznie z pomocą wysoko postawionych urzędników rosyjskich. Jednak czy zabójstwo Litwinienki zostało zamówione przez rosyjskie władze i czy dokonali go przekupieni albo wynajęci ludzie – nie wiadomo.

UPARTA NIECHĘĆ ROSJI do współpracy z brytyjskimi śledczymi oraz wybranie Ługowoja do parlamentu Zachód ocenił jako potwierdzenie uczestnictwa państwa rosyjskiego w ukryciu prawdziwych okoliczności śmierci Litwinienki. Ale w samej Rosji wydarzenia te interpretowane były inaczej: nasz kraj nie klęka przed Zachodem. Emocje te zostały efektywnie wykorzystane przez propagandę grającą na antyzachodnich nastrojach społeczeństwa.

17. POWRÓT SZPIEGÓW

WYWIAD FSB

GDY NA POCZĄTKU LAT 90. KGB rozbito na kilka różniących się kompetencjami instytucji, otoczenie Borysa Jelcyna chciało, żeby rosyjski wywiad działał podobnie jak służby specjalne na Zachodzie. Tam każda ze specsłużb ma swoją precyzyjnie określoną strefę odpowiedzialności: wywiadem zagranicznym zajmuje się inna agencja niż kontrwywiadem. W Rosji służba wywiadu zagranicznego SWR miała przypominać CIA albo brytyjską MI6. Kontrwywiad miał przypominać MI5.

Gdy Putin został prezydentem, wielu sądziło, że pozwoli FSB wchłonąć SWR. Ale choć w latach 90. do FSB wróciło kilka wydziałów wcześniej oderwanych od KGB, Służby Wywiadu Zagranicznego nawet nie próbowano do niego wcielić. Nie dlatego, że FSB tego nie chciała. Taki ruch był jej niepotrzebny. Z czasem i tak przekształciła się w trzecią co do znaczenia służbę wywiadowczą w państwie skoncentrowaną przede wszystkim na krajach byłego Związku Radzieckiego.

W KGB wywiad i kontrwywiad były ze sobą splecione – i na poziomie kierownictwa w Moskwie, i na poziomie regionalnych zarządów w całym kraju. Oprócz pracy agenturalnej za granicą KGB zajmowała się jeszcze jednym rodzajem działalności operacyjnej – tak zwanym wywiadem z terytorium. Eufemizmem tym określano proces werbowania obcokrajowców na terenie Związku Radzieckiego z perspektywą ich dalszego wykorzystania w charakterze agentów. W ZSRR możliwości werbowania obcokrajowców były praktycznie nieograniczone: państwo mogło śledzić dosłownie każdego przybysza z zagranicy. Regionalne oddziały KGB miały za zadanie pracować ze wszystkimi obcokrajowcami podróżującymi po kraju. Do tego celu stworzone zostały tak zwane pierwsze oddziały.

Po rozpadzie Związku Radzieckiego, gdy KGB zostało rozwiązane i podzielone na kilka osobnych specsłużb, „pierwsze oddziały" pozostały związane z regionalnymi zarządami FSB. Nadal też zachowały swoje funkcje. Jednak do organizacji efektywnej działalności, w tym również wymiany informacji ze Służbą Wywiadu Zagranicznego, brakowało im skoordynowanej struktury. FSB wykorzystała to jako pretekst do utworzenia nowego wydziału, który poszerzył jej pole działania na prowadzenie operacji specjalnych za granicą.

W CZERWCU 2002 ROKU otrzymaliśmy list od funkcjonariusza FSB (chciał on pozostać anonimowy). Przypominał w nim, że według prawa FSB może prowadzić działalność wywiadowczą[1]. W 1999 roku, jak przekonywał funkcjonariusz, prezydent Jelcyn podpisał uchwałę przewidującą utworzenie struktur wywiadu zagranicznego FSB. Zgodnie z tą uchwałą organem wywiadu zagranicznego FSB stał się Zarząd Koordynacji Informacji Operacyjnej (UKOI). Został on utworzony przy Departamencie Analizy, Prognozy i Planowania Strategicznego (DAPSP) FSB. Na jego czele stanął pięćdziesięcioletni generał-major Wiaczesław Uszakow, który wcześniej służył w Karelii razem z Nikołajem Patruszewem, ówczesnym dyrektorem FSB.

Autorzy zwrócili się z pytaniem dotyczącym uchwały Jelcyna do naczelnika Centrum Kontaktów Społecznych FSB Andrieja Łariuszina. Rzecznik prasowy nie mógł wprost potwierdzić istnienia uchwały, ponieważ informacja ta została uznana za tajną. Jednak jego komentarz zabrzmiał jak pośrednie potwierdzenie. „W zasadzie istnienie takiej uchwały byłoby logiczne. Jeśliby jej nie było, dochodziłoby do kompetencyjnych konfliktów między FSB a SWR. Uchwała ta stała się koniecznością od chwili, gdy kompetencje wywiadu i kontrwywiadu zostały rozdzielone między różne instytucje. Bez niej dochodziłoby do konfliktów między SWR a FSB podobnych do tych, jakie w USA pojawiają się między FBI a CIA, gdy agencje wchodzą sobie w paradę"[2].

Wkrótce stało się jasne, że pełnomocnictwa nowej struktury nie ograniczają się do koordynacji.

Mimo rozpadu ZSRR Moskwa starała się zachować pozycję lidera wśród krajów dawnego bloku komunistycznego. Rosyjskie służby specjalne podtrzymywały bliskie kontakty z kolegami z byłych republik radzieckich, czasami nawet pomagając im zapełnić próżnię powstałą w ich resortach.

W kwietniu 1992 roku Służba Wywiadu Zagranicznego oraz wywiady krajów Wspólnoty Niepodległych Państw podpisały porozumienie o tym, że nie będą prowadzić działalności wywiadowczej przeciwko sobie nawzajem[3]. Ponieważ spośród krajów Wspólnoty Niepodległych Państw tylko Rosji – dzięki spadkowi w postaci KGB – dostała się służba wywiadowcza z prawdziwego zdarzenia, porozumienie okazało się bardzo niesymetryczne[4]. Służba Wywiadu Zagranicznego przyjęła rolę Wielkiego Brata: jej przedstawiciele składali wizyty w stolicach krajów WNP i uczestniczyli w obustronnych pertraktacjach, czasami nawet przyjmowały ich głowy państw.

Jednak wkrótce stało się jasne, że strategia utrzymania politycznego status quo w republikach postsowieckich nie ma szans. Na początku nowego stulecia systemy polityczne ustanowione na początku lat 90. zaczęły się rozpadać pod wpływem kolejnych „kolorowych rewolucji". Najpierw była „rewolucja róż" w Gruzji (2003 rok), potem „pomarańczowa rewolucja" na Ukrainie (2004 rok), w końcu „tulipanowa rewolucja" w Kirgistanie (2005 rok). Moskwa nie potrafiła ani ich przewidzieć, ani im zapobiec.

Stało się jasne, że niektóre z byłych radzieckich republik już za chwilę wyjdą ze strefy wpływów Rosji. Wymagają w związku z tym bardziej wytężonej uwagi. Moskwę do tego coraz bardziej niepokoiła działalność zagranicznych wywiadów w tych regionach – przecież Kreml nie miał wątpliwości, że wszystkie kolorowe rewolucje były inspirowane i organizowane przez Zachód. Jednak Służba Wywiadu Zagranicznego nie miała prawa działać na terytorium byłych republik radzieckich. Tymczasem FSB, która nie podpisywała żadnego porozumienia o powstrzymaniu się od działalności wywiadowczej, była wolna od zobowiązań. Przed Zarządem Koordynacji Informacji Operacyjnej zostało postawione zadanie „rozpracowania" najbliższych sąsiadów Rosji. Od naszych źródeł dowiedzieliśmy się, że poszczególne wydziały UKOI były tworzone według porządku geograficznego, a jego pracownicy otrzymali prawo wyjazdu za granicę.

30 czerwca 2003 roku została przyjęta poprawka do ustawy „O organach Federalnej Służby Bezpieczeństwa w Federacji Rosyjskiej", która regulowała funkcjonowanie specjalnego organu zajmującego się zagraniczną działalnością wywiadowczą[5]. W roku 2004 UKOI zyskał wyższy status: Zarząd przekształcono w Departament Informacji Operacyjnej (DOI), a jego szef Wiacześław Uszakow został mianowany zastępcą dyrektora FSB. Na jego miejsce przyszedł Siergiej Biesieda, wpływowy generał, który do tego czasu służył w wydziale sprawującym opiekę nad administracją prezydenta i zdobył tam wiele cennych kontaktów.

Operacje szpiegowskiego departamentu FSB bardzo trudno jest wytropić, jednak jego szefowie pojawiali się w krajach

WNP, gdy tylko miał tam miejsce jakikolwiek polityczny kryzys. W roku 2002 w tygodniku „Wiersija" opublikowaliśmy pierwszy artykuł z serii materiałów poświęconych działalności Departamentu Informacji Operacyjnej. (Publikacja serii była kontynuowana w 2004 roku w gazecie „Moskowskije Nowosti" oraz w roku 2006 w „Nowej Gaziecie"). Jednocześnie dziennikarze z krajów Wspólnoty Niepodległych Państw zaczęli przysyłać nam informacje o działalności Departamentu Informacji Operacyjnej[6]. Od nich dowiedzieliśmy się, że departament zaznaczył swoją obecność na Białorusi oraz w Mołdawii. Na Białorusi FSB oskarżono o próbę wpłynięcia na sytuację polityczną tuż przed wyborami prezydenckimi w 2003 roku[7]. W Mołdawii, jak przekonywali tamtejsi dziennikarze, Uszakow osobiście pracował z miejscowymi politykami[8].

Wiadomo także, że kierownictwo departamentu prowadziło negocjacje z kandydatami na prezydenta Abchazji w czasie kampanii wyborczej w 2004 roku. Generałowie FSB pojechali do tej nieuznającej gruzińskiego zwierzchnictwa republiki, by wesprzeć promoskiewskiego kandydata. Jednak mimo to przegrał on wybory[9]. Wizyta ta poważnie naruszyła pozycję wywiadu FSB w Gruzji. Cztery lata później departament nie przewidział gruzińskiej inwazji na Osetię Południową.

W czerwcu 2010 roku w sieci pojawiła się strona lubyanskayapravda.com. Została najpewniej utworzona przez niezadowolonych funkcjonariuszy FSB i zawierała dziesiątki zeskanowanych dokumentów agencji – w tym również raportów składanych najwyższym osobom w państwie, datowanych na lata 2005–2006. Największa część raportów to sprawozdania Departamentu Informacji Operacyjnej z działań w krajach WNP. Jeden z dokumentów zawierał na przykład opis operacji przeprowadzonej przez Departament Informacji Operacyjnej, której celem było sfabrykowanie dokumentu Służby Bezpieczeństwa Ukrainy o pracy z turkmeńską opozycją. Fałszywy raport

SBU został opublikowany w internecie jako wyciek. Adresatem tego fałszywego dokumentu był rząd Turkmenistanu, a celem – zerwanie pertraktacji dotyczących dostaw gazu między Ukrainą a Turkmenistanem.

Strona lubyanskayapravda.com działała trzy tygodnie, nie przyciągnęła uwagi mediów i po cichu została zamknięta.

FSB WCIĄŻ AKTYWNIE ingerowała w politykę obcych państw. Pytanie tylko – na ile efektywnie. 12 maja 2005 roku dyrektor FSB Patruszew, występując w Dumie Państwowej, opowiedział, jak jego resort pomógł odkryć spisek mający na celu obalenie ustroju politycznego na Białorusi. Zgodnie z wersją Patruszewa pod koniec 2004 roku podczas „pomarańczowej rewolucji" na Ukrainie międzynarodowe organizacje pozarządowe urządziły w stolicy Słowacji Bratysławie spotkanie, podczas którego opracowywały projekt „obalenia prezydenta Białorusi Aleksandra Łukaszenki"[10]. Białoruskie KGB zadziwiająco spokojnie zareagowało na otwartą ingerencję FSB w wewnętrzne sprawy republiki. Następnego dnia Komitet Bezpieczeństwa Państwowego Białorusi potwierdził informację FSB. A jeszcze kilka dni później szefowie służb specjalnych WNP spotkali się w stolicy Kazachstanu Astanie. Podstawowy cel tego spotkania stał się jasny pod koniec narady, gdy Patruszew ponownie zaczął mówić o niebezpieczeństwach kolorowych rewolucji. Tym razem poparli go szefowie KGB Białorusi oraz Komitetu Bezpieczeństwa Narodowego Kazachstanu. To żadna tajemnica, że i na Białorusi, i w Kazachstanie państwo gnębi opozycję polityczną i ogranicza wolność słowa.

W okresie rządów Putina ambicje i obszar zainteresowań FSB urósł kilkakrotnie. Wiosną 2009 roku jeszcze jeden pułkownik Departamentu Informacji Operacyjnej opowiedział Sołdatowowi, że departament działa już w takich krajach jak Afganistan i Pakistan. Informację tę potwierdziło jeszcze jedno źródło. W maju 2009 roku, gdy szef DOI Siergiej Biesieda został awansowany i stanął na czele Służby Informacji Operacyjnej oraz Kontaktów Międzynarodowych FSB, jego miejsce zajął Oleg Chramow, znany specjalista od spraw Bliskiego Wschodu[11].

W tym samym czasie firma Gorizont specjalizująca się w produkcji znaczków i medali na zamówienie FSB wybiła specjalny medal dla funkcjonariuszy Departamentu Informacji Operacyjnej z jego emblematem: tak jak na logo Służby Wywiadu Zagranicznego przedstawia on kulę ziemską[12].

PO TYM JAK ZSRR przestało istnieć, Rosja miała nadzieję zachować wpływ na sytuację w dawnych radzieckich republikach. Ale nie wszystkim podobało się badawcze spojrzenie Wielkiego Brata z Moskwy. Białoruś, Armenia, Kirgistan i Tadżykistan, wierni sojusznicy Rosji, pozwoliły umieścić na swoim terytorium rosyjskie bazy. Jednak Azerbejdżan, Gruzja, Mołdawia i Ukraina powoli dryfowały w stronę NATO – częściowo z powodu wspierania przez Rosję ruchów separatystycznych w niektórych regionach tych krajów (Górski Karabach w Azerbejdżanie, Abchazja i Osetia Południowa w Gruzji, Naddniestrze w Mołdawii, Krym na Ukrainie). W tym samym czasie Kazachstan, Turkmenistan i Uzbekistan zaczęły usuwać Rosjan ze swoich służb specjalnych.

Niemniej jednak w drugiej połowie lat 90. Kreml próbował nawiązać szczególne relacje ze służbami specjalnymi wszystkich krajów WNP. Podjęto dwie istotne próby, ale obydwie zakończyły się niepowodzeniem.

Pierwsza polegała na utworzeniu w marcu 1997 roku Rady Szefów Organów Bezpieczeństwa i Służb Specjalnych Krajów WNP – SORB. Na jej czele stanął szef FSB, a na czele Biura Wykonawczego szef Zarządu Współpracy Międzynarodowej FSB. Jednak zakres pełnomocnictw SORB-u ogranicza się do konsultacji, a obszar działalności – do tradycyjnej strefy wpływów

Moskwy: najbardziej aktywnymi członkami Rady są Białoruś i Armenia, najbliżsi sojusznicy Moskwy. Tymczasem Uzbekistan i Turkmenistan odmówiły przyłączenia się do tej organizacji. Druga próba została podjęta w roku 2000. Utworzono wówczas Centrum Antyterrorystyczne WNP (ATC) ze sztabem generalnym w Moskwie oraz oddziałem w stolicy Kirgistanu Biszkeku.

ATC była pomyślana jako struktura ponadnarodowa, jednak de facto kontrolę nad nią sprawowała FSB. 50 procent zespołu stanowili Rosjanie, również Rosja w 50 procentach finansowała organizację. Resztę środków wnosiły pozostałe kraje członkowskie. Na czele ATC stanął pierwszy zastępca dyrektora FSB. Federalna Służba Bezpieczeństwa nadzorowała również wspólne szkolenia antyterrorystyczne przeprowadzane co roku w kwietniu w Azji Środkowej. Czyli w rzeczywistości Centrum stało się jeszcze jednym instrumentem, za pomocą którego Rosja trzymała WNP w sferze swoich wpływów[13]. W rezultacie Centrum Antyterrorystyczne okazało się organizacją mało efektywną. Jego celem miało być stworzenie platformy wymiany informacji wywiadowczych, do której miałyby dostęp służby specjalne wszystkich krajów członków WNP. Ale idea wspólnej bazy danych szybko przestała być atrakcyjna dla członków organizacji, gdy tylko się dowiedzieli, że główny serwer będzie się znajdował w Moskwie. Zbyt dużo nieufności nagromadziło się w krajach WNP, by dobrowolnie przekazywały one Rosji informacje zebrane przez swoje wywiady. Bardzo szybko Centrum Antyterrorystyczne stało się więc jeszcze jednym zbiurokratyzowanym urzędem[14]. Co więcej, niektóre państwa WNP po prostu nie uwierzyły w szczerość rosyjskich chęci pomocy w walce z terroryzmem. Turkmenistan, Azerbejdżan i Uzbekistan odmówiły wysłania swoich przedstawicieli do ATC, a po „rewolucji róż" w 2005 roku gruziński przedstawiciel został odsunięty od Centrum.

Centrum Antyterrorystyczne WNP nie zaprzestało prób poszerzenia strefy swoich wpływów w Azji Środkowej – nawet jeśli w imię osiągnięcia tego celu trzeba było wspierać reżimy autorytarne, tłumiące opozycję i dysydentów. W maju 2005 roku masowe protesty w uzbeckim mieście Andiżan zostały stłumione przez miejscowe służby specjalne: w starciach zginęły setki osób. Generał FSB Boris Mylnikow, w tym czasie stojący na czele ATC, publicznie mówił o poparciu dla władz Uzbekistanu i zaproponował pomoc ich specsłużbom[15]. Ale mimo to ATC nie udało się poszerzyć wpływów Rosji poza granice państw, które znalazły się w rosyjskiej strefie wpływów jeszcze na początku lat 90.

Jednocześnie rosnąca po 2001 roku obecność USA i sił koalicyjnych w Azji Środkowej z powodu kampanii w Afganistanie odbierana była przez Moskwę jako kontynuacja wielkiej gry, którą prowadziły w XIX wieku imperia rosyjskie i brytyjskie o dominację w regionie. Tyle tylko, że przeciwnikami były tym razem Rosja i NATO. Sytuacja ta zmusiła Rosję do zmiany taktyki. Uświadomiwszy sobie bezowocność poprzednich prób ustanowienia kontroli nad regionem, Rosja zaczęła szukać nowych sojuszników. Jej uwaga skupiła się na Uzbekistanie oraz jego prezydencie Islamie Karimowie, silnej figurze politycznej jeszcze w czasach radzieckich. Uzbekistan znajdował się również w sferze zainteresowań USA – Amerykanie chcieli ulokować na terytorium tego państwa bazę dla samolotów bezzałogowych latających nad Afganistanem. Rosja tymczasem zamierzała włączyć na nowo republikę do swojej strefy wpływów[16]. Celem Karimowa z kolei było zdławienie opozycji islamistycznej wewnątrz kraju. Bojownicy Islamskiego Ruchu Uzbekistanu (IDU) reprezentowali sobą bezpośrednie zagrożenie dla ustroju państwa. W latach 90. większość członków IDU uciekła do Afganistanu, a niektórzy do Rosji. W tej sytuacji strategia była prosta: sprawić, by Amerykanie prześladowali bojowników IDU w Afganistanie, a rosyjskie służby specjalne na terytorium Rosji[17].

Od połowy lat 90. Rosja stała się schronieniem dla przeciwników politycznych środkowoazjatyckich reżimów. Wykorzystując przepuszczalność granic, ludzie z radzieckimi, ale wciąż działającymi paszportami masowo emigrowali do Rosji. Wśród emigrantów byli opozycjoniści, między innymi aktywiści islamscy z Tadżykistanu, Azerbejdżanu, Uzbekistanu, Turkmenistanu i Kazachstanu.

Wielu uchodźców z Uzbekistanu było członkami albo sympatykami islamistycznej partii Hizb at-Tahrir. Partia ta została założona w 1953 roku w Jerozolimie, a w połowie lat 90. przeniosła swoją działalność do Uzbekistanu. Występuje przeciwko przemocy, ale głosi również odbudowę kalifatu, który miałby objąć cały świat muzułmański. Pod koniec lat 90. zrobiła się na tyle popularna, że Karimow uważał ją za realne zagrożenie polityczne. W roku 1998 służby specjalne Uzbekistanu zaczęły masowe aresztowania członków tej organizacji. Tymczasem dla Rosji Hizb at-Tahrir nie przedstawiała żadnego zagrożenia: działalność partii ograniczała się do propagandy i kolportowania ulotek. Do tego nigdy nie uważała ona Rosji za terytorium przyszłego wielkiego kalifatu.

Jednak Karimow bał się, że Rosja wykorzysta zbiegłych opozycjonistów do podsycenia nastrojów antyrządowych w Uzbekistanie. Służby specjalne tego kraju opracowały więc nową strategię: wysyłały do Rosji swoich ludzi, którzy po prostu porywali opozycjonistów przedstawiających potencjalne zagrożenie dla dyktatury Karimowa. Rosyjskie służby specjalne, w tym również FSB, albo pomagały uzbeckim kolegom, albo patrzyły na ich operacje przez palce.

Aktywistka ruchu obrony praw człowieka Jelena Rjabinina powiedziała nam: „Na początku XXI wieku ludzie urodzeni w Uzbekistanie, mieszkający na Powołżu i zaliczani przez uzbeckie służby specjalne do Hizb at-Tahrir zaczęli jeden po drugim znikać". Rjabinina, szefowa programu pomocy dla uchodźców politycznych z Azji Środkowej, mieszkanka Odessy i zawzięta palaczka, spędziła wiele godzin w sądach, broniąc uchodźców z Azji Środkowej przed niezgodną z prawem deportacją. Mimo to wielu z nich trafiało do uzbeckich więzień. Aliszer Usmanow, nauczyciel w medresie mieszkający w Kazaniu, był od 1998 roku poszukiwany przez uzbeckie służby specjalne za „zamach na konstytucyjny porządek kraju". Jednak Usmanow otrzymał obywatelstwo rosyjskie i, co za tym idzie, nie podlegał ekstradycji. W 2004 roku został zatrzymany przez rosyjską milicję i na kilka miesięcy pozbawiony wolności za nielegalne posiadanie broni. 24 lipca 2005 roku miał wyjść na wolność, ale jego żona Aisza, która przyjechała po niego do więzienia, poinformowała, że mąż zniknął.

Później okazało się, że zabrano go wprost z więzienia, przewieziono na lotnisko i odesłano do Uzbekistanu. 24 października 2005 roku rosyjska państwowa agencja informacyjna RIA Nowosti opublikowała następujący komunikat: „Usmanow został przewieziony z Kazania do Uzbekistanu zgodnie ze wspólnym z FSB Rosji planem walki z terroryzmem międzynarodowym"[18]. W listopadzie 2005 roku został skazany na osiem lat więzienia w Uzbekistanie.

Podobną taktykę na terenie Rosji stosowały służby specjalne Tadżykistanu, Turkmenistanu i Azerbejdżanu[19].

W ROKU 2004 SŁUŻBOM SPECJALNYM Tadżykistanu udało się zatrzymać znanego polityka Machmadruzi Iskandarowa, który w czasie wojny domowej był jednym z liderów Zjednoczonej Tadżyckiej Opozycji walczącej przeciwko prezydentowi kraju Emomali Rahmonowi. W wyniku porozumienia zawartego w 1998 roku Iskandarow stanął na czele państwowej kompanii gazowej i został prezesem opozycyjnej Partii Demokratycznej. W roku 2003 wystąpił przeciwko przedłużeniu kadencji prezydenta Rahmonowa. Wkrótce potem Iskandarow został zmuszony do ucieczki z Tadżykistanu do Rosji: w listopadzie 2004 roku Prokuratura Generalna Tadżykistanu oskarżyła go o terroryzm i wydała nakaz jego aresztowania. Dość szybko został zatrzymany w Moskwie. Jednak Prokuratura Generalna FR uchyliła wniosek o jego ekstradycję. 5 kwietnia 2005 roku Iskandarow wyszedł na wolność. Ale już dwa tygodnie później zniknął. Odnalazł się w więzieniu w Duszanbe. Odtworzyliśmy obraz wydarzeń z jego listu, gdzie opisuje okoliczności porwania.

Iskandarow gościł u przyjaciół w podmoskiewskim Korolewie. Wieczorem 15 kwietnia, gdy wyszedł przejść się z przyjacielem, zatrzymało ich dwóch ludzi w mundurach funkcjonariuszy drogówki. Założyli Iskandarowi na ręce kajdanki i wepchnęli do samochodu osobowego. Przejechali 500 metrów i wsadzono go do minibusa, którym zawieziono go do jakiejś sauny. Następnego dnia porywacze odwieźli Iskandarowa do lasu i tam przekazali go kolejnym osobom, jak mógł zrozumieć z rozmów, funkcjonariuszom rosyjskich służb specjalnych. Ci zasłonili Iskandarowi oczy i w kajdankach wsadzili do samolotu. Przez cały lot nie było słychać żadnych komunikatów, charakterystycznych dla rejsów pasażerskich. Iskandarow wysnuł z tego wniosek, że leci wojskowym samolotem.

Rankiem 17 kwietnia tadżycki opozycjonista odkrył, że znajduje się na lotnisku w Duszanbe. Został tam przekazany funkcjonariuszom Ministerstwa Bezpieczeństwa Tadżykistanu. W październiku 2005 roku dostał wyrok: 23 lata pozbawienia wolności.

Jak się później okazało, Iskandarow został dostarczony do Duszanbe pod nazwiskiem Giennadij Pietrowicz Bałanin[20]. Rzecznicy lotniska Domodiedowo (jedynego, z którego w tamtym czasie latano do Duszanbe) na pytanie adwokatów Iskandarowa odpowiedzieli, że w ich bazie danych automatycznego systemu rejestracji pasażerów nie widnieje nazwisko Bałanin. To dowód, że przekazanie Iskandarowa z Rosji dokonane było za zgodą i przy aktywnym udziale FSB - lotniskowe służby graniczne wchodzą w jej skład.

Adwokaci Iskandarowa skierowali skargę do Europejskiego Trybunału Praw Człowieka, a Trybunał zwrócił się do władz rosyjskich, prosząc o wyjaśnienie okoliczności porwania. 24 września 2005 roku pełnomocnik Rosji przy Europejskim Trybunale odpowiedział, że władze rosyjskie nie mają żadnego związku z wywiezieniem Iskandarowa z Moskwy. Jednak całkowicie przeczyło temu oświadczenie władz Tadżykistanu, które z niejasnych powodów postanowiły nie kryć rosyjskich służb specjalnych. Dysponujemy datowaną na 24 listopada 2005 roku odpowiedzią tadżyckiego MSZ na notę Wysokiego Komisarza Narodów Zjednoczonych ds. Praw Człowieka. W nocie czytamy: „Oskarżony Iskandarow był oficjalnie wydany stronie tadżyckiej przez organy Federacji Rosyjskiej i 17 kwietnia 2005 roku umieszczony w areszcie Ministerstwa Bezpieczeństwa Republiki Tadżykistan"[21].

We wrześniu 2010 roku Europejski Trybunał Praw Człowieka uznał wyjaśnienia władz rosyjskich, które utrzymywały, że ich służby specjalne nie brały udziału w porwaniu Iskandarowa, za nieprzekonujące. Za dowód posłużył fakt, że 15 kwietnia 2004 roku Iskandarow został zatrzymany przez rosyjskich milicjantów i znajdował się pod ich kontrolą do momentu, gdy został przekazany władzom Tadżykistanu. Trybunał nakazał wypłacenie Iskandarowi rekompensaty w wysokości 30 tysięcy euro.

W większości przypadków rosyjskie służby specjalne przymykały oczy na działalność swoich kolegów z Azji Środkowej na terytorium Rosji. Jednak mechanizm wydawania ludzi obchodzący procedury ekstradycyjne nie był jeszcze opracowany. Brakowało bardzo ważnych elementów: centrum koordynującego działania, gwarancji bezpieczeństwa dla funkcjonariuszy specsłużb uczestniczących w porwaniach, bazy prawnej legalizującej transport porwanych ludzi.

Największą przeszkodą w wydawaniu podejrzanych z Rosji do innych krajów jest procedura ekstradycyjna, która przewiduje, że to Prokuratura Generalna podejmuje decyzję o ekstradycji. Po pierwsze – procedura ta jest długa, po drugie – jawna, a po trzecie – decyzję o ekstradycji można zaskarżyć w sądzie. I co najważniejsze – Prokuratura Generalna często odmawia wydania ludzi do takich krajów jak Uzbekistan i Tadżykistan, ponieważ nie mogą one przedstawić dowodów przestępstwa. Tak stało się w przypadku Iskandarowa. Poza tym, ponieważ zdaniem Unii Europejskiej w więzieniach w tych krajach stosowane są tortury, decyzję o ekstradycji prawie zawsze udaje się oprotestować w Europejskim Trybunale Praw Człowieka.

Szanghajska Organizacja Współpracy (SOW) wprowadziła nowy, o wiele wygodniejszy sposób przekazywania podejrzanych. Ten międzynarodowy organ został stworzony w roku 2001. Tworzą go Chiny, Kazachstan, Kirgistan, Rosja, Tadżykistan oraz Uzbekistan. Z wyjątkiem Uzbekistanu wszystkie kraje członkowskie należały wcześniej do Szanghajskiej Wielkiej Piątki – organizacji założonej w 1996 roku. Uzbekistan dołączył do niej w czerwcu 2001 roku. Oficjalnie deklarowaną misją SOW jest wspólna walka przeciwko „trzem złom": terroryzmowi, separatyzmowi oraz ekstremizmowi. W roku 2004 w ramach SOW utworzono specjalny oddział do zapobiegania terroryzmowi – Regionalną Strukturę Antyterrorystyczną, RATS.

Na czele RATS stanął zastępca dyrektora FSB. Struktura ta przeprowadzała wspólne szkolenia i konferencje, więc początkowo wyglądało to na kolejną czysto biurokratyczną inicjatywę. Wkrótce jednak cele organizacji się zmieniły. Zmienili się również główni beneficjenci. Walka z terroryzmem okazała się wygodnym pretekstem do uproszczenia procedury zatrzymywania podejrzanych osób oraz ich ekstradycji. SOW skupiło teraz uwagę na przerzucie podejrzanych przez granice oraz opracowaniu mechanizmów obchodzenia standardowej procedury ekstradycyjnej. Wzorem była tu praktyka zwana rendition i stosowana przez CIA jako sposób na tajne przerzucanie przez granicę podejrzanych o terroryzm[22].

RATS poświęciła kilka lat na stworzenie analogicznego systemu, który można byłoby wykorzystywać zamiast oficjalnej drogi ekstradycyjnej. Zgodnie z szanghajską konwencją o walce z terroryzmem, separatyzmem oraz ekstremizmem służby specjalne i organy ochrony prawnej państw członkowskich pomagają sobie nawzajem w oparciu o bezpośrednią prośbę o współdziałanie[23]. Prośba musi zawierać nazwę służby prowadzącej operację, jej cel oraz uzasadnienie, a także opis koniecznych działań (na przykład zatrzymanie i transport). Powinna być podpisana przez kierownika albo zastępcę odpowiedniego organu państwowego – na przykład specsłużby. W wyjątkowych przypadkach prośby te mogą być ustne.

Szanghajska konwencja pozwala także stosować prawo innych państw na terytorium Rosji. To na wypadek, gdyby osoba podejrzana popełniła w jakimś kraju przestępstwo, które nie stanowi przestępstwa według rosyjskiego kodeksu karnego. To wyjątkowo wygodny zapis, szczególnie dla Chin: jakikolwiek zwolennik niezależności Tybetu, który pozwoli sobie na swobodne wypowiedzi w internecie, niech wie, że nie znajdzie schronienia nawet na bezkresnych stepach Kałmucji. Rosja w jego wypadku będzie musiała zastosować się do chińskiego prawa.

Ostatnią przeszkodą stojącą na drodze specsłużb domagających się wydania swojego obywatela był status uchodźcy. Mogli się o niego ubiegać chociażby Uzbecy i Tadżykowie prześladowani w swoich ojczyznach za przekonania religijne albo działalność opozycyjną. Ale ci, którzy trafili do bazy danych SOW, nie mają szans na status uchodźcy: FSB może poinformować Federalną Służbę Migracyjną, że dany człowiek jest niebezpieczny, ponieważ władzom uzbeckim nie spodobały się jego wystąpienia w Kotlinie Fergańskiej osiem lat temu, i status uchodźcy nie zostanie mu przyznany. Po czym można takiego obcokrajowca z Rosji deportować jako nielegalnego imigranta.

Taki los spotkał Diłszota Kurbanowa, Uzbeka, który przedostał się do Rosji w 2002 roku. Do opuszczenia Uzbekistanu Kurbanowa zmusiły regularne wezwania na przesłuchania z powodu jego przynależności do organizacji islamskiej. I choć był po prostu człowiekiem wierzącym, żadnym ekstremistą, zdecydował się wyjechać. W 2007 roku Kurbanow został zatrzymany w Rosji na prośbę Uzbekistanu i oskarżony o religijny ekstremizm. Dopiero ingerencja Europejskiego Trybunału Praw Człowieka uratowała go przed ekstradycją.

Obrońca praw człowieka Jelena Rjabinina przekonuje, że to z polecenia FSB Kurbanowowi odmówiono statusu uchodźcy. Dyrektor zarządu FSB w Obwodzie Tulskim skierował do Federalnej Służby Migracyjnej pismo, w którym powoływał się na dokumenty przysłane z Uzbekistanu. Wynikało z nich, że Kurbanow oskarżony jest o m.in. o „wykorzystywanie religii islamskiej do podważania ładu społecznego". I choć nie został przedstawiony ani jeden dowód, Federalna Służba Migracyjna odmówiła Kurbanowowi przyznania statusu uchodźcy[24].

Próbując przestawić nowy system ekstradycji podejrzanych na właściwe tory, RATS zaczęła pracować nad wspólnym bankiem danych o poszukiwanych terrorystach, separatystach i ekstremistach. Bank taki utworzony został na podstawie dwóch źródeł. Pierwsze to „Wykaz terrorystycznych, separatystycznych i ekstremistycznych organizacji, których działalność została zabroniona na terytorium państw członkowskich SOW", a drugie to „Lista osób podejrzanych o popełnienie przestępstw o charakterze terrorystycznym, separatystycznym oraz ekstremistycznym, które zostały umieszczone przez służby specjalne oraz organy ochrony prawnej państw członkowskich SWO na międzynarodowych listach gończych".

Żeby zapewnić RATS możliwość zatrzymywania podejrzanych w sześciu państwach, konieczne są gwarancje dla wykonawców tych zleceń. Naprzeciw tych potrzeb wyszła „Konwencja o przywilejach i immunitetach SOW" ratyfikowana przez Rosję w 2005 roku. Nadała przedstawicielom organizacji status dyplomatów. Podczas wypełniania obowiązków nie podlegają więc oni odpowiedzialności karnej. Mają także immunitet, nie mogą zostać zatrzymani ani aresztowani.

Taki sam immunitet przysługuje również „ekspertom" RATS, którzy działają z polecenia SOW. Na czas służbowych delegacji w Rosji otrzymują immunitet chroniący ich przed aresztem. Nie podlegają odpowiedzialności karnej za wszystko, co powiedzieli bądź zrobili przy pełnieniu obowiązków służbowych. Ich bagaż nigdy nie podlega kontroli. Interesujące, że immunitet ten działa nawet po zakończeniu „podróży służbowej".

Pomieszczenia należące do RATS również są chronione. W konwencji jest mowa o tym, że nikt nie może wchodzić do budynków RATS bez zgody dyrektora. Immunitetem jest więc chronione również mienie RATS, niezależnie od tego, gdzie się znajduje.

Rosyjskie służby specjalne nie miały nigdy problemów, z którymi musiało się zmierzyć CIA, gdy do prasy wyciekły informacje o porwaniach podejrzanych na całym świecie, zamykaniu ich i torturowaniu w tajnych więzieniach. W przypadku RATS można się nie obawiać takiego rozgłosu. Obrońcom praw człowieka odmówiono na przykład udzielenia informacji o przekazaniu Aliszera Usmanowa do Uzbekistanu czy Iskandarowa do Tadżykistanu. Nie wiadomo też, ile w sumie osób zatrzymano i przetransportowano do innych krajów, wykorzystując system RATS.

W 2008 roku, gdy dokończono pracę nad systemem, stało się jasne, że Rosja zyskała na nim znacznie mniej niż jej partnerzy z SOW. Rosyjskie służby specjalne stale przekazywały ludzi do innych krajów, ale w zamian nie otrzymały nikogo. Zgodnie z raportem FSB w pierwszych latach XXI w. w Tadżykistanie, Kirgistanie, Kazachstanie i Chinach praktycznie nie dokonywano zatrzymań obywateli rosyjskich. Ani jeden podejrzany o terroryzm czy ekstremizm nie został też przekazany Rosji przez Uzbekistan.

Ale dla Uzbekistanu i Chin system ten okazał się wyjątkowo wygodny: Ujgurzy zazwyczaj uciekają przed władzami do Uzbekistanu, Tadżykistanu i Turkmenistanu. Uzbecy zaś często znajdują schronienie w Rosji i Tadżykistanie. W roku 2006 Tadżycy przekazali Chinom ujgurskiego imama Husejndżana Dżelila mającego podwójne chińsko-kanadyjskie obywatelstwo[25]. Z kolei dyrektor FSB na posiedzeniu kierownictwa RATS w marcu 2006 roku poinformował, że Rosja przekazała Uzbekistanowi 19 osób podejrzanych o członkostwo w organizacji Hizb at-Tahrir.

Według informacji Jeleny Rjabininy w roku 2007 Rosja zaczęła odsyłać członków stowarzyszenia Falun Gong, zakazanego w Chinach w roku 1999: uznano je za zorganizowaną grupę polityczną, „opozycyjną w stosunku do Komunistycznej Partii Chin oraz rządu centralnego, głoszącą idealizm, teizm oraz zabobony feudalne"[26].

28 marca 2007 roku mieszkająca w Sankt Petersburgu czterdziestoczteroletnia wyznawczyni ruchu Falun Gong Ma Huey wraz z ośmioletnią córką została zatrzymana przez funkcjonariuszy Federalnej Służby Migracyjnej. Kilka godzin później obydwie deportowano do Chin, mimo że Wysoki Komisarz ONZ do spraw Uchodźców przyznał jej status „uchodźcy mandatowego". 13 maja Rosja wydała Chinom jeszcze jednego wyznawcę Falun Gong Hao Czy Mana. Praktyka ta trwa do dzisiaj[27].

W roku 2003 siedziba RATS została przeniesiona z Biszkeku do stolicy Uzbekistanu Taszkientu. W roku 2005 Rosja na prośbę Uzbekistanu umieściła partię Hizb at-Tahrir, legalną w Europie

i USA, na liście organizacji terrorystycznych. W roku 2008 zrobiła zaś Karimowowi jeszcze jeden prezent: wrogowie Uzbekistanu zostali uznani za zagrożenie dla rosyjskiego bezpieczeństwa narodowego. Na spotkaniu z szefami komisji antyterrorystycznych, które odbyło się w maju 2008 roku w Chanty-Mansyjsku, dyrektor FSB Patruszew powiedział: „Międzynarodowa organizacja terrorystyczna Hizb at-Tahrir oraz Islamski Ruch Uzbekistanu podejmują próby przeszczepienia swojej działalności na terytorium Rosji”[28].

Żadne oznaki działalności Islamskiego Ruchu Uzbekistanu na terytorium Rosji nie zostały zauważone. Lider ruchu Tahir Juładaszew groził, że zabije prezydentów Uzbekistanu, Kirgistanu i Tadżykistanu. Ale nie Rosji.

DOTYCZASOWA WSPÓŁPRACA ROSJI z państwami Azji Środkowej, która miała wspierać rosyjskie ambicje pozostania liderem w regionie, była wygodna przede wszystkim dla służb specjalnych położonych tam krajów. Inicjatywa Rosji, by zjednoczyć służby specjalne Chin i państw Azji Środkowej w nowym sojuszu, na którego czele stoi Moskwa, pozwoliła wydawać podejrzanych o terroryzm, separatyzm i ekstremizm, obchodząc procedury prawne. Aż do roku 2009 Rosja nie miała z tego praktycznie nic, poza wątpliwym prestiżem. Za to Kreml zmienił Rosję w miejsce, gdzie służby specjalne autorytarnych państw mogą swobodnie polować na swoich przeciwników.

18. WOJNA W SIECI

HAKERZY PATRIOCI

MNIEJ WIĘCEJ W 2005 ROKU grupy aktywistów o prokremlowskich i antyzachodnich poglądach zaczęły organizować się na forach internetowych. Jedno z takich for powstało na stronie Informacia.ru. Aktywiści ci nie mieli żadnych powiązań ze strukturami państwa, nie byli wysokiej klasy specjalistami z zakresu informatyki, za to świetnie orientowali się w wirtualnym świecie internetu. Najbardziej irytowało ich to, że władze Rosji nie są w stanie zlikwidować stron północnokaukaskich bojowników, wśród nich najbardziej opiniotwórczej, którą można znaleźć pod adresem Kavkazcenter.com. Postanowili więc działać na własną rękę. Zapłacili 500 dolarów specjaliście, który napisał dla nich program zdolny do przeprowadzenia ataku DDoS (Distributed Denial of Service – masowy atak z wielu komputerów, które blokują działanie konkretnej strony czy systemu, zasypując ją ogromną ilością pytań i informacji). To prosta, ale efektywna metoda blokowania strony. Na pewien czas.

W sierpniu 2005 roku grupa ta zarejestrowała pod adresem Anticenter.org stronę Obywatelski Antyterror. Nawoływano na niej do walki z „ekstremistycznymi i terrorystycznymi" stronami w internecie. Na stronie głównej na tle skrzyżowanych tarcz wyświetlała się postać mężczyzny w arafatce. „Głównym celem naszej społeczności jest całkowite zniszczenie stron propagujących terror i przemoc, przeinaczających fakty i bezwstydnie kłamiących swoim czytelnikom". Za deklaracją tą następował wykaz pięciu stron separatystów czeczeńskich. Poza tym wypowiedziana została wojna stronom Partii Narodowo-Bolszewickiej.

Anticenter.org z dumą informował o 25 zakończonych sukcesem cyberatakach, z których większość skierowana była przeciwko stronom czeczeńskich bojowników. 5 grudnia 2005 roku na stronie pojawiła się informacja: „Przez ponad pół dnia była niedostępna strona Chechenpress.info". 2 grudnia: „Zamknięta strona Imam-tk.fastbb.ru". 1 grudnia: „W rezultacie działań hakerów Obywatelskiego Antyterroru duże problemy pojawiły się na stronie Chechenpress.net. Wzywamy wszystkich naszych użytkowników do pobrania programu umożliwiającego atak na Chechenpress.net".

W roku 2006 z nieznanych przyczyn grupa zamknęła swoją stronę, ale zanim ją zlikwidowała, Anton Moskal, liberalny programista z Sankt Petersburga, skopiował ją na wypadek, gdyby Obywatelski Antyterror zniknął.

28 maja 2007 roku do Moskala zadzwonił człowiek, który przedstawił się jako „Stanisław, członek Narodowego Komitetu Antyterrorystycznego". Prośba, z którą zwrócił się do Moskala, była prosta: powiedział, że poszukuje grupy Obywatelski Antyterror i chciałby, by Moskal pomógł mu do niej dotrzeć[1].

Przez 20 minut programista próbował wyjaśnić Stanisławowi, że nie podziela poglądów twórców strony Anticenter.org i nie ma z nimi żadnego kontaktu. Po prostu skopiował stronę na wszelki wypadek. Stanisław chyba nie uwierzył Moskalowi, bo zostawił mu swój numer telefonu, licząc na kontakt z jego strony. To oczywiste, że próbował zwerbować Moskala do uczestnictwa w cyberwojnie ze stronami terrorystów i ekstremistów. Jednak nic nie osiągnął. Za to nam udało się wyjaśnić, że Stanisław rzeczywiście służy w Narodowym Komitecie Antyterrorystycznym, a pozostawiony przez niego numer telefonu należy do jednego z wydziałów tej struktury FSB[2].

PODCZAS PIERWSZEJ I DRUGIEJ wojny w Czeczenii Kreml był mocno poirytowany tym, że internet daje separatystom czeczeńskim możliwość swobodnego kontaktu z prasą i światem zewnętrznym. Pierwszą i najbardziej wpływową stroną był Kavkaz.org, zarejestrowany 2 marca 1999 roku w mieście Pompano Beach w stanie Floryda. Założył ją Mowładi Udugow, główny propagandysta separatystów jeszcze z czasów pierwszej wojny w Czeczenii. Wkrótce strona stała się główną trybuną czeczeńskich liderów oraz efektywnym środkiem propagandy.

Podczas pierwszej wojny czeczeńskiej rosyjscy oraz zagraniczni dziennikarze pokonywali kordony i zdobywali informację „z drugiej strony". Czeczeńscy bojownicy zgadzali się na udział w telewizyjnych i prasowych reportażach, w których pokazywany był zniszczony rosyjski sprzęt oraz zabici żołnierze rosyjskiej armii. Również sam Udugow często pojawiał się przed kamerami i udzielał komentarzy.

Przegraną w pierwszej wojnie czeczeńskiej Kreml, armia oraz służby specjalne tłumaczyły m.in. nieprzygotowaniem do wojny informacyjnej. Dlatego gdy w 1999 roku zaczęła się druga wojna czeczeńska, rosyjscy wojskowi robili wszystko, by uniemożliwić dziennikarzom dostęp do informacji ze strony separatystów.

W grudniu 1999 roku, kiedy rosyjskie wojska szturmowały Grozny, kilku dziennikarzy znajdowało się w mieście. Wśród nich była Masza Ejsmont, korespondent agencji Reuters, oraz Andriej Babicki, dziennikarz Radia Swoboda. Ich teksty poirytowały władze Rosji. Sekretarz prasowy FSB Aleksandr

Zdanowicz oskarżył zagraniczne służby wywiadowcze o fabrykowanie wiadomości w celu podważenia zasadności wojskowych działań Rosji na Kaukazie[3]. Obydwojgu dziennikarzom grożono. W końcu zostali zatrzymani[4].

Rosyjskie gazety i programy telewizyjne przyswoiły tę lekcję: dziennikarzom nie wolno robić reportaży ukazujących wydarzenia z czeczeńskiego punktu widzenia. W rezultacie powstała paradoksalna sytuacja: z powodu braku korespondentów na miejscu media zmuszone były czerpać informacje bezpośrednio od bojowników – a więc ze strony Kavkaz.org. Na przykład 7 maja 2000 roku przedstawiciele rosyjskich sił zbrojnych zaprzeczyli informacji bojowników, że został przez nich zestrzelony rosyjski bombowiec Su-24. Gdy na stronie Kavkaz.org pojawiła się fotografia bojowników pozujących na tle zestrzelonego samolotu, armia zmuszona była przyznać, że informacja strony czeczeńskiej była prawdziwa[5].

Strona Kavkaz.org początkowo adresowana była głównie do obcokrajowców. Miała trzy wersje językowe: rosyjską, angielską oraz turecką. Publikowane na niej informacje, wywiady z czeczeńskimi dowódcami, wideoreportaże, fotografie – wszystko to interesowało media na całym świecie.

W maju 2000 roku specjalizujący się w Czeczenii ekspert brytyjskiego Institute for War & Peace Reporting (Instytutu Dokumentacji Wojny i Pokoju) Michael Randell powiedział korespondentom Radia Swoboda, że mimo skłonności strony Kavkaz.org do przesady publikowane na niej informacje z reguły oparte są na faktach. Zauważył, że dzięki niej wydarzenia w Czeczenii nie znikają z pola zainteresowania mediów na całym świecie oraz że publikowane są na niej przypadki okrutnego traktowania przez siły federalne więźniów, jeńców i zwykłych obywateli.

31 sierpnia 1999 roku strona Kavkaz.org została po raz pierwszy zaatakowana przez hakerów. Na głównej stronie umieścili

portret Lermontowa w mundurze desantowca z kałaszem w rękach oraz informację: „Strona ta została zamknięta na prośbę wielu Rosjan". Do ataku przyznała się „Syberyjska brygada sieciowa"[6].

Atak na stronę został powtórzony w roku 2002, tym razem przez grupę tomskich studentów, którzy zastosowali metodę DDoS. Grupa składała się z siedmiu osób, na jej czele stał Dmitrij Aleksandrow, który w roku 1996 zmuszony był wyjechać z Czeczenii do Tomska. Studenci ogłosili, że zajmują się stroną Kavkaz.org już trzy lata, dokonując włamań i wysyłając listy z ostrzeżeniami do firm hostingowych w USA i Kanadzie[7]. Zarząd FSB w Obwodzie Tomskim, jak wszystko na to wskazuje, zdawał sobie z tego sprawę. W odpowiedzi na pytania dziennikarzy opublikował informację prasową, w której stwierdzono, że działania studentów to „wyraz ich postawy obywatelskiej, która zasługuje na szacunek"[8].

W TYM SAMYM CZASIE gdy tomscy studenci przystąpili do ataków hakerskich, rosyjskie służby specjalne dysponowały już najnowocześniejszymi środkami prowadzenia cyberwojny. Jeśli chciałyby dołączyć do ataków hakerów na strony czeczeńskie, zrobiłyby to. Jednak wolały stać z boku.

Następczynią KGB w obszarze wywiadu elektronicznego została po 1990 roku Federalna Agencja ds. Komunikacji i Informacji Rządowej (FAPSI). Wyrosła ona z ósmego i szesnastego zarządu KGB zajmujących się szyfrowaniem/deszyfrowaniem informacji oraz przechwytywaniem i analizą transmisji radiowych[9].

Podobnie jak Agencja Bezpieczeństwa Narodowego USA, osławiona NSA, FAPSI odpowiadało za bezpieczeństwo informacyjne oraz wywiad radiowy i elektroniczny. I choć NSA przewyższała FAPSI pod względem wyposażenia, rosyjska służba odziedziczyła po KGB doskonałą szkołę matematyczną, obecnie

Instytut Kryptografii, Łączności i Informatyki FSB. A także zagraniczne centra wywiadu elektronicznego, w tym bazy w wietnamskiej Zatoce Kamran oraz w Lourdes na Kubie[10]. Poza tym do dyspozycji FAPSI pozostawały siły tajnego trzeciego zarządu (oficjalna nazwa – Główny Zarząd Wywiadu Radioelektronicznego za Granicą, GURRSS) zajmującego się wywiadem elektronicznym poza granicami Rosji. Mało kto poza agencją znał pełną nazwę Trzeciego Zarządu oraz charakter jego działalności.

Sprzęt elektroniczny posiadany przez FAPSI był wysoko oceniany przez amerykańskich specjalistów: uważano, że rosyjska agencja ma zarówno kompetencje, jak i możliwości techniczne, by dostać się do baz danych wszystkich rządowych oraz prywatnych służb informacyjnych w Rosji. Oprócz tego przypisywano jej zakończone sukcesem akcje zdobywania informacji o zagranicznych firmach działających na rynku rosyjskim, w tym również o ich utajnionych transakcjach bankowych[11].

Od połowy lat 90. FAPSI zaczęło interesować się internetem, w każdym razie jego rosyjską częścią. W roku 1996 na przesłuchaniach w Dumie Państwowej zastępca dyrektora generalnego FAPSI generał-pułkownik Władimir Markomienko ogłosił, że „internet stanowi zagrożenie dla bezpieczeństwa narodowego". Dodał, że FAPSI otrzymała prawo prowadzenia monitoringu elektronicznych transakcji finansowych, a także obrotu papierami wartościowymi. A to oznaczało również dostęp do prywatnych zasobów w internecie[12]. Podstawową troską FAPSI była więc nie czeczeńska propaganda, ale ochrona rosyjskiego internetu przed inwigilacją ze strony zagranicznych służb wywiadu. Profesjonaliści specjalizujący się w bezpieczeństwie informatycznym zupełnie się nie pchali do pierwszego szeregu bojowników prowadzących cyberwojnę z Czeczenami[13].

W ROKU 2003 TRZECI ZARZĄD FAPSI wszedł w skład FSB. Od tego czasu stało się jasne, że do walki z internetowymi stronami bojowników władze rosyjskie wolą wykorzystywać hakerów, bezpośrednio niepowiązanych ze strukturami rządowymi. Najważniejsi urzędnicy w państwie publicznie wyrażali niezadowolenie z powodu obecności w sieci stron typu Kavkaz.org. Niezależni hakerzy w lot zrozumieli aluzję – i przeszli do aktywnego ataku, dając jednocześnie władzom możliwość zdystansowania się od ich działalności.

Wkrótce hakerzy patrioci przestali się ograniczać do ataków na strony czeczeńskie. Zaczęli się włamywać na strony opozycyjnych mediów oraz partii politycznych. Ofiarami stały się zarówno organizacje opozycyjne uznane za ekstremistyczne, np. Partia Narodowo-Bolszewicka, jak i legalne, w tym ruch Garri Kasparowa, a także liberalne media – gazeta „Kommiersant" czy Radio Echo Moskwy.

Naszym zdaniem niektóre grupy korzystały bardziej z protektoratu administracji prezydenta niż służb specjalnych. W ciągu ostatnich dziesięciu lat Kreml zdobył duże doświadczenie w organizacji ruchów młodzieżowych, niewykluczone jest, że wśród ich członków znajdowali się również hakerzy. Poza tym Kreml w otwarty sposób przejawiał zainteresowanie różnymi formami aktywności w internecie, w tym również możliwościami mobilizacji młodzieży do udziału w akcjach propagandowych. Dowodem jest powstała w maju 2009 roku „Kremlowska szkoła blogerów", której uczniowie mieli poznawać narzędzia i metody szerzenia propagandy w sieci. Kluczową rolę w projekcie odegrał politolog Aleksiej Czadajew, współpracownik Gleba Pawłowskiego[14]. Obydwaj na polecenie Kremla kontrolowali mnóstwo propagandowych projektów internetowych[15]. W „szkole blogerów" uczyło się 80 osób, które przyjechały z różnych regionów Rosji. Każda z nich współpracowała z kilkoma innymi aktywistami. Uczniom szkoły dawano zadania organizowania kampanii informacyjnych w sieci (w internecie dostępne są na przykład wideo pt. „Aksamitne rewolucje

– ostrzeżenie" czy „Kto zaczął drugą wojnę światową?")[16]. Wkrótce szkoła została zamknięta, jednak na jej miejscu pojawił się nowy projekt, w ramach którego aktywiści zajmują się pracą z konkretnymi społecznościami internetowymi. Projekt nadzoruje Młoda Gwardia, młodzieżówka prokremlowskiej Jednej Rosji. Poza tym inicjatywa się rozszerzyła na inne regiony: w lutym 2010 roku dagestańskie Centrum Informacyjno-Analityczne Ministerstwa do spraw Młodzieży uruchomiło własną szkołę blogerów.

We wszystkich tych przypadkach Kreml nie musiał się uciekać do zasobów FSB, by zaatakować niewygodne dla państwa strony. Wystarczyło po prostu skierować energię rosnącej społeczności hakerów patriotów w pożądanym kierunku. Na przykład po najeździe bojowników na Nalczik 13 października 2005 roku MSW wyraziło swoje niezadowolenie z powodu tego, że strona bojowników Kawkazcentr (jak nazywała się już wtedy strona Kavkaz.org) znalazła azyl na szwedzkim serwerze. „Niestety – głosiła informacja na oficjalnej stronie MSW – władze Szwecji do dnia dzisiejszego nie podjęły żadnych kroków, by przerwać działalność Kawkazcentr"[17]. Tego samego dnia rosyjska strona Mediaactivist.ru przystąpiła do ataku nie tylko na Kawkazcentr, ale również na strony Radia Echo Moskwy oraz Radia Swoboda. Wojna została oficjalnie wypowiedziana pod hasłem „Zamknijmy pysk Kawkazcentrowi oraz pomocnikom terrorystów!". Na stronie Mediaactivist.ru została umieszczona lista adresów elektronicznych, którzy hakerzy wolontariusze atakowali swoimi listami[18]. Jednak protest szybko się skończył: atakowane media wysłały informację do firmy hostingowej i strona Mediaactivist.ru została odłączona od sieci za rozpowszechnianie spamu.

16 października 2005 roku pod adresem została uruchomiona www.peace4peace.com jeszcze jedna strona, tym razem zatytułowana Internet Underground Community vs. Terrorism (Podziemna

Społeczność Internetowa przeciw Terroryzmowi). I od razu zaczęła ataki typu DDoS na Kawkazcentr. W opublikowanym na stronie manifeście zostało napisane m.in.: „Jesteśmy członkami społeczności hakerów najróżniejszych specjalizacji. Większość z nas już dawno znajduje się po drugiej stronie prawa, ale nie przeszkadza to nam być patriotami, walczącymi o pokój na całym świecie"[19].

Wysiłki podjęte przez rosyjską dyplomację oraz nieformalnych hakerów dały częściowy sukces. W maju 2006 roku władze Szwecji zamknęły stronę Kawkazcentr. Ale wtedy strona przeniosła się do Gruzji. W 2008 roku trafiła zaś do Estonii.

W KWIETNIU 2007 ROKU po raz pierwszy dokonano ataku na kilka stron internetowych rządów innych państw. Estonia rozeźliła Kreml decyzją o usunięciu pomnika żołnierzy radzieckich z centrum Tallinna. Masową antyestońską kampanię rozpoczęła prasa rosyjska, a 27 kwietnia rosyjscy hakerzy przeprowadzili serię ataków na strony internetowe rządu Estonii, parlamentu, banków, ministerstw, gazet, telewizji i stacji radiowych. W większości przypadków były to ataki typu DDoS.

Dokonywały ich osoby prywatne, używające archaicznych metod typu „ICMP echo request" (to prosty atak mający na celu sparaliżowanie atakowanych komputerów – zostają one zawalone prośbami o odpowiedź z wielu adresów jednocześnie. Próba odpowiedzi na wszystkie zapytania powoduje takie przeciążenie, że strona przestaje mieć możliwość obsługi innych funkcji), a także wynajętych drogich botnetów (sieci komputerów zainfekowanych złośliwym oprogramowaniem, zmienionych się w sieciowe zombi) wykorzystywanych zazwyczaj do masowego wysyłania spamu. Rosja zaprzeczyła jakiemukolwiek udziałowi w tych akcjach. Jednak estoński minister spraw zagranicznych Urmas Peat oskarżył Kreml o bezpośredni udział w cyberatakach. Estonia poprosiła też NATO o pomoc w przeciwdziałaniu tej nowej formie agresji. Pomoc otrzymała[20].

Żadnych pewnych informacji na temat tego, kto właściwie stał za atakami na estońskie strony, nie ma do dnia dzisiejszego. We wrześniu 2007 roku minister obrony Estonii był zmuszony przyznać, że nie ma dowodów potwierdzających, że rząd Rosji uczestniczył w tych cyberatakach. „Oczywiście nie mogę teraz przekonywać, że cyberatakami dowodzono z Kremla albo z rosyjskich instytucji państwowych" – powiedział Jaak Aaviksoo w wywiadzie udzielonym estońskiej telewizji Kanal 2[21]. Jednak Rafał Rogożyński, ekspert w dziedzinie bezpieczeństwa sieci, twierdził, że atak hakerów ma cechy świadczące o wsparciu ze strony struktur państwowych. Zwrócił uwagę na to, że hakerzy zaczynali i kończyli ataki ściśle według grafiku, z tygodniową przerwą, co, jego zdaniem, świadczy o tym, że ataku dokonywano okresowo oraz by osiągnąć wcześniej postawione cele[22]. Ale przeciw Rosji i tak nie zostały wysunięte żadne oskarżenia. Nie było również sankcji dyplomatycznych.

W czerwcu 2008 roku celem hakerów stała się Litwa. Ta była republika radziecka wywołała irytację Kremla, gdy miejscowy parlament przegłosował zakaz publicznego demonstrowania państwowych symboli nazistowskich Niemiec oraz Związku Radzieckiego. Taka postawa Litwy bardzo szybko sprowadziła na nią zmasowany cyberatak: 30 czerwca władze Litwy poinformowały, że około 300 litewskich stron zostało zaatakowanych przez hakerów. Były wśród nich strony organizacji społecznych, Komisji Papierów Wartościowych i Giełdy, a także wielu firm prywatnych. Zawartość zaatakowanych stron została podmieniona na symbol czerwonej flagi z antylitewskimi hasłami[23].

W sierpniu 2008 roku konflikt wojenny między Gruzją i Osetią Południową również wywołał cyberatak na gruzińskie strony internetowe. Zgodnie z raportem Project Grey Goose[24] uczestnicy dwóch rosyjskich forów, StopGeorgia.ru oraz Xakep.ru, „poświęcili dużo czasu na dyskutowanie zalet i niedostatków różnych rodzajów złośliwego oprogramowania, w tym również metody DDoS... Po przeanalizowaniu wielu metod ataku typu DDoS szefowie forum przedstawili najprostsze i najbardziej efektywne z nich. Niektórzy uczestnicy słabo władali tymi narzędziami, co pozwala sądzić, że wielu z nich miało zaledwie średnie albo wręcz małe umiejętności techniczne"[25]. W ataku ucierpiało kilka gruzińskich stron rządowych, co zmusiło rząd Gruzji do przeniesienia ich na serwery w USA. Ministerstwo Spraw Zagranicznych Gruzji przyszło „przenieść się" na stronę Blogspot, żeby mieć możliwość umieszczania w sieci informacji w czasie rzeczywistym[26].

W ROKU 2007 STRONA Informacia.ru stała się celem powszechnego zainteresowania. Jak się okazało, korzystali z niej zarówno hakerzy, jak i służby specjalne.

Gdy w maju 2007 roku Sołdatow opublikował w „Nowej Gaziecie" materiał o hakerach patriotach, społeczność hakerska odpowiedziała mu właśnie na stronie Informacia.ru. Dwa lata później, w lipcu 2009 roku, strona Informacia.ru była zamieszana w skandal wokół pewnego brytyjskiego dyplomaty. Zastępca ambasadora Wielkiej Brytanii w Jekaterynburgu James Hudson został zmuszony do odejścia ze stanowiska, po tym jak londyński tabloid „The Sun" opublikował zdjęcia, na których można było zobaczyć człowieka, z wyglądu przypominającego Hudsona, w towarzystwie dwóch prostytutek. Trwający 4 minuty 18 sekund film został umieszczony po raz pierwszy na stronie Informacia.ru 6 lipca. Stąd wywędrował do jekaterynburskiego wydania „Komsomolskiej Prawdy", a potem na stronę Life.ru. Gazeta „The Sun" opublikowała swój materiał 9 lipca – tego samego dnia Hudson podał się do dymisji[27]. W jaki sposób to wideo dostało się w ręce Informacia.ru, nie wiadomo. W Rosji istnieje długa tradycja wykorzystywania kompromitujących materiałów, jednak przeciwko dyplomatom broń ta używana jest niezwykle rzadko. Wcześniej z podobnych metod korzystało tylko KGB w czasach zimnej wojny.

Miesiąc później bohaterem podobnego nagrania stał się amerykański dyplomata Kyle Hatcher: materiał znów został opublikowany na stronie Informacia.ru, a następnie przedrukowany przez „Komsomolską Prawdę". Tym razem nie udało się osiągnąć celu: dyplomata nie podał się do dymisji, wstawił się za nim ambasador USA, a FBI przeprowadziło śledztwo i poinformowało, że nagranie jest sfałszowane. Departament Stanu USA doprecyzował, że wideo było montażem zawierającym również prawdziwe ujęcia. „Pan Hunter stał się ofiarą oszczerczej kampanii w rosyjskich mediach oraz w internecie, przeprowadzonej w celu dyskredytacji jego osoby oraz jego działalności – powiedział sekretarz prasowy Departamentu Stanu Ian Kelly. – Potępiamy takiego rodzaju oszczercze kampanie"[28].

W roku 2008 ta sama społeczność, która niegdyś tworzyła Anticenter.org, utworzyła nową stronę Antiterror.tv. Jej moderatorzy chwalili się, że zamknęli 200 stron, a także wyśledzili kolejnych 100 adresów nielegalnych stron, które następnie przekazali FSB. Antyterrorystyczna retoryka tych komunikatów tylko potwierdzała, że hakerzy patrioci znaleźli się na pierwszej linii frontu w cyberwojnie.

POZWOLIWSZY HAKEROM PATRIOTOM na prowadzenie cyberwojny, służby specjalne mogły pozostać z boku. Jednocześnie od kilku lat Rosja nalega na podpisanie międzynarodowego porozumienia o nieużywaniu cyberbroni. Lobbowaniem za porozumieniem zajmuje się Instytut Problemów Bezpieczeństwa Informacyjnego Moskiewskiego Uniwersytetu Państwowego, na którego czele stoi doradca sekretarza Rady Bezpieczeństwa ONZ Władisław Szerstiuk, były dyrektor FAPSI oraz Trzeciego Wydziału FSB. USA odmawiają podpisania porozumienia. Pozwala to rosyjskim siłowikom oskarżać Amerykanów o hipokryzję...

ZAKOŃCZENIE

PO ROZPADZIE ZWIĄZKU RADZIECKIEGO i reorganizacji KGB w Rosji pojawiła się nowa struktura – Federalna Służba Kontrwywiadu (FSK). Istniała ona jednak bardzo krótko. W 1995 roku FSK została przemianowana na Federalną Służbę Bezpieczeństwa, FSB. Zmiany nie ograniczyły się tylko do prostej podmiany litery „K" na „B". Pod nową nazwą służby specjalne otrzymały najszersze możliwe pełnomocnictwa, by stać się strażnikiem bezpieczeństwa „nowej" Rosji. Piętnaście lat istnienia FSB to dość, by można było wyciągać wnioski, na ile skuteczna jest nowa specsłużba w wypełnianiu swojej funkcji. Na ile pod jej skrzydłami bezpieczna jest Rosja.

Najpoważniejszym wyzwaniem, z jakim zetknęła się FSB w okresie rządów Władimira Putina, było permanentne zagrożenie zamachami terrorystycznymi zarówno na Kaukazie Północnym, jak i w stolicy kraju. Kiedy doszło do ataku na centrum teatralne na Dubrowce, FSB odbicie teatru okrzyknęła zwycięstwem, licząc, że w ten sposób zapobiegnie kolejnej katastrofie. Jednak gdy dwa lata później dokonano kolejnego zamachu terrorystycznego – na szkołę w Biesłanie – szefowie FSB zademonstrowali kompletną niezdolność do podjęcia zdecydowanych działań. Nie pojawili się nawet na miejscu wydarzeń. W tym czasie FSB próbowała przekonać Rosjan i świat, że konflikt w Czeczenii i zamachy terrorystyczne były wywołane i wspierane przez wrogie siły z zagranicy. W rzeczywistości jednak najbardziej krwawe zamachy terrorystyczne zostały zaplanowane na Kaukazie przez liderów separatystów, którzy dali się poznać już w czasie pierwszej wojny czeczeńskiej. Nie będzie więc błędem uznanie, że rosyjskie służby specjalne poważnie się myliły w ocenach zagrożenia terrorystycznego i dobieraniu środków do jego zwalczania. W odpowiedzi na taktykę bojowników służby zaczęły bowiem przeprowadzać likwidacje, które wyniszczyły całe pokolenie czeczeńskich dowódców polowych, łącznie z Asłanem Maschadowem, Szamilem Basajewem i Zalimchanem Jandarbijewem. Jednak szybko ich miejsce zajęli następcy, często jeszcze bardziej radykalni. Dlatego trzeba jednoznacznie stwierdzić, że do dzisiaj rosyjskie służby specjalne nie znalazły efektywnego sposobu walki z terroryzmem. Kolejny raz stało się to oczywiste 29 marca 2010 roku, gdy dwie zamachowczynie samobójczynie wysadziły się w godzinach szczytu w moskiewskim metrze. Pierwsza bomba wybuchła o godzinie 7.56 rano w wagonie pociągu, który zatrzymał się na stacji Łubianka, dwa kroki od siedziby FSB. Drugi wybuch miał miejsce o godzinie 8.39 na stacji Park Kultury. W rezultacie zginęło 40 osób, a 84 zostały ranne.

FSB poinformowała, że eksplozje to zemsta za śmierć bojowników, którzy zostali zlikwidowani przez oddziały specjalne na początku marca. Jednak wersja ta wydaje się wątpliwa: przygotowanie takich zamachów terrorystycznych zajmuje miesiące, a bojownicy jeszcze dwa lata przed tragedią obiecali przeprowadzić zamach, który wstrząśnie mieszkańcami rosyjskich miast. Eksplozje te zmusiły również do zadania po raz kolejny ważnego pytania, które padało już po zamachu na teatr na Dubrowce oraz po tragedii w Biesłanie: jeśli Kreml zapewnił służbom specjalnym tak silne materialne oraz ideologiczne wsparcie, dlaczego służby po raz kolejny nie potrafiły zapobiec zamachom terrorystycznym?

Akcje terrorystów pokazały, że taktyka likwidacji na Kaukazie Północnym nie przynosi pożądanych rezultatów, ale ani FSB, ani Kreml nie pokazali, że są gotowi ją zmienić. Putin zapewnił za to po raz kolejny, że „terroryści zostaną zlikwidowani", a Dmitrij Miedwiediew organizatorów zamachów nazwał zwierzętami i ogłosił: „Nie mam żadnych wątpliwości: znajdziemy ich i wszystkich zlikwidujemy"[1].

Owszem, rok 2010 był rokiem największych sukcesów rosyjskich służb specjalnych, jeśli chodzi o liczbę zlikwidowanych liderów kaukaskich bojowników. Z drugiej strony był również rekordowym rokiem, jeśli chodzi o liczbę przeprowadzonych zamachów terrorystycznych. To, że taktyka służb specjalnych jest nieefektywna, kolejny raz potwierdziło wysadzenie się terrorysty samobójcy 24 stycznia 2011 roku na moskiewskim lotnisku Domodiedowo.

W roku 2000, gdy Putin został wybrany na prezydenta, specsłużby, a przede wszystkim FSB, powróciły w Rosji na pierwszy plan. Nie przeliczyły się, oczekując rewanżu po przegranych dla nich latach 90., gdy zostały wyrzucone za burtę nowego rosyjskiego kapitalizmu i nowej polityki państwa. Władimir Putin, który 16 lat przesłużył w KGB, zaprosił służby specjalne i ich funkcjonariuszy do objęcia najbardziej wpływowych i prestiżowych stanowisk w kraju. Jednak powierzenie ludziom FSB roli „nowej szlachty", nowych władców Rosji, nie przyniosło oczekiwanych rezultatów.

FSB włożyła wprawdzie ogromny wysiłek, by zdemaskować szkodzących Rosji zagranicznych szpiegów, ale wątpliwe metody, z których przy tym korzystała, zmuszają do refleksji, na ile to zagrożenie było realne. FSB włożyła też mnóstwo sił i środków w walkę z organizacjami pozarządowymi, obawiając się, że mogą one zainicjować rebelię przeciwko Kremlowi. W sposób oczywisty specsłużby jednak przestrzeliły: organizacje te są zbyt małe i nie cieszą się dostatecznie dużym poparciem narodu, żeby stanowić realne zagrożenie dla panującego reżimu.

Putin otworzył przed funkcjonariuszami służb specjalnych możliwość obejmowania stanowisk i kontrolowania wszystkich organów władzy, mając zapewne nadzieję, że staną się oni gwarantami stabilności i porządku. Ale gdy tylko otrzymali oni dostęp do zasobów i przywilejów, zaczęli walkę przeciwko sobie nawzajem.

W szczególnie trudnej sytuacji FSB znalazła się, gdy Władimir Putin został oskarżony o udział w zorganizowaniu wybuchów w moskiewskich blokach mieszkalnych w 1999 roku – miała to być prowokacja, której celem było ułatwienie mu dojścia do władzy. Oczywiste jest, że starania FSB, która próbowała zmusić do milczenia wszystkich zadających pytania na ten temat, tylko wzmocniły podejrzenia i podsyciły teorie spiskowe.

W latach 90., w okresie rządów Borysa Jelcyna, miano nadzieję, że w procesie powstawania społeczeństwa obywatelskiego stosunki między władzą a narodem staną się przynajmniej poprawne. Jednak Putin, ograniczając przestrzeń debaty politycznej i społecznej, całkiem świadomie tłumił procesy prowadzące do kształtowania się społeczeństwa obywatelskiego. Również służby specjalne zaczęły ingerować w procesy polityczne – celem była albo obrona pozycji Władimira Putina, albo demonstracja własnej siły i lojalności wobec Kremla, albo po prostu błędna, bo przesadna ocena zagrożenia ze strony opozycji. Dopóki służby specjalne będą przekonane, że ich własne interesy oraz interes chronionego przez nie politycznego status quo dają im prawo do działania ponad prawem, państwo prawa będzie w Rosji perspektywą dalekiej przyszłości.

Mentalność funkcjonariuszy FSB, uformowana przez radziecką i carską historię, charakteryzuje się podejrzliwością, klanowością oraz klaustrofobicznym stosunkiem do świata zewnętrznego. Oczywiste jest, że czas wymusi zmiany. Ale nie można czekać, by przyszłość przyniosła nam odpowiedzi na dzisiejsze pytania. Przywrócenie tablicy pamięci poświęconej Jurijowi Andropowowi być może dodaje służbom specjalnym pewności siebie, ale na pewno nie podpowie im, jak mają działać w nowych okolicznościach.

Działki przy elitarnej Rublowce w prezencie dla generałów być może osłodzą im przejście na emeryturę. Ale raczej nie pomogą młodym oficerom FSB w staniu się niezależnymi i nieprzekupnymi agentami specsłużb w społeczeństwie demokratycznym. Wzory mają nie najlepsze, bo mimo że Putin obsypywał generałów przywilejami, oni coraz bardziej uchylali się od odpowiedzialności i coraz mniej efektywnie wypełniali swoje obowiązki. Dlatego jeśli prezydent Miedwiediew naprawdę zamierza modernizować Rosję i skończyć z „prawnym nihilizmem", potrzebuje takich obrońców państwa, którzy będą adekwatnie odpowiadać na wyzwania współczesności, a nie bez końca grzęznąć w bagnie przeszłości.

ZAŁĄCZNIK NR 1
STRUKTURA APARATU CENTRALNEGO FSB

Dyrektor

Pierwszy zastępca

Pierwszy zastępca dyrektora – szef Służby Granicznej FSB Rosji

Zastępca dyrektora – szef aparatu Narodowego Komitetu Antyterrorystycznego (NAK)

Zastępca dyrektora – sekretarz stanu

Zastępca dyrektora

1. Służba Kontrwywiadu (SKR)
- Departament Operacji Kontrwywiadowczych
- Zarząd Koordynacji i Analizy Działalności Kontrwywiadowczej
- Zarząd Akcji Specjalnych
- Zarząd Kontrwywiadu w Obiektach
- Centrum Bezpieczeństwa Informacyjnego
- Departament Kontrwywiadu Wojskowego

2. Służba Ochrony Porządku Konstytucyjnego oraz do Walki z Terroryzmem (SZKSiBT)
- Zarząd do Walki z Terroryzmem i Ekstremizmem Politycznym (UBTPE)
- Centrum Antyterrorystyczne / Centrum Specjalnego Przeznaczenia (CSN)
- Zarząd do Walki z Terroryzmem Międzynarodowym (UBMT)
- Zarząd Organizacyjno-Operacyjny
- Zarząd Operacyjno-Poszukiwawczy (ORU)

3. Służba Graniczna

4. Służba Bezpieczeństwa Ekonomicznego (SEB)

- Zarząd Zabezpieczania Zakładów Przemysłowych (Zarząd „P")
- Zarząd Zabezpieczenia Transportu (Zarząd „T")
- Zarząd Zabezpieczania Systemu Kredytowo-Finansowego (Zarząd „K")
- Zarząd do zabezpieczenia Ministerstwa Spraw Wewnętrznych, Ministerstwa Sytuacji Nadzwyczajnych i Ministerstwa Sprawiedliwości (Zarząd „M")
- Zarząd Organizacyjno-Analityczny
- Zarząd do Walki z Przemytem i Nielegalnym Handlem Narkotykami (Zarząd „N")
- Służba administracyjna

5. Służba Informacji Operacyjnej oraz Kontaktów Międzynarodowych (była Służba Analiz, Prognoz i Planowania Strategicznego)

- Departament Informacji Operacyjnej (DOI)
- Zarząd Analityczny
- Zarząd Planowania Strategicznego
- Wydział Jawnych Informacji
- Zarząd Współpracy Międzynarodowej

6. Służba ds. Personelu i Zarządzania (SOKR)

- Zarząd Rejestracji Specjalnych
- Zarząd Organizacyjno-Planowy
- Kadry

7. Służba Kontrolna

- Inspektorat
- Zarząd Zabezpieczenia Działalności Operacyjno-Dochodzeniowej
- Zarząd ds. Kontroli i Rewizji
- Zarząd Bezpieczeństwa Wewnętrznego

8. Służba naukowo-techniczna

- Zarząd Zamówień i Dostaw Broni, Sprzętu Wojskowego oraz Specjalnego
- Zarząd ds. Środków Operacyjno-Technicznych (UOTM)
- Instytut Badawczy Technologii Informacyjnych

9. Służba zabezpieczenia działalności

- Zarząd Finansowo-Ekonomiczny
- Zarząd Zabezpieczenia Materialno-Technicznego (UMTO)
- Zarząd Głównych Robót Budowlanych

Oddziały podległe centrali:

- Zarząd Śledczy
- Zarząd Sprawami
- Komisja Rekrutacyjna FSB (na prawach oddziału)
- Zarząd ds. Umów
- Centrum Bezpieczeństwa Kontaktów (CBS)
- Centrum Wywiadu Radioelektronicznego – CRRSS
- Służba Specjalna (szyfrowanie)
- Centrum Udzielania Licencji i Certyfikatów oraz Ochrony Tajemnicy Państwowej (Centrum „LSZ")
- FGUP NTC Atłas (Centrum Naukowo-Badawcze „Atłas")

Centrum Specjalnego Wyposażenia

- Instytut Kryminalistyki Zarząd Operacyjno-Zwiadowczy (OPU)

Zarząd Programów Pomocy

- Centrum Kontaktów Społecznych

Zarząd Rejestracji i Archiwów (URAF)

- Archiwum Centralne

Zarząd Kontrwywiadu Radiowego (Zarząd „P)
Zarząd Lotnictwa
Zarząd Łączności Specjalnej
Zarząd Medycyny Wojskowej (WMU)
Zarząd Budownictwa Wojskowego
Komendantura
Służba dyżurna
Oddział dziesiąty (wojskowo-mobilizacyjny)
Akademia FSB

ZAŁĄCZNIK nr 2
EWOLUCJA FSB

3 grudnia 1991 roku Michaił Gorbaczow, prezydent ZSRR, rozwiązuje Komitet Bezpieczeństwa Narodowego (KGB) Związku Radzieckiego.

24 stycznia 1992 roku Borys Jelcyn, prezydent Rosji powołuje Ministerstwo Bezpieczeństwa Federacji Rosyjskiej.

21 grudnia 1993 roku Ministerstwo Bezpieczeństwa zostaje przemianowane na Federalną Służbę Kontrwywiadu (FSK). W swoim rozporządzeniu Borys Jelcyn napisał: „System organów WCzK-OPGU-NKWD-NKGB-MGB-KGB-MB okazał się niereformowalny. Podjęte w latach poprzednich próby reorganizacji miały głównie zewnętrzny, kosmetyczny charakter(...) System ścigania politycznego jest zakonserwowany i z łatwością może zostać zrekonstruowany”[2].

5 stycznia 1994 roku prokuratura przejmuje Zarząd Śledczy FSK. Więzienia, łącznie z Lefortowem, zostają przekazane MSW. Wojska ochrony pogranicza stają się osobnym resortem.

22 listopada 1994 roku Jelcyn przywraca Zarząd Śledczy FSK. Więzienie Lefortowskie znów zostaje przekazane służbom specjalnym.

24 listopada 1994 roku – klęska zorganizowanego przez FSK szturmu Groznego.

3 kwietnia 1995 – FSK zostaje przemianowana na FSB – Federalną Służbę Bezpieczeństwa.

14 czerwca 1995 roku – bojownicy czeczeńscy, na czele z Szamilem Basajewem, zajmują szpital w Budionnowsku. 19 czerwca, po nieudanym szturmie na budynek, władze rosyjskie zmuszone są pozwolić Basajewowi (razem z częścią zakładników) na powrót do Czeczenii. Łączna liczba ofiar – 129 osób.

9–18 stycznia 1996 roku – Sałman Radujew dowodzi atakiem na miasto Kizlar w Dagestanie – republice graniczącej z Czeczenią. Rosyjskie wojsko, siły specnazu oraz oddziały specjalne FSB okrążają i szturmują stanowiska bojowników, jednak tym ostatnim udaje się uciec do Czeczenii.

31 sierpnia 1996 roku – w mieście Chasawjurt podpisane zostaje porozumienie o zaprzestaniu działań wojennych. Porozumienie to oznacza koniec pierwszej wojny czeczeńskiej i przewiduje wyprowadzenie wojsk federalnych z Czeczenii do 31 grudnia 1996 roku.

Wrzesień 1997 roku – utworzony zostaje specjalny oddział do walki z przestępczością zorganizowaną – URPO (Zarząd do Rozpracowania i Zapobiegania Działalności Organizacji Przestępczych).

6 lipca 1998 roku – powstaje Zarząd do Ochrony Porządku Konstytucyjnego. URPO zostaje rozwiązany. Zarząd Kontrwywiadu Gospodarczego zostaje przekształcony w Zarząd Bezpieczeństwa Ekonomicznego.

25 lipca 1998 roku – Władimir Putin zostaje mianowany dyrektorem FSB.

8 października 1998 roku – powstaje Centrum Specjalnego Przeznaczenia FSB. W jego skład wchodzą dwa zarządy – „Alfa" i „Wympieł". W lipcu 1999 roku do Centrum dołączają jeszcze dwa oddziały specjalne – jeden z zarządu FSB w Moskwie i Obwodzie Moskiewskim, drugi z Zarządu Kontrwywiadu Ekonomicznego.

3 kwietnia 1999 roku – Zarząd Bezpieczeństwa Ekonomicznego ulega reorganizacji, powstają Zarząd „P", Zarząd „T", Zarząd „K" oraz Zarząd „N".

16 sierpnia 1999 roku – Nikołaj Patruszew zmienia Putina na stanowisku dyrektora FSB.

28 sierpnia 1999 roku – na bazie Departamentu do Walki z Terroryzmem i Zarządu Bezpieczeństwa Konstytucyjnego powstaje Zarząd do Ochrony Porządku Konstytucyjnego i walki z Terroryzmem. Pierwszy raz w rosyjskiej historii w jednym wydziale służb specjalnych zostają połączone funkcje walki z terroryzmem oraz policji politycznej.

9 września 1999 roku – eksplozja budynku mieszkalnego na południowym wschodzie Moskwy, giną 94 osoby. Cztery dni później, 13 września, wybuch o ogromnej sile w piwnicach budynku mieszkalnego przy Szosie Kaszyrskiej na południu Moskwy, 118 ofiar.

16 listopada 1999 roku – utworzony zostaje Zarząd Programów Pomocy FSB. W jego skład wchodzi Centrum Kontaktów Społecznych (biuro prasowe).

7 lutego 2000 roku – premier Putin i p.o. prezydenta podpisuje „Ustawę o zarządach (oddziałach) FSB FR w Siłach Zbrojnych FR, innych wojskach, formacjach wojskowych" udzielającą kontrwywiadowi wojskowemu prawo do ujawniania potencjalnych zagrożeń ustroju FR w wojsku.

26 marca 2000 roku – Putin zostaje wybrany na prezydenta Rosji.

22 stycznia 2001 roku – na FSB zostaje nałożony obowiązek kierowania operacją antyterrorystyczną w Czeczenii.

24 kwietnia 2001 roku – Nikołaj Patruszew podpisuje zarządzenie regulujące prawa oficerów FSB oddelegowanych do struktur państwowych, organizacji i firm.

23 października 2002 roku – Czeczeni zajmują centrum teatralne na Dubrowce w Moskwie. Tragedia, która do historii przeszła jako oblężenie „Nord-Ostu", trwa przez trzy dni. 26 października oddział specjalny FSB przeprowadza szturm. 130 ofiar, większość zmarła w wyniku zatrucia fantanylem – gazem użytym podczas szturmu.

11 marca 2003 roku – prezydent Putin rozwiązuje Federalną Agencję ds. Komunikacji i Informacji Prasowej (FAPSI) oraz Służbę Graniczną. Przestają one być niezależnymi agencjami. Zostają włączone do FSB; FAPSI podzielono między FSB i Federalną Służbę Ochrony. Tego samego dnia powstaje Zarząd Lotnictwa FSB.

30 czerwca 2003 roku – przyjęto poprawkę do uchwały „O organach Federalnej Służby Bezpieczeństwa FR", zgodnie z którą w FSB zostaje utworzony specjalny pododdział wywiadu zagranicznego.

4 lipca 2003 roku – dowodzenie regionalnym sztabem operacyjnym do zarządzania operacjami antyterrorystycznymi w Czeczenii zostaje przekazane Ministerstwu Spraw Wewnętrznych.

11 lipca 2004 roku – Putin przeprowadza zmiany strukturalne w FSB. Zmniejsza liczbę zastępców dyrektora, departamenty zostają przemianowane na służby.

1-3 września 2004 roku – terroryści czeczeńscy zajmują szkołę w Biesłanie w Osetii Północnej. 334 ofiary.

12 lipca 2005 roku – uchwałą prezydenta wszystkie więzienia FSB, łącznie z Lefortowem, zostają przekazane Ministerstwu Sprawiedliwości. Dekret prezydenta zostaje wykonany w styczniu 2006 roku.

6 marca 2006 roku – Putin podpisuje uchwałę „O przeciwdziałaniu terroryzmowi", zgodnie z którą FSB staje na czele walki z terroryzmem oraz utworzony zostaje Narodowy Komitet Antyterrorystyczny (NAK). NAK jest strukturą międzyresortową, na której czele stoi dyrektor FSB. Zadaniem NAK jest koordynacja działalności antyterrorystycznej służb specjalnych.

5 i 7 lipca 2006 roku – FSB otrzymuje prawo likwidowania terrorystów poza granicami kraju.

28 sierpnia 2006 roku – Putin zmienia kolor munduru oficerów FSB, Federalnej Służby Ochrony, Służby Obiektów Specjalnych oraz Służby Wywiadu Zagranicznego z khaki na czarny.

31 stycznia 2007 roku – Putin informuje o znacznym zwiększeniu nakładów finansowych na FSB, nie podaje konkretnych liczb.

13 maja 2008 roku – dyrektorem FSB zostaje Aleksandr Bortnikow. Nikołaj Patruszew zostaje mianowany sekretarzem Rady Bezpieczeństwa FR.

29 marca 2010 roku – terroryści wracają do Moskwy: dwie zamachowczynie samobójczynie prawie jednocześnie wysadzają się w pełnym ludzi moskiewskim metrze. 40 ofiar.

24 stycznia 2011 roku – zamachowiec samobójca wysadza się na moskiewskim lotnisku Domodiedowo: zginęło 37 osób.

ZAŁĄCZNIK 3
LISTA NAJCZĘŚCIEJ UŻYWANYCH SKRÓTÓW

ATC – Centrum Antyterrorystyczne Wspólnoty Niepodległych Państw

WW – wojska wewnętrzne MSW

GRU – Zarząd Główny Wywiadu Sztabu Generalnego Radzieckiej i Rosyjskiej Armii

GUSP – Zarząd Główny Programów Specjalnych Administracji Prezydenta

DAPSP – Departament Analiz Prognoz i Planowania Strategicznego FSB

DOI (były UKOI) – Departament Informacji Operacyjnej Organu Wywiadu Zagranicznego

DPE – Departament do Zapobiegania Ekstremizmowi MSW

FAPSI – Federalna Agencja ds. Komunikacji i Informacji Rządowej

FAS – Federalna Służba Antymonopolowa
FMS – Federalna Służba Migracyjna
FPS – Federalna Służba Graniczna
FSIN – Federalna Służba Wykonywania Wyroków
FSK – Federalna Służba Kontrwywiadu, w 1995 roku przemianowana na FB
FSO – Federalna Służba Ochrony
JEITKS – wspólny system informacyjno-telekomunikacyjny MSW
IDU – Islamski Ruch Uzbekistanu
KGB – Komitet Bezpieczeństwa Państwowego ZSRR
KC FSB – Rada Konsultacyjna przy FSB
OWR – Organy Wywiadu Zagranicznego FSB
RATS – Regionalna Struktura Antyterrorystyczna Szanghajskiej Organizacji Współpracy
SBP – Służba Bezpieczeństwa Prezydenta
SKFO – Północnokaukaski Okręg Federalny
SOBR – Rada Szefów Organów Bezpieczeństwa Wspólnoty Niepodległych Państw
SOW – Szanghajska Organizacja Współpracy (Chiny, Kazachstan, Kirgistan, Rosja, Tadżykistan, Uzbekistan)
SSG – połączone grupy specjalne Regionalnego Sztabu Operacyjnego Zarządu FSB
SSO – Służba Obiektów Specjalnych Zarządu GUSP
SWR – Służba Wywiadu Zagranicznego
SZOKS i BPE – Służba Ochrony Porządku Konstytucyjnego i Walki z Ekstremizmem Politycznym
TASS – Agencja Telegraficzna Związku Radzieckiego
URPO – Zarząd do Rozpracowywania i Przerywania Działalności Grup Przestępczych FSB
UFSB – Zarząd FSB

PODZIĘKOWANIA

Pisaniu tej książki poświęciliśmy kilka miesięcy, ale w gruncie rzeczy jest ona rezultatem dziesięciu lat naszej pracy – opisywania działalności rosyjskich służb specjalnych. Niestety, z każdym rokiem informacji na ten temat ubywa, a źródła coraz rzadziej zgadzają się na kontakt.

Zbieranie informacji o służbach specjalnych zaczęliśmy we wrześniu 2000 roku. Wtedy też uruchomiliśmy stronę agentura.ru. Od tego czasu nasi przyjaciele i sympatycy nas wspierają. Bez nich ta książka by nie powstała.

Nigdy nie zapomnimy, jak w deszczową październikową noc 2002 roku siedzieliśmy w maleńkiej kawiarni na Starym Arbacie, podczas gdy funkcjonariusze FSB rewidowali redakcję gazety „Wiersija" tuż po publikacji naszego reportażu o szturmie na teatr na Dubrowce. Nikt z nas nie miał pojęcia, co planuje wobec nas FSB. Nasz naczelny Rustam Arifdżanow, obawiając się, że zostaniemy aresztowani, poprosił, byśmy nie przychodzili do budynku redakcji. Siedzieliśmy więc przy stoliku i czekaliśmy, czym się to skończy. Nagle do kawiarni wpadło hałaśliwe towarzystwo – dziennikarze, z którymi pracowaliśmy w gazecie „Siewodnia", na czele z Fiodorem Gładkichem. Kawiarnia momentalnie przemieniła się w zaimprowizowane biuro prasowe. To raczej nie przypadek, że Fiodor znajdował się z nami w mieszkaniu, którego okna wychodziły na centrum teatralne na Dubrowce podczas szturmu. A potem, we wrześniu 2004 roku, spotkaliśmy się w jakimś zapomnianym przez Boga hotelu podczas zajęcia przez terrorystów szkoły w Biesłanie. I jeszcze raz, w lipcu 2006 roku, znaleźliśmy się w jednym samochodzie w Bejrucie.

Marina Łatyszewa, z którą przyjaźnimy się od wielu lat, członek zespołu agentura.ru, wspierała nas zawsze we wszystkim. Aleksiej Szwaczkin, moskiewski adwokat, towarzyszył Sołdatowowi podczas przesłuchań w Lefortowie i był przyjacielem, na którym zawsze można polegać. Lena Bierieznicka-Bruni, redaktor strony NEWRru.com, informując o każdym naszym przesłuchaniu, pomogła utrzymać temat w centrum zainteresowania. Ostatecznie FSB wycofała się ze swoich oskarżeń – ogromna w tym zasługa Leny.

Jesteśmy bardzo wdzięczni Michaiłowowi Szewielewowi, byłemu zastępcy redaktora naczelnego „Moskowskich Nowosti": wspierał nas nawet po tym, jak gazeta została zamknięta. Oleg Panfiłow, dyrektor Centrum Dziennikarstwa w Ekstremalnych Warunkach, nie zostawił nas, gdy po zamknięciu „Moskowskich Nowosti" zostaliśmy bez pracy.

Szczególne słowa wdzięczności należą się Walerijemu Szyrjajewowi, człowiekowi o niezwykłej historii: w latach 80. był oficerem KGB, a w roku 2000 został dyrektorem „Nowej Gaziety" – i faktycznie zaprosił nas do niej. W „Nowej Gaziecie" pracowaliśmy trzy lata.

Jesteśmy wdzięczni Oldze Paszkowej, wybitnej i odważnej kobiecie, szefowej Jeżedniewnogo Żurnała. Zaproponowała nam publikowanie w tym internetowym piśmie – ostatnim bastionie niezależnych mediów, gotowym przyjąć nasze pomysły. Dziękujemy Jewgienii Albac, która poddała nam pomysł napisania serii artykułów o odrodzeniu KGB w Jeżedniewnom Żurnale – właśnie ta seria stała się fundamentem niniejszej książki.

Chcieliśmy wyrazić wdzięczność Jurijowi Gierwisowi – w przeszłości oficerowi FSB, a obecnie adwokatowi reprezentującemu interesy Walentina Mojsiejewa, dyplomaty oskarżonego o szpiegostwo na rzecz Korei Południowej, a także jego przyjacielowi Andriejowi (którego nazwiska nie możemy wymienić). Osobno chcemy podziękować wybitnemu dysydentowi Siergiejowi Grigorjancowi, prezesowi fundacji Głasnost, organizatorowi konferencji „KGB: wczoraj, dziś, jutro", który dzielił się z nami informacjami o metodach działania KGB w czasach radzieckich.

Dziękujemy tym oficerom FSB, wywiadu zagranicznego, wywiadu wojskowego i MSW, którzy pomogli nam, dzieląc się swoją wiedzą i poglądami. Ze zrozumiałych przyczyn nazwiska ich nie mogą tu zostać wymienione.

Szczególnie chcemy podziękować Nickowi Fieldingowi, wspaniałemu brytyjskiemu dziennikarzowi śledczemu. Poznaliśmy się w 2000 roku, i od tego czasu ciągle wspierał ideę strony agentura.ru. Jego książka „Defending the Realm: Inside MI5 and the War on Terrorism" określiła nasze podejście do opisania działalności rosyjskich służb specjalnych. Nick zawsze był gotów podzielić się z nami swoją wiedzą i okazać praktyczną pomoc, gdziekolwiek był. W najtrudniejszych sytuacjach w pierwszej kolejności udawaliśmy się po radę właśnie do niego. Gdy się dowiedział, że zamierzamy napisać książkę, natychmiast zaproponował nam swoją pomoc.

John Kampfner, dyrektor wykonawczy pisma „Index of Censorship", z dużym zapałem odniósł się do naszego projektu, jesteśmy mu bardzo wdzięczni za jego pomysły na ostatnim etapie pracy nad książką.

Steven Aftergood, szef projektu Government Secrecy na stronie FAS (Federation of American Scientists), zainspirował nas swoim przykładem do stworzenia strony agentura.ru i we wszystkim wspierał nasze działania. Mark Urban, dziennikarz BBC i autor książki „Big Boys' Rules" o operacjach SAS w Irlandii

Północnej, podzielił się z nami swoimi uwagami na temat rozdziału dotyczącego taktyki działania oddziałów specjalnych na Kaukazie Północnym. Peter Gill, profesor polityki i bezpieczeństwa na Uniwersytecie w Liverpoolu, pomógł nam poprawić niektóre rozdziały dzięki swojemu badawczemu podejściu.

Nasza przyjaciółka Sean Glassner, producentka BBC, zawsze była gotowa wesprzeć nas radą.

Markowi Franchettiemu, dziennikarzowi „The Sunday Times", najpewniej najlepszemu zagranicznemu korespondentowi w Moskwie, dziękujemy bezgranicznie. Jego wsparcie po naszym zwolnieniu z „Nowej Gaziety" było właściwie nieocenione, a nasze spotkanie w kawiarni na Pokrowce okazało się pierwszym ogniwem w łańcuchu wydarzeń, który zaowocował powstaniem tej książki. Iłana Oziernoj odegrała, można tak powiedzieć, decydującą rolę, proponując nam napisanie książki w języku angielskim dla amerykańskich czytelników. Jednak pojawienie się tej książki byłoby niemożliwe bez Morta Rosenbluma, weterana agencji Associated Press, któremu udało się przekonać Clive'a Priddle'a z wydawnictwa PublicAffairs, by zwrócił uwagę na ten projekt. Jesteśmy głęboko wdzięczni Clive'owi za wiarę w nasz pomysł. Dziękujemy gorąco wszystkim pracownikom PublicAffairs, którzy wzięli udział w realizacji projektu.

Szczególną wdzięczność chcemy wyrazić Davidowi Hoffmanowi, byłemu redaktorowi działu międzynarodowego „The Washington Post", który spędził z nami kilka ciężkich tygodni mroźnej moskiewskiej zimy, pomagając nam opracować i zredagować rękopis, a także pracownikom moskiewskiego biura „The Washington Post", którzy przez dwa tygodnie znosili naszą obecność. Jesteśmy bardzo wdzięczni naszemu redaktorowi Morgenowi van Vorstowi.

Bardzo dziękujemy również Robertowi Guinslerowi, naszemu agentowi z firmy Sterling Lord Literistic, Inc.

Andriej Sołdatow, Irina Borogan

PRZYPISY

CZĘŚĆ 1. FSB ODZYSKUJE SIŁY

WSTĘP

[1] Liczba funkcjonariuszy FSB została oszacowana na podstawie naszych badań, do których źródła znajdują się na stronie agentura.ru i są regularnie uaktualniane.

[2] *Jesli my „słomcjemsia" i uidiom s Kawkaza – naczniotsa razwał strany.* Wywiad z Nikołajem Patruszewem, „Komsomolskaja Prawda", 20.12.2000.

[3] Uchwała Prezydenta Federacji Rosyjskiej nr 921 z 26 sierpnia 2006 roku „O czornom cwietie formy" („O czarnym kolorze mundurów").

[4] Teksty publikowane przez nas w Jeżedniewnom Żurnale dostępne są na naszej stronie agentura.ru.

1. ŚWIT NOWEJ ERY. NARODZINY FSB

[1] Na temat ten patrz również: Jewgienija Albac, *Mina zamiedlennego diejstwija. Politiczeskij portriet GB SSSR*, Russlit, 1992.

[2] A. Kokurin, I. Pietrow *Łubianka. Organy WCzK-OGPU-NKWD-NKGB-MGB-MWD-KGB. 1917-1919.* Międzynarodowa Fundacja „Demokracja", 2003.

[3] Wywiad autorów z byłymi funkcjonariuszami KGB. Patrz także: T. Colton, *Yeltsin: A Life*, N.Y: Basic Books, 2008.

[4] W roku 1993 znany radziecki dysydent Siergiej Grigorjanc zorganizował serię konferencji pt. „KGB: wczoraj, dziś, jutro". W konferencjach uczestniczyli – a także odpowiadali na pytania publiczności – oficjalni przedstawiciele służb specjalnych. W grudniu 2006 roku Aleksiej Kondaurow, w latach 1993–1994 zajmujący stanowisko szefa Centrum Kontaktów Społecznych FSK, przyznał Andriejowi Sołdatowi, że zgadzali się na uczestnictwo w podobnych spotkaniach wyłącznie z powodu realnej ich zdaniem groźby rozwiązania służb specjalnych. Wszyscy oni mieli świeżo w pamięci los Stasi, tajnej policji NRD rozwiązanej w listopadzie 1989 roku.

[5] Wywiad autorów, listopad 2009.

[6] Wywiad autorów, lipiec 2008.

[7] Federalna Służba Kontrwywiadu została przemianowana na Federalną Służbę Bezpieczeństwa (słowo „kontrwywiad" w nazwie resortu zostało zastąpione przez o wiele szersze pojęcie „bezpieczeństwo") dopiero w roku 1995.

[8] Wywiady autorów z funkcjonariuszami FAPSI, 1997–1999.

[9] Patrz: akta generała Georgija Rogozina na stronie agentura.ru, na podstawie publikacji w gazecie „Moskowskije Nowosti" z 23, 29 i 30 kwietnia 1995 roku.

[10] *Russia: The Ingush-Ossetian Conflict in the Prigorodnyi Region*, Human Rights Watch, Nowy Jork, maj 1996, s. 86.

[11] *Wojna w Czecznie. Nieobchodimost' prowiedienija Mieżdunarodnogo tribunała*, VI Okrągły Stół, Fundacja „Głasnost", 15.07.1995. Porównaj także z: M. Zwienja, *Rosja – Czeczenia: łańcuch błędów i zbrodni*, Memoriał 1995.

[12] Wywiad przeprowadzony przez autorów książki w lipcu 2007 roku.

[13] Pełna nazwa tego pododdziału to Zarząd do Zwalczania i Zapobiegania Działalności Grup Przestępczych, URPO.

[14] J. Szczekoczychin, *Bratwa płaszcza i kinżała*, „Nowaja Gazieta", 25.05.1998.

[15] agentura.ru.

[16] I. Korotczenko, *Swidietielstwa połkownika FSB Michaiła Astachowa*, „Niezawisimiaja Gazieta", 28.04.1997.

[17] Monastyriecki został aresztowany 12 kwietnia 1996 roku i zwolniony 30 września 1997 roku po podpisaniu zobowiązania, że nie wyjedzie z kraju. W 2001 roku został uniewinniony. W charakterze przykładu użycia mediów do walki między dwoma resortami patrz: A. Chinsztejn, *Bomba iz Szwiejcarskogo banka, marszalskaja zwiezda ili koniec swiazi-4*, „Moskowskij Komsomolec", 14.04.1998.

[18] A. Sołdatow, *FBR rossijskogo razliwa*, „Siegodnia", 12.01.2000.

[19] Szczegóły na agentura.ru.

[20] Uchwała Prezydenta Federacji Rosyjskiej nr 367 z 24 marca 2003 roku, nr 774 z 14 marca 2003 roku oraz nr 324 z 11 marca 2003 roku.

[21] I. Borogan, *Zagawor bywszych. Kak diełajut karieru gonitieli dissidientow*, „Wiersija", 17.06.2002.

[22] A. Stiepin, *Wietierinaram otpustili griechi*, „Rossijskaja Gazieta", 25.09.2004.

[23] A. Birman, *Rossija lidirujet po czysłu czlenow SWIFT*, „Siegodnia", 18.09.1996.

[24] A. Sołdatow, *FAPSI – obszczestwiennosti: „Mieńsze znajesz – kriepcze spisz"*, „Siegodnia", 12.12.1999.

[25] *Naczałas riefprma w FSO*, agentura.ru, 07.08.2004.

[26] Uchwała Prezydenta Federacji Rosyjskiej nr 318 z 07.02.2000.

[27] A. Sołdatow I. Borogan, *Naszy spiecsłużby – na tieritorii bywszego Sowietskogo Sojuza*, „Nowaja Gazieta", 27.03.2006.

[28] Przewodniczący parlamentarnego komitetu do spraw bezpieczeństwa państwowego Władimir Wasiliew w wywiadzie z autorami tej książki w maju 2008 roku potwierdził, że FSB nie podlega nadzorowi parlamentarnemu, patrz: I. Borogan, *Zakon o gostajnie ustarieł*, „Nowaja Gazieta", 05.05.2008.

2. PRZYJACIELE NA STANOWISKACH

TROSKA O SŁUŻBY SPECJALNE

[1] O. Krawiec, *Proszczanije Łubianki*, „Kompanija", 01.12.2007.

[2] Na przykład 18 lipca 2002 roku podpułkownik FSB Aleksandr Mieżkow został skazany na trzy lata i jeden miesiąc pozbawienia wolności za przekazanie tajnej informacji służbie bezpieczeństwa grupy „Most" (kontrolowanej przez oligarchę Władimira Gusińskiego). Funkcjonariusz FSB sprzedał im ponad 10 tysięcy tajnych dokumentów, www.newsru.com., 28.02.2003.

[3] Wywiad autorów z funkcjonariuszem zarządu FSB w Moskwie i Obwodzie Moskiewskim, lato 2003 roku.

[4] A. Sołdatow I. Borogan, *Szpionow staniet bolsze*, „Moskowskije Nowosti" nr 43, 12-18.11.2004.

[5] R. Szlejnow, *Słowianskij szkaf zamdiriektora FSB*, „Nowaja Gazieta", 23.06.2001.

[6] Na podstawie wywiadów autorów z funkcjonariuszami zarządu FSB w Moskwie i Obwodzie Moskiewskim, lato 2008 roku.

[7] Wywiad Sołdatowa z generałem M., szefem jednego z zarządów Służby Kontrwywiadu FSB, sierpień 2000 roku.

[8] *Swiatiejszyj Patriarch sowierszył oswiaszcznije rospisi chrama Swiatoj Sofii na Łubiankie*, www.patriarchia.ru (oficjalna strona Rosyjskiej Cerkwi Prawosławnej), 18.12.2006.

[9] K. Wasilenko, *Katolicizm non grata*, „Wriemia Nowostiej", 22.04.2002, patrz także: agentura.ru.

[10] W wywiadzie dla gazety „Izwiestia" Zdanowicz nie zaprzeczył, że został oddelegowany do Teleradiokompanii w charakterze oficera czynnej rezerwy. Aleksandr Zdanowicz, *Niet bywszych czekistow*, „Izwiestia", 03.06.2002.

[11] Aleksandr Zdanowicz, ibid.

[12] M. Warywdin, *Własti nie znajut, kuda Nord-Ost dujet*, „Kommiersant", 01.11.2002.

[13] Uchwała Prezydenta Federacji Rosyjskiej nr 587 z 11.12.2004.

[14] N. Gieworkian, N. Timakowa, A. Kolesnikow, *Od pierwogo lica. Razgowory s Władimirom Putinym*, Wagrius, 2000.

[15] *Moscow to Retaliate for Latvia Visa Refusal*, Interfax, 16.08.2001.

[16] A. Sołdatow, *Łubianka lux*, „Diełowaja Chronika", 19.09.2002.

[17] Russian Trio Caught; IBU Boss Speaks of Systematic Doping, „The Earth Times", 13.02.2009.

[18] Wiktor Czerkiesow, *Nielzia dopustit', sztoby woiny priewratilis' w torgowciew*, „Kommiersant", 09.10.2007. Gdy w roku 2007 Putin postanowił sprawdzić lojalność FSB, zwrócił się do zarządu do walki z narkotykami, na którego czele stał jego przyjaciel Wiktor Czerkiesow. Zarząd miał przeprowadzić tajne śledztwo w związku z informacjami o korupcji wśród szefów FSB. Zastępca Czerkiesowa Aleksandr Bulbow, który miał dowodzić tą operacją, został z kolei oskarżony o podsłuchiwanie rozmów telefonicznych FSB i znalazł się w więzieniu. Wyszedł na wolność 13 listopada 2009 roku.

3. TEGO WYMAGA INTERES PAŃSTWA
SZPIEGOMANIA

[1] Władimir Putin, *Gosudarswiennyj pierieworot Rossii nie grozit*, „Komsomolskaja Prawda", 08.07.1999.

[2] *UK Charity Teaching Chechens to Make Bombs, Say Russians*, Reuters, 10.08.2000.

[3] Oficjalne sprawozdanie FSB z roku 2002, opublikowane 16 grudnia 2002 roku na stronie internetowej FSB www.fsb.ru.

[4] S. Saradzhyan, K. O'Flynn, *FSB: 4 British Spies Uncovered*, „The Moscow Times", 24.01.2006.

[5] www.putin.vipperson.ru, wystąpienie na posiedzeniu Kolegium FSB 07.02.2006.

[6] *Putin srawnił opponientow z szakałami*, rosyjskie wydanie BBC, 21.11.2007.

[7] A. Konowałow, *Walentin Daniłow zaprosił pomiłowanije*, „Kommiersant", 01.12.2006.

[8] W. Tierieszkin, *Dieło Aleksandra Nikitina. Oprawdannyj szpion*, „Siekretnyje Materiały", 02.10.2000.

[9] Bajkalska Fala: „Byliśmy spokojni od samego początku, ponieważ nie złamaliśmy prawa", www.anti-atom.ru, 24.11.2002.

[10] www.vimpelcom.com.

[11] *FSB spasła Biłajn od naszestiwja warjagow*, www.cnews.ru, 19.09.2005.

[12] A. Sołdatow, I. Borogan, *Szpiono-money*, „Nowaja Gazieta", 14.04.2008.

[13] I. Borogan *Gienierały szpionskich karierow*, „Wiersija", 11.02.2002.

[14] Wywiad I. Borogan z Sutiaginem, *Ia oczeń chotieł wiernutsia domoj*, „Wiersija", 13.10.2003.

[15] Drugie, obok Butyrek, najsławniejsze więzienie w Moskwie.

[16] Historię z Jakimiszynem autorzy opisali w „Moskowskich Nowostiach" 22.08.2004. Nie było żadnej reakcji władz na ten tekst.

[17] *FSB pieriesiekła diejatielnost bolle sta innostrannych agientow w 2008 godu*, RIA Nowosti, 02.01.2009.

[18] *Gierman Ugriumow zastrieliłsia, a komandujuszczyj OGW w Czecznie Walerij Baranow daje pokazanija?*, Stringier, 29.06.2001.

[19] I. Borogan, *Gienierały szpionskich karierow*, „Wiersija", 11.02.2002.

[20] J. Sniegrijew, *Szpion iz 11-A*, „Komsomolskaja Prawda", 02.02.2002.

[21] Wywiad autorów z Jurijem Gierwisem.

[22] I. Borogan, *Gienierały szpionskich karierow*, „Wiersija", 11.02.2002.

[23] W lipcu 2008 roku Sołdatow został wezwany na przesłuchanie do Lefortowa z powodu jego wywiadu z Siergiejem Trietiakowem, pułkownikiem Służby Wywiadu Zagranicznego, który w roku 2000 uciekł do USA. Przesłuchanie prowadził Pawieł Płotnikow, młodszy brat Jurija Płotnikowa, który kilka lat wcześniej pracował w tym samym „szpiegowskim" oddziale Zarządu Śledczego FSB.

[24] Wywiad I. Borogan z adwokatem Kajbyszewa Jurijem Gierwisem opublikowany na stronie agentura.ru 12.10.2005.

[25] CINIIMASZ-Eksport – rosyjska kompania państwowa zajmująca się opracowywaniem oraz wdrażaniem technologii kosmicznych, filia Centralnego Naukowo-Badawczego Instytutu Budowy Maszyn. Ma siedzibę w podmoskiewskim Korolewie, gdzie znajduje się również Centrum Kierowania Lotów Kosmicznych.

[26] A. Kirilenko, *O pismie akadiemika Rieszetina*, www.izbrannoe.ru, 10.12.2007.

4. WEWNĘTRZNE ZAGROŻENIE AGENCI W OPOZYCJI

[1] Streszczamy tę historię, posługując się własnym artykułem, opublikowanym 02.03.2008 w „Nowej Gaziecie". Publikację tę można znaleźć na stronie agentura.ru albo na stronie „Nowej Gaziety" – www.novayagazeta.ru.

[2] A. Kokurin, I. Pietrow, *Łubianka. Organy WCzK-OGPU-NKWD-NKGB-MGB-MWD-KGB. 1917-1919*. Międzynarodowa Fundacja „Demokracja" 2003.

[3] O. Chłobustow, *Gosbiezopasnost Rossii ot Aleksandra I do Putina*, Eksmo, 2005.

[4] S. Sokut, *Zaszczyta licznosti, obszczestwa, gosudarstwa*, „Niezwisimaja Gazieta", 20.11.1998.

[5] W latach 90. w ramach moskiewskiego zarządu FSB została utworzona Służba do Ochrony Porządku Konstytucyjnego oraz do Walki z Terroryzmem.

W 2002 roku służba ta podzieliła się na tak zwaną Służbę BT (do walki z terroryzmem) oraz zupełnie nową strukturę o skrócie SZOKS i BPE (Służba Ochrony Podstaw Porządku Konstytucyjnego oraz do Walki z Ekstremizmem Politycznym). Po raz pierwszy w historii rosyjskich służb specjalnych walka z ekstremizmem politycznym została oddzielona od walki z terroryzmem, a więc znaczenie pierwszego zadania zrównano z drugim. Do nowo utworzonego pododdziału wybrano oficerów wcześniej zajmujących się walką z terroryzmem. I dlatego nadzór nad, na przykład, moskiewskimi uczelniami wyższymi powierzono specjalistom od ekstremizmu islamskiego. Źródło: wywiad autorów z funkcjonariuszami FSB.

[6] A. Sołdatow, *Podwig razwiedczyka*, „Nowaja Gazieta", 21.02.2008.

[7] A. Sołdatow, *Kto na Nowikowa*, „Nowaja Gazieta", 20.03.2008.

[8] *Russian Who Says He Spied on Opposition Denied Asylum in Finland*, Agence France-Presse, 02.03.2009.

5. NAMIERZAJĄC EKSTREMISTÓW KONTROLE PROFILAKTYCZNE

[1] I. Borogan, *Antikrizisnyj pakiet Kriemla: kak i dla czego sostawlajut „czornyje spiski"*, Jeżedniewnyj Żurnał oraz agentura.ru, 02.06.2009.

[2] *Raszyd Nurgalijew:* Nie dopuścimy do rozpasania się przestępczości, „Niezawisimaja Gazieta", 10.02.2009.

[3] *MWD RF sozdało służby po borbie s ektriemizmom*, rosyjskie wydanie BBC, 23.04.2009.

[4] *FSB opasajetsia wozmożnych kibieratak tierroristow na elektronnyje sieti gosstruktur*, „Rossijskaja Gazieta", 15.04.2009.

[5] *MWD Rossii: wczera, siegodnia, zawtra. Raszyd Nurgalijew rasskazał „Rossijskoj Gazietie" o pierspiektiwach i izmienienijach w swojom wiedomstwie*, 15.07.2007.

[6] Raszyd Nurgalijew, *Nie dopustim razguła priestupnosti*, „Niezawisimaja Gazieta", 10.02 2009.

[7] Wspólny dekret Prokuratury Generalnej, FSB i MSW nr 270/27, 1/9789, 38, z 16 grudnia 2009 roku.

[8] Informacja oparta na serii artykułów Iriny Borogan opublikowanych w 2009

roku w ramach wspólnego projektu strony agentura.ru i Jeżedniewnogo Żurnała na temat rządowej kampanii antyekstremistycznej.

[9] Irina Borogan, *Antikrizisnyj pakiet Kriemla: kak i dla czego sostawlajut „czornyje spiski"*, Jeżedniewnyj Żurnał oraz agentura.ru, 02.06.2009.

[10] Raszyd Nurgalijew, *Gławnym kritierijem ocienki naszej raboty jawlajutsia dowierije grażdan*, „Niezawisimaja Gazieta", 02.02.2008.

[11] Jewgienij Martynow: „Poziom technologicznego wyposażenia oddziałów lokalnych nie pozwala na dzień dzisiejszy zautomatyzować ich w pełnym zakresie", wywiad z szefem Programu MSW „Utworzenie JEITKS", CNEWS.ru, 2007.

[12] Oświadczenie prasowe pierwszego wiceministra spraw wewnętrznych Michaiła Suchodolskiego, oficjalna strona Zarządu Ministerstwa Spraw Wewnętrznych w Riazaniu, 12.02.2009.

[13] A. Rodionow, *W Rossii objawlen nowyj etap borby s ekstremizmom - Intiernietu i błogosfierie pridiotsa tugo*, agencja informacyjna Nowyj Region, 29.04.2009.

[14] Najbardziej prawdopodobną informację o tym zamówieniu można znaleźć na stronie www.zakupki.gov.ru, gdzie znajduje się lista wszystkich państwowych umów zawartych na wykonanie określonych zamówień.

[15] I. Borogan, *Antikrizisnyj pakiet Kriemla: dla czego nużna baza dannych „Ekstriemist"*, Jeżedniewnyj Żurnał i agentura.ru, 01.07.2009.

[16] Konstytucja Federacji Rosyjskiej, oficjalna strona: www.constitution.ru.

[17] N. Ognyanova, *Attack on the Press 2007: Europe Analysis: Rewriting the Law to Make Journalism a Crime*, Committee to Protect Journalists, 02.02.2008.

[18] *President Signs Law Labeling Criticism of State Officials Extremism*, Committee to Protect Journalists, 28.07.2006.

[19] J. Galiamina, A. Aksienowa, *Deżawiu po dissidientski*, www.kasparov.ru, 16.06.2009.

6. NAGRODA ZA SŁUŻBĘ NOWA ELITA

[1] Dekret nr 482 z dnia 17 września 2005 roku (samochody te nie są przeznaczone do działań operacyjnych. Do tego celu FSB w grudniu 2008 roku zakupiła samochody w odpowiednim kolorze oraz napisami „FSB Rosja" i „Służba

Graniczna FSB Rosji", a także z emblematem FSB). *Vehicles of Russian Federal Security Service to Have New Sings of Distinction*, www.axisglobe.com, 18.01.2009.

[2] Ceny można sprawdzić na stronach www.rublevka-online.ru oraz www.rublevka.osan.ru.

[3] I. Borogan, *Czekisty paszut kak łoszadi*, „Nowaja Gazieta", 23.03.2006. Poza tym pełny spis posiadaczy ziemskich można znaleźć na stronie www.novayagazeta.ru.

[4] Kiedyś majątek ten należał do znanego kupca Trapieznikowa, po rewolucji został znacjonalizowany przez władzę radziecką. W latach 20. i 30. XX wieku jajka, mleko, mięso i warzywa z tej osady trafiały bezpośrednio na Kreml. Gorki-2 uważane były za ważny obiekt i osobistą kontrolę sprawował nad nim Feliks Dzierżyński. Po wojnie wieś kontynuowała zaopatrzenie w produkty spożywcze szefów partii i władz. Na przykład to właśnie stąd dostarczano mleko Nikicie Siergiejewiczowi Chruszczowowi.

[5] S. Minienko, D. Simakin, *Rublowku zaminirowali*, „Niezawisimaja Gazieta", 31.03.2006; *Sobstwiennost Olega Deripaski*, RIA Nowosti, 22.12.2008.

[6] www.kraya.ru, rubryka „nieruchomości".

[7] I. Borogan, *Czekiści paszą się jak konie*, „Nowaja Gazieta", 23.03.2006.

[8] Pismo Federalnej Agencji ds. Mienia Państwowego nr CE-08/16064 z dnia 13 czerwca 2006 roku.

[9] A. Sołdatow, *Połkownik piszet w Jewropiejskij sud*, „Nowaja Gazieta", 23.10.2008.

[10] 14 stycznia 2010 roku Europejski Trybunał Praw Człowieka wydał wyrok w sprawie powództwa grupy wojskowych oraz funkcjonariuszy FSB domagających się wyliczenia im emerytur. Wśród tej grupy znajdował się Innokientij Osipow, emerytowany oficer domagający się wyższej pensji za swoją wieloletnią służbę. Sąd nakazał władzom rosyjskim wypłacić Osipowowi 418 244 rubli albo 11 570 euro. Case of Kazakevich and 9 Other Army Pensioner's Cases v. Russia. European Court, First Section. Judgement, Strasbourg. 14.01.2010.

[11] 26 kwietnia 2007 roku Władimir Putin podpisał Uchwałę nr 545, zgodnie z którą Andriej Patruszew został nagrodzony Orderem Honoru „za sukcesy w działalności zawodowej oraz wieloletnią sumienną pracę" w sferze gospodarki.

[12] D. Butrin, B. Gorlin, *Nagrada naszła rodniu gieroja*, „Kommiersant", 03.05.2007.

[13] D. Pylnowa, B. Gorlin, *Kto priniał na grud*, „Nowaja Gazieta", 25.12.2006.

7. KIBICE Z PAGONAMI
FSB I SPORT

[1] Oświadczenie prasowe FSB. *W FSB Rosji podsumowywano dokonania klubu siatkarzy z Dynamo Moskwa*, www.fsb.ru, 23.10.2002.

[2] I. Triswiatskij, *Posle spiecopieracii diriektor FSB priszoł bolet za „Dinamo"*, „Sowietskij Sport", 28.10.2002.

[3] Informacje z oficjalnej strony klubu sportowego Dynamo, www.dynamo.ru.

[4] Pirożkow stał na czele antyterrorystycznej grupy „Alfa" KGB ZSRR – gdy wrócił z Kuby, przekonał Jurija Andropowa, by ten poprosił Fidela Castro o przysłanie do KGB kilku instruktorów.

[5] www.dynamo.ru.

[6] Uchwała Prezydenta Federacji Rosyjskiej nr 241 z 21 lutego 1996 roku.

[7] Rozkaz Dyrektora FPS nr 713 z 27 grudnia 1999 roku.

[8] Sprawozdanie Dynama, www.dynamo.ru, 22.04.2009.

[9] W styczniu 1991 roku Gołowatow dowodził pododdziałem „Alfa", który został skierowany do szturmu wieży telewizyjnej w Wilnie zajętej przez zwolenników niepodległości Litwy. Zginęło wówczas 14 osób, w tym jeden oficer „Alfy". Po roku Gołowatow przeszedł na emeryturę. Opowiadał później o przyczynach tego kroku: „Po rozpadzie Związku Radzieckiego prezydent Litwy (...) zażądał, by Jelcyn wydał »wrogów narodu litewskiego«. Ja na jego liście znajdowałem się pod numerem piątym. Na tej podstawie podjąłem decyzję o odejściu". *Istorija w licach: Intierwju Michaiła Wasiljewicza Gołowatowa*, „Wietierany", 13.06.2008.

[10] *Gławnym trienierom sbornoj Rossii po swinbołu stał naczalnik Cientralnogo pogranicznogo kłuba FSB*, www.allsportinfo.ru, 30.12.2006.

8. ANDROPOW
ODRODZENIE KULTU

[1] *Na zdanii FSB snowa pojawiłsia profil Andropowa*, „Wieczierniaja Moskwa", 21.12.1999.

[2] C. Andrew, V. Mitrokhin, *The Mitrokhin Archive: The KGB in Europe and the West*, Gaardner Books, 1999.

[3] W 1968 roku skierował do KC KPZR notatkę dyrektora KGB „O zadaniach organów bezpieczeństwa państwowego w walce z ideologiczną dywersją przeciwnika" wzywającą do walki z dysydentami oraz ich imperialistycznymi mocodawcami. Patrz także: *Łubianka. Organy WCzK-OPGU-NKWD-NKGB--MGB-MWD-KGB.*1917-1991, Międzynarodowa Fundacja „Demokracja", 2003.

[4] V. Solovyov, E. Klepikova, *Yuri Andropov: A Secret Passage into the Kremlin*, Macmillan, 1983, strony 131–132.

[5] Początek kampanii tworzenia mitu Dzierżyńskiego jako wielkiego ekonomisty przypadł na czas wyboru Jurija Andropowa na stanowisko sekretarza generalnego KC KPZR. W 1982 roku czasopismo literackie „Znamia" opublikowało artykuł poświęcony pracy Dzierżyńskiego w Najwyższej Radzie Gospodarczej ZSRR. W roku 1987 zaczął się drugi etap mitotwórstwa – w związku ze 110. rocznicą urodzin Dzierżyńskiego w „Izwiestiach" został opublikowany obszerny artykuł Otto Łacisa zatytułowany *W nurcie rewolucji*. Teraz Dzierżyński przedstawiany był jako ideolog NEP-u: „Trudno jest przecenić rolę Dzierżyńskiego w odrodzeniu gospodarki kraju, w rozwoju praktycznego zastosowania idei Lenina rozrachunku gospodarczego, samofinansowania, planowania socjalistycznego". Na popularność Dzierżyńskiego pracowały również trzy blockbustery wyprodukowane przez KGB i pokazane w latach 80. radzieckim telewidzom.

[6] N. Patruszew, *Tajna Andropowa*, „Rossijskaja Gazieta", 15.06.2004.

[7] *Łużkow potwierdił swoje żełanije wiernut Fieliksa na Łubianku*, www.grani.ru, 14.09.2002.

[8] *Andropov's Ghost*, Radio Free Europe, 09.02.2009.

[9] Władimir Szulc: *Nasza zadacza, kak i prieżdie – priedotwratit priestuplenije*, „Nasza Włast: Dieła i Lica", nr 4 2001.

[10] Niektórzy mieli również osobiste powody, by przywrócić kult Andropowa. Kluczową rolę w jego karierze odegrała Karelia – przed Węgrami był tylko jednym z liderów partyjnych. Dlatego w lokalnym oddziale KGB/FSB świadomie krzewiono kult Andropowa oraz jego działalności w Karelii: zapewniało to regionowi specjalny status w oczach Moskwy. Przyjęło się uważać, że moskiewskie stanowiska Putin obsadzał głównie swoimi kolegami z Sankt Petersburga. W rzeczywistości było nie do końca tak. Obwód Leningradzki sąsiaduje z Karelią, a Karelia z kolei graniczy z Finlandią, co czyni z niej

nader ważny region. Oficerowie FSB służący w Karelii mają bardzo dobre kontakty ze swoimi kolegami z Sankt Petersburga. Niektórzy z nich (na przykład Nikołaj Patruszew, dyrektor FSB w latach 1999–2000) pracowali i w zarządzie karelskim, i w petersburskim. Wielu pułkowników i generałów zajmujących wysokie stanowiska w FSB służyło kiedyś w Karelii. Wśród nich Raszyd Nurgalijew (w roku 2000 został mianowany wicedyrektorem FSB, a w roku 2004 stanął na czele MSW), Wiaczesław Uszakow (w 2003 roku mianowany zastępcą dyrektora FSB), Władimir Anisimow (zastępca dyrektora FSB w latach 2004–2005) oraz Władimir Proniczew (w 2003 roku został dyrektorem Służby Granicznej FSB – funkcja odpowiadająca stanowisku pierwszego zastępcy dyrektora FSB).

[11] J. Andropow, *Izbrannyje reczy i stati*, 1979, s. 275.

[12] www.bukovsky-archives.net.

[13] *Rossijskije archiwy zakrywajutsia*, Radio Swoboda, 07.03.2008.

[14] *The Moscow Helsinki Group 30th Anniversary: From the Secret Files*, National Security Archive, 12.05.2006.

[15] *Russia Rejects Probe into Katyn Massacre*, Agence France-Presse, 30.01.2009.

[16] *Prieparirowannaja istorija, ili Piar po-czekistski*, Stowarzyszenie Memoriał, 16.03.2009.

9. POPRAWIĆ WIZERUNEK PROPAGANDOWA MASZYNA FSB

[1] Szczegółowo o udziale FSB w produkcji filmu „Numer identyfikacyjny" patrz: J. Jegieriewa, *Gry patriotów*, „Afisza", 6.12.2004.

[2] Kasetę z nagraniem przekazano do redakcji brytyjskiej gazety „The Independent", która opublikowała „przyznanie się" Gałkina. Patrz: H. Womack, *Russian Agents „Blew Up Moscow Flat"*, „The Independent", 6.01.2006.

[3] A. Sołdatow, I. Borogan, *Czekistskij zakaz na mify*, „Jeżedniewnyj Żurnal" i agentura.ru, 03.05.2006.

[4] J. Gładilszczykow, *Między „Dogville" a „Manderlay"*, „Russkij Żurnal", 30.12.2004.

[5] Pierwsze biuro prasowe KGB zostało utworzone z polecenia Andropowa w listopadzie 2009 roku (O. Chłobustow, *KGB bez upiększania. Lata 1954-1999*. www.proza.ru, 23.05.2007.) Według Olega Nieczyporienki, byłego oficera Zarządu Pierwszego (wywiadu zagranicznego), jego głównym

zadaniem nie było odpowiadanie na pytania dziennikarzy, tylko praca z nimi: „Biuro prasowe(...) pełniło(...) znacznie bardziej różnorodne zadania niż tylko kontakt z mediami. W szczególności pracowało ono z ludźmi pragnącymi napisać książkę albo stworzyć film na temat służb specjalnych. Autorzy przysyłali swoje prace (opowiadania, scenariusze, itd.) albo prosili biuro prasowe o pomoc z materiałami na ten temat. Zasadą było, że w swoich dziełach przedstawiali pozytywny obraz służb specjalnych", cyt. za: Oleg Nieczyporienko, *Bitwa z gołowoj kak gławnyj front*, „Soobszczenije" nr 4 2005.

[6] Ł. Nowikowa, M. Strawinskaja, *Położytielnyj opyt KGB*, „Kommiersant" 07.02.2006. O stosunku FSB do przywrócenia konkursu patrz również: S. Ignatczenko, Szef Centrum Kontaktów Społecznych FSB, *Nagroda FSB*, „Argumienty i Fakty", 06.04.2006, a także www.fsb.ru.

[7] A. Sołdatow, *Britancy nie ostawili kamnia na kamnie*, „Nowaja Gazieta", 26.01.2006.

[8] Szczegółowo o skandalu szpiegowskim patrz: J. Page, R. Beeston, *The „British" Spy Operation Found Lurking Under a Rock*, „The Sunday Times", 24.01.2006.

[9] W FSB uważają, że urządzenie, które dostało się w ręce rosyjskich służb specjalnych, wykorzystywane przez wywiad brytyjski w Moskwie, jest płodem supernowoczesnych technologii. Interfax, 26.01.2006. Patrz także strona FSB: www.fsb.ru.

[10] To, że FSB wzięła inny kamień, potwierdził Siergiej Ignatczenko, szef Centrum Kontaktów Społecznych FSB, na konferencji prasowej 23 stycznia 2006 roku. Interfax. Patrz także www.fsb.ru.

[11] O pozycji Putina w związku ze szpiegowskim skandalem z kamieniem patrz: S. Lee Myers, *Putin Says Foreigners Use Private Groups to Meddle in Russia*, „The New York Times", 26.01.2006.

[12] Szczegółowo o filmie dokumentalnym „Plan »Kaukaz«", patrz: *Russia: Documentary Alleges West Sought Chechen Secession*, Radio Liberty, 23.04.2008; *Film „Plan »Kaukaz«" osnowan na swidietielstwach uczastnikow sobytii*, RIA Nowosti, 25.04.2008.

[13] Specjalna komisja do pracy z mediami powstała w ramach Rady Konsultatywnej przy FSB. Rada ta składała się z byłych i czynnych oficerów wywiadu

zagranicznego. Komisja funkcjonowała stosunkowo krótko, ostatecznie została rozwiązana. Patrz: agentura.ru.

[14] Pełny tekst pieśni można znaleźć w zbiorze wierszy Wasilija Stawickiego „Sekrety duszy", wyd. AST, 1999.

[15] J. Krutikow, *Bieguszczyj człowiek*, „Izwiestia", 29.01.2001; J. Sniegrijew, *Kak chotieli wzorwat Wołżskuju TEC*, „Ogoniok" nr 52, styczeń 2001.

[16] J. Borodin, K. Wasilij, „Ogoniok" nr 52, styczeń 2011.

[17] Wywiad Sołdatowa z Trietiakowem, 19.03.2009.

[18] Aleksiej Michajłow, sekretarz prasowy FSB w latach 1994-1996, w marcu 2002 roku przyznał się Andriejowi Sołdatowi: „Z dezinformacją mamy do czynienia wtedy, gdy odnosi się bezpośrednio do przeciwnika, nie do społeczeństwa. A jeśli mowa o przeciwniku, to tak, operacja pomocy to operacja wpłynięcia na przeciwnika". Wywiad ten był opublikowany w: A. Sołdatow, *Ispowied dezinformatora s Łubianki*, „Wiersija", marzec 2002.

[19] Program telewizyjny „Wiesti", RTR Kanał 2, 24.09.1999.

[20] R. Arifdżanow, *A gorod nie znał, sztu uczienja idut*, „Sowierszenno Siekrietno" nr 6, czerwiec 2001.

[21] M. Łatyszewa, *Recidiwist spiecsłużb*, „Wiersija", 29.09.2003.

[22] M. Łatyszewa, *Biezzaszczytnyj adwokat*, „Wiersija", 29.10.2003. Triepaszkin spędził w więzieniu trzy lata; w sierpniu 2005 roku został warunkowo zwolniony, jednak prokuratura oprotestowała tę decyzję, sąd zmienił swoje postanowienie i Triepaszkin znów znalazł się w więzieniu. Na wolność wyszedł 30 listopada 2007 roku. Patrz: agentura.ru.

[23] J. Blinowa, *Gostajna propawszego tiraża*, „Niezawisimaja Gazieta", 29.01.2004.

[24] Zwolennicy wersji o uczestnictwie FSB w zamachach terrorystycznych przekonywali, że Aczemez Goczijajew, człowiek, którego FSB uznała za głównego podejrzanego w tej sprawie, był praworządnym biznesmenem, a FSB zrobiła z niego kozła ofiarnego i oskarżyła go o zamach terrorystyczny. W rzeczywistości Goczijajew od połowy lat 90. był osobą nader znaną w Karaczajo-Czerkiesji – liderem lokalnej grupy islamskiej. Wzrost popularności ruchu islamistycznego obserwowany był tam od początku lat 90. Republikański dżamaat podtrzymywał bliskie kontakty z bojownikami czeczeńskimi, a pod koniec lat 90. do Czeczenii został wysłany „karaczajewski batalion". Goczijajew, a także Adam Dekkuszew i Jusuf Krymsza-

machałow byli członkami Towarzystwa Muzułmańskiego nr 3 założonego w 1995 roku. Według danych rosyjskich służb specjalnych liczyło ono około 500 członków, a jego działalność terrorystyczna wyszła poza granice republiki. Wiosną 2001 roku miała miejsce seria zamachów terrorystycznych w Mineralnych Wodach, Jessentukach i Czerkiesskie. Jednego z zamachowców wkrótce złapano – okazał się nim członek Towarzystwa Muzułmańskiego Arasuł Chubijew. Następnie zatrzymano ponad 20 członków tej organizacji, niektórych podczas próby ucieczki do Gruzji. Aresztowania te jednak nie wpłynęły na aktywność towarzystwa. Jego członkowie przeprowadzili kilka głośnych samobójczych zamachów terrorystycznych w Moskwie, na stacji metra Pawieleckaja 6 lutego 2004 roku i w pobliżu stacji metra Riżskaja 31 sierpnia 2004 roku. Adam Diekkuszew i Jusuf Krymszamachałow zostali zatrzymani i przekazani Rosji. Pierwszego dnia procesu, który rozpoczął się w listopadzie 2003 roku, Jusuf Krymszamachałow częściowo przyznał się do winy: potwierdził, że kierował ciężarówką z materiałami wybuchowymi. Przyznał także, że przechodził szkolenia w obozie bojowników czeczeńskich. Co się tyczy Adama Diekkuszewa, ten potwierdził, że razem z Krymszamachałowem kierował jadącą do Moskwy ciężarówką heksogenu zapakowanego w worki z cukrem. Jednak twierdził, że nie wiedział o prawdziwej zawartości worków. W styczniu 2004 roku obaj zostali skazani na dożywocie. Źródło: agentura.ru, www.studies.agentura.ru.

[25] Ponieważ w Związku Radzieckim mnóstwo było miejsc, do których dostęp był ograniczony, możliwości zagranicznych korespondentów w pełni zależały od ich osobistych relacji z „opiekunami" z KGB. Siergiej Pismienskij, na początku lat 2000 zajmujący wysokie stanowiska w rosyjskim MSW, a latach 80. „opiekun" moskiewskich korespondentów niemieckich mediów, powiedział Irinie Borogan, że pozyskanie lojalności obcych dziennikarzy w czasach radzieckich nie było zbyt trudne: przecież pierwszy krytyczny materiał mógł zaprzepaścić wszystkie nadzieje jego autora na podróże po kraju oraz wywiady z wysoko postawionymi urzędnikami państwowymi.

[26] A. Igoriew, *Nasza rabota interiesniej szpionskich romanow*, „Gazieta", 06.05.2002.

[27] *Russian Authorities Deny British Journalist Entry Visa*, Committee to Protect Journalists, 5.06.2006.

[28] L. Harding, *To be a Journalist in Russia is Suicide*, „The Guardian", 24.06.2008.

[29] *Russia Refuses Journalist Entry*, www.bbc.com, 27.02.2008.

[30] Zarządzenie Federalnej Służby Bezpieczeństwa FR Nr 343 „O wniesieniu zmian w wykazie zatwierdzonym przez dekret prezydenta FSB Rosji z 14 września 2007 roku, z 15 lipca 2009 r.".

[31] A. Sołdatow, *FSB stawit żurnalistow na kontrol*, Jeżedniewnyj Żurnal, 16.02.2010.

10. METRO 2 TAJEMNICE PODZIEMNEGO ŚWIATA

[1] Szczegóły oraz mapy Metra-2 można zobaczyć na oficjalnej stronie moskiewskiego metra www.metro.ru/metro2.

[2] www.gusp.gov.ru.

[3] Dekret Prezydenta Federacji Rosyjskiej nr 349 z 09.03.1996.

[4] W. Baraniec, *U supiersiekrietnoj służby Rossii pojawiłas swoja emblema*, „Komsomolskaja Prawda", 12.04.2000.

[5] Dekret mera Moskwy nr 681, z 06.07.1998.

[6] J. Zajcew, Rozdział „Metro-2" strony Metra Moskiewskiego www.metro.ru.metro2/.

[7] *Wadim Michajłow otwieczajet na woprosy czytatielej interniet-wiersii gaziety „Izwiestija"*, www.online.izviestia.ru, 29.10.2002.

[8] O. Filin, *Diggery płaniety Andierground*, „Nowyj Akropol", styczeń 2002, www.newacropolis.ru.

[9] A. Sołdatow, *Maksirowka*, „Wiersija", 27.05.2002. Artykuł oraz mapę można znaleźć na www.agentura.ru.

[10] agentura.ru.

[11] G. Aleksandrow, *Siekrietnoje mietro. Speclinii i siegodnia prodołżajut stroit'*, „Argumienty i Fakty", 15.10.2008.

[12] www.rzhd.ru.

[13] S. Mironow, *Spiecsłużby*, „Kommiersant", 19.04.2006.

[14] *Stołknułas s gienierałom*, „Żyzń", 29.09.2008.

11. CISZA ZA MURAMI

WIĘZIENIE LEFORTOWSKIE

[1] W Lefortowie, głównym więzieniu stalinowskich służb specjalnych, praktykowało się szczególne podejście do więźniów. Na początku lat 30. czekiści wierzyli, że więzienie to skuteczna metoda wychowania. Urządzali nawet dla więźniów z Lefortowa wycieczki po rzece Moskwie. Ale podobne pomysły nie utrzymały się zbyt długo.

[2] I. Borogan, *Lefortowskij labirynt*, „Wiersija", 02.12.2002.

[3] Zgodnie z Raportem Zgromadzenia Parlamentarnego Rady Europy (PACE) „Wypełnienie zobowiązań i obowiązków Federacji Rosyjskiej" (dokument 10568). „Zgodnie z prawem całkowicie zostały przywrócone pełnomocnictwa do przeprowadzania dochodzenia, choć FSK, jedna z jej (FSB) poprzedniczek, przeprowadzała już dochodzenia w sprawach karnych na mocy dekretu prezydenckiego. Pod kontrolę służby wróciło 14 rosyjskich izolatorów śledczych oraz kilka oddziałów specjalnego przeznaczenia. W odróżnieniu od tego, co napisaliśmy w raporcie Zgromadzenia w roku 2002, izolator śledczy Lefortowo nie jest jedynym, z którego FSB korzysta; w rzeczywistości FSB, jako organ centralny, w którego skład wchodzą również lokalne pododdziały, dysponuje również izolatorami śledczymi na terytorium regionów". PACE, 03.06.2005.

[4] Debaty w PACE 25.01.1996 (szóste i siódme przesłuchanie). Patrz: Dok. 7443, raport komisji do spraw politycznych; i Dok. 7463, zdanie komitetu do spraw prawodawstwa oraz praw człowieka.

[5] PACE, dokument 10568: „W listopadzie 2004 roku podczas rozmowy z zastępcą dyrektora FSB panem Uszakowem powiedziano nam, że rekomendacji Zgromadzenia Parlamentarnego Rady Europy nie trzeba koniecznie zrealizować i że, uwzględniając przedstawione przez FSB odpowiednim resortom pełnomocnictwa, resort musi zachować instytucję aresztu tymczasowego gwarantującą wysoki poziom bezpieczeństwa umieszczonych pod strażą i przesłuchiwanych podejrzanych. Co więcej, Lefortowo było najlepszym izolatorem śledczym w kraju: choć przeznaczone było dla około 200 więźniów, nigdy nie przebywało w nim więcej niż 50 osób, przy czym każdy więzień miał prawo do 50 kilogramów dodatkowego wyżywienia miesięcznie. W rzeczywistości warunki bytowe w Lefortowie są na tyle dobre, że wielu więźniów prosi o przeniesienie ich do tego izolatora".

[6] Dekret Prezydenta Federacji Rosyjskiej nr 796 z 7 grudnia 2005 roku.

[7] A. Sołdatow, I. Borogan, *Kak FSB sdiełała wid, szto wiernuła tiurmy Minjustu*, „Jeżedniewnyj Żurnal", 12.01.2006.

[8] N. Matwiejewa, P. Orłow, *Wziatka pod grifom siekrietno*, „Rossijskaja Gazieta", 25.03.2008.

[9] Dekret Prezydenta Federacji Rosyjskiej nr 602 z dnia 12 lipca 2006 roku.

CZĘŚĆ II WALKA Z TERROREM

12. SZTURM NA „NORD-OST"

[1] Wiedza o działaniach terrorystów została zaczerpnięta z materiałów sprawy karnej nr 229 133, „Postanowienia o przerwaniu dochodzenia karnego" z 16 października 2003 roku oraz z Załącznika nr 133.

[2] 1 listopada 2002 roku Szamil Basajew opublikował na stronie separatystów Kavkazcenter dokument: *Abulla Szamil bierze odpowiedzialność na siebie*, w którym ogłaszał, że jest odpowiedzialny za organizację zamachu terrorystycznego w teatrze na Dubrowce.

[3] Szczegółowo o zamachu terrorystycznym w Budionnowsku: A. Higgins, *Chechens' Release Human Shields'*, „The Independent", 21.06.1995.

[4] Szczegółowo o wizycie Kobzona i Chakamady w centrum teatralnym na Dubrowce: M. Wines, *Hostage Drama in Moscow: The Moscow Front – Chechens Kill Hostages in Siege at Russian Hall*, „The New York Times", 25.10.2002.

[5] Patrz nekrolog Szamila Basajewa opublikowany w „The Times of London" 11.07.2006.

[6] Wywiad Andrieja Sołdatowa z Siergiejem Szawrinem: *Ot pobiedy do Biesłana*, „Moskowskije Nowosti", październik 2004.

[7] Patrz hasło: Zarząd „W" na www.agentura.ru.

[8] A. Sołdatow, *Ot pobiedy do Biesłana*, „Moskowskije Nowosti", październik 2004.

[9] Rozkaz podpisał prokurator generalny oraz całe kierownictwo MSW i FSB.

[10] I. Borogan, A. Sołdatow, *Miortwyje budut za żywych*, „Wiersija", 27.10.2002.

[11] A. Sołdatow, *Ot pobiedy do Biesłana*, „Moskowskije Nowosti", październik 2002.

[12] Świadectwo Borisa Mojsiejewicza Błochina, *„Nord-Ost". Niekonczennoje rassledowanije... Sobytija, fakty, wywody*. w: *Regionalnaja obszestwiennaja organizacija sodiejstwija zaszczytie postradawszych ot tierroristiczeskich aktow „Nord-Ost"*, 2006, s. 178.

[13] Dane o liczbie ofiar zaczerpnięte zostały ze strony www.nord-ost.org utworzonej przez rodziny ofiar.

[14] I. Borogan *Wragi gosudarstwa*, „Wiersija", 14.06.2003.

[15] Program *Odnako*, Program 1, 24.10.2002.

[16] Wywiad z Aleksandrem Zdanowiczem, Telekanała „Rossija", „Wiesti", 26.10.2002.

[17] A. Sołdatow, I. Borogan, M. Łatyszewa, A. Stawickaja, *Żurnalisty i tierrorizm, Cientr ekstriemalnoj żurnalistiki*, 2008.

[18] G. Chiesa, *Da Moscaduegiornalisti testimoni dell'attcco 'La versione ufficiale non corrisponde ai fatti' 'Il gas e' immeso alle 6,15 gli Alfa sono entrati 15 minuti dopo. L 'attaco deciso prima dell'esecuzione degli ostaggi*, „La Stampa", 28.10.2002.

[19] Patrz także: *OSCE media watchdog concerned over increased pressure on media in Russia*, 03.11.2002.

[20] A. Sołdatow, *Gieroj Rossii. Sistiema Nikołaja Patruszewa: posle tierroktow czekistow nie otprawlaut w otstawku, a nagrażdajut i powyszajut*, „Moskowskije Nowosti", 02.09.2004.

13. BIESŁAN ZEGAR NIE DZIAŁA

[1] Wywiad z prokuratorem generalnym Władimirem Ustinowem, Echo Moskwy, 06.07.2004.

[2] Szczegółowo: agentura.ru.

[3] Lista ofiar została opublikowana 26 lipca 2004 roku na stronie www.ingushetia.ru.

[4] W marcu 2004 roku Putin przeprowadził zasadniczą reorganizację rosyjskiego aparatu państwowego. Wszystkie służby federalne znalazły się

w jednej hierarchicznej strukturze: najwyższy status otrzymały ministerstwa, kolejny służby, pod nimi zaś znajdowały się agencje. Wewnętrzna struktura instytucji państwowych również uległa zmianie, m.in. departamenty zostały przemianowane na służby. Miało to bezpośredni wpływ na FSB – 11 lipca 2004 roku Putin podpisał dekret o zmianach, które miały zostać przeprowadzone w ciągu trzech miesięcy. To były trzy bardzo niespokojne miesiące: w dniach 21-22 czerwca bojownicy napadli na Inguszetię, 24 sierpnia szahidki porwały i w przestrzeni powietrznej Moskwy wysadziły dwa samoloty, 31 sierpnia szahidka wysadziła się w samej Moskwie i w końcu w dniach 1-3 września 2004 roku miał miejsce zamach terrorystyczny na szkołę w Biesłanie. Zgodnie z przyjętym w 1998 roku prawem walkę z terroryzmem w Rosji realizowało kilka resortów: FSB, MSW, SWR, FSO i Ministerstwo Obrony. Wiodąca rola przypadała FSB, służbie, w ramach której istniały – otrzymane w spadku po KGB – oddziały antyterrorystyczne. Tak było do 2003 roku, gdy na pierwszy plan wysunęło się MSW: pod kompetencje ministerstwa został przekazany Regionalny Sztab Operacyjny dowodzący operacjami antyterrorystycznymi na Kaukazie Północnym. W sierpniu 2003 roku siły antyterrorystyczne MSW zostały uzupełnione o utworzone przy departamencie do walki z przestępczością zorganizowaną i terroryzmem „Centrum-T". Sytuacja skomplikowała się jeszcze bardziej, gdy MSW objęła również kontrolą Zjednoczone Zgrupowanie Sił dowodzące wojskowymi operacjami w regionie. Patrz również: *The PSI Handbook of Global Security and Intelligence: National Approaches*, Praeger Security International, Santa Barbara 2008.

[5] Rozporządzenie Prezydenta Federacji Rosyjskiej nr 352-RPS z 2 sierpnia 2004 roku.

[6] W Budionnowsku (czerwiec 1995 roku), gdy terroryści zajęli szpital, na czele sztabu operacyjnego stanęli Siergiej Stiepaszyn, dyrektor FSB, oraz Wiktor Jerin, minister spraw wewnętrznych. Dwóch dowodzących – to realizacja polityki, zgodnie z którą jeśli terroryści żądają pieniędzy, można z nimi pertraktować jak z normalnymi przestępcami. W takim przypadku dowództwo nad sztabem operacyjnym przechodziło w ręce Ministerstwa Spraw Wewnętrznych. Patrz: *PSI Handbook of Global Security and Intelligence: National Approaches*, Praeger Security International, Santa Barbara 2008.

[7] *U bojewikow w Biesłanie było orużyje, pochiszczennoje so składa w Inguszetii*, RIA Nowosti, 10.09.2004.

[8] A. Politkovskaya, *Poisoned by Putin*, „The Guardian", 09.09.2004.

[9] „Siły, według danych Centrum Specjalnego Przeznaczenia, były wystarczające. Liczebność ich była wystarczająca" – z wystąpienia Walerija Andriejewa w sądzie. 47. posiedzenie Sądu Najwyższego Osetii Północnej w sprawie Kułajewa, 15.12.2005, „Prawda Biesłana", 15.12.2005.

[10] Raport Komisji Parlamentarnej do zbadania przyczyn i okoliczności zamachu terrorystycznego w mieście Biesłan, 2006. Patrz: agentura.ru lub Pravdabeslana.ru.

[11] Ibid.

[12] Program telewizyjny *TRK*, Pietierburg-Nowosti, 01.09.2004.

[13] 47. posiedzenie Sądu Najwyższego Osetii Północnej w sprawie Kułajewa, 15.12.2005, www.pravdabeslana.ru,15.12.2005.

[14] Wspomnienia członków komitetu Matki Biesłanu na temat spotkania z Władimirem Putinem w dniu 2 września 2005 roku, www.pravdabeslana.ru.

[15] A. Sołdatow, I. Borogan, *Biesłan: dień szturma*, „Moskowskije Nowosti", 06.09.2004.

14. WIĘCEJ GENERAŁÓW ZAGROŻENIE TERRORYSTYCZNE I ODPOWIEDŹ KREMLA

[1] J. Triegubowa, *Prioritiet Kremla – żyzń założnikow*, „Kommiersant", 25.10.2002.

[2] *Dumskije cientristy sczytajut nieswojewriemiennym sozdanije parłamientskoj komissii po rassledowaniju obsojatielstw tierakta w Moskwie*, ITAR-TASS, 29.10.2002.

[3] ibid.

[4] S. Jurijew, *Putin wstrietiłsia z Jawlinskim*, „Komsomolskaja Prawda", 30.10.2002.

[5] E. Worobiow i inni, *Otczot Komissii SPS*, 21.11.2002. Sprawozdanie zostało również opublikowane w prasie: *Szto eto było? Spasienije założnikow ili unicztożenije tierroristow?*, „Nowaja Gazieta", 21.11.2002.

[6] Wnioski raportu Organizacji Ofiar „Nord-Ostu", www.nord-ost.org, 29.12.2006.

[7] Ł. Kaftan, A. Gamow, *Putin rasskazał zapadnym żurnalistam o tieraktie*, „Komsomolskaja Prawda", 07.09.2004.

[8] *No Mistakes, Beslan Report Says*, BBC, 26.12.2005.

[9] *Sud amnistirował biesłanskich milicionierow*, „Nowaja Gazieta", 29.05.2004.

[10] J. Pietrowskaja, J. Grigorjew, D. Susłow, *Zakajew wział rejchstag*, „Niezawisimaja Gazieta", 30.01.2004.

[11] Wywiad dziennikarzy NTW z Nikołajem Patruszewem z 06.10.2004, nagranie wywiadu można znaleźć na stronach www.ntv.ru oraz www.fsb.ru.

[12] M. Lepina, *Ramzan Kadyrow pobiedił Abu Al-Walida*, „Kommiersant", 21.08.2003.

[13] www.fsb.ru, 25.09.2004.

[14] www.fsb.ru, 21.12.2004.

[15] Uchwała federalna nr 130-F3 „O walce z terroryzmem", podpisana przez Prezydenta Federacji Rosyjskiej Borysa Jelcyna 25 lipca 1998 roku.

[16] Uchwała federalna nr 35-F3 „O przeciwdziałaniu terroryzmowi" z 6 marca 1998 roku.

[17] A. Sołdatow, *Gieroj Rossii. Sistiema Nikołaja Patruszewa: posle tierraktow czekistow nie otprawlaut w otstawku, a nagrażdajut i powyszajut*, „Moskowskije Nowosti", 02.09.2004.

[18] S. Olifirowa, Z. Łubanowa, T. Putiłowa, *35 nieizwiestnych gierojew „Nord-Osta"*, „Komsomolskaja Prawda", 02.09.2004.

[19] Dekret Prezydenta Federacji Rosyjskiej nr 913 z 19 sierpnia 2004 roku „O Jeżkowie" oraz nr 941 z dnia 19 sierpnia 2004 roku „O Łabunce". Patrz także: J. Gawriłow, *Władimir Putin podpisał nieskolko ukazow, sieriozno izmieniwszych rasstanowku sił w „siłowych" wiedomstwach*, „Rossijskaja Gazieta", 20.06.2004.

[20] A. Sołdatow, *Tie że, tam że*, „Moskowskije Nowosti", 01.10.2004.

[21] *Prezidient Putin wstrietiłsia w Kriemle z wysszymi oficerami*, program telewizyjny „Zwiezda", 09.03.2007.

[22] J. Krutikow, Siergiej Smirnow: *Z licznym sostawom wsiegda szto-to proischodit*, „Izwiestia", 31.05.2000.

[23] Uchwała federalna z 3 kwietnia 1995 roku nr 40-F3 „Ob organach fiedieralnoj służby biezopasnosti w Rossijskoj Fiedieracii" przyjęta przed Dumę Państwową 22 lutego 1995 roku, artykuł 24.

[24] Wspólna uchwała Prokuratury Generalnej FR i FSB FR Nr 20-27/10 z 18 maja 2002 roku.

[25] A. Sołdatow, I. Borogan, *Nieprikasajemyje*, „Nowaja Gazieta", 07.05.2005.

[26] Władimir Putin, *Posłanije Fiedieralnomu Sobraniju Rossijskoj Fiedieracji*, 08.07.2000.

[27] Dmitrij Miedwiediew, mowa inauguracyjna, 07.05.2008. *Rossija dołżna prieodolet' prawowoj nigilizm*, RIA Nowosti, 07.05.2008.

15. LIKWIDACJE
FSB POZA GRANICAMI ROSJI

[1] P. Taubman, *Soviet Reports 9 Died in Hijacking of Jet by Family*, „The New York Times", 11.03.1988.

[2] I. Borogan, *Opasnyje igry. Nieizwiestnyje podrobnosti wzrywow FSB*, „Wiersija", 13.05.2002.

[3] I. Borogan, A. Sołdatow, *Spiecy po tierroru. FSB priewraszczajetsia w armiju*, „Wiersija", 22.12.2003.

[4] J. Szczekoczychin, *Bratwa płaszcza i kinżała*, „Nowaja Gazieta", 26.05.1998.

[5] Nazwy i szczegóły operacji przeprowadzanych przez oddziały specjalne autorzy znaleźli w oficjalnych i otwartych źródłach; poza tym wykorzystaliśmy wspomnienia oficerów bezpośrednio uczestniczących w tych operacjach, zwróciliśmy się także do naszych źródeł w MSW i FSB. Materiał na tej podstawie opublikowaliśmy w gazecie „Moskowskije Nowosti": *Tiażołyj fejs i drugije*, wrzesień 2004 roku. Skrócona wersja tekstu: RUSI/Jane's Homeland Security & Resilience, Monitor 4, nr 19, grudzień 2005/styczeń 2006. 19 maja 2006 roku autorzy opublikowali w „Nowej Gaziecie" rozszerzoną wersję tego materiału, w której znalazły się także komentarze deputowanych do Dumy Państwowej (z komitetu do spraw bezpieczeństwa), ekspertów oraz byłego oficera Centrum Specjalnego Przeznaczenia FSB.

[6] W. Poletajew, *Tri stiepieni gotownosti*, „Rossijskaja Gazieta", 19.08.2004.

[7] Wywiad autorów z pułkownikiem MSW, październik 2005

[8] A. Sołdatow, I. Borogan, *Borba s tierrorizmom: likwidatory*, „Nowaja Gazieta", 19.01.2006.

[9] W. Izmajłow, *Gruppa SS-12*, „Nowaja Gazieta", 12.08.2004; *Chechnya: Disappearances and Extrajudical Killings in Sernovodsk and Other Villages of the Sunzha District of Chechnya*, International Helsinki Federation for Human Rights, lipiec-sierpień 2004.

[10] M. Franchetti, *Russian Death Squads „Pulversize" Chechens*, „The Sunday Times", 26.04.2009.

[11] A. Sołdatow, *Ot pobiedy do Biesłana*, „Moskowskije Nowosti" , 04.10.2002.

[12] B. Andriejew, *Jego chotieli wziat' żywym?*, „Komsomolskaja Prawda" , 09.03.2005.

[13] *Death Squads on the North Caucasus: Summer 2009*, strona internetowa Memoriału: www.memo.ru.

[14] M. Franchetti, *Dirty War Rages on Russia's Step*, „The Times", 20.09.2009.

[15] *Letter to Yuri Chaika, Prosecutor General of the Russian Federation Regarding Recent Disappearences in Dagestan*, Human Rights Watch, 23.10.2009.

[16] Wywiad autorów, 2005 rok.

[17] A. Sołdatow, I. Borogan, *Borba s tierrorizmom: likwidatory*, „Nowaja Gazieta", 19.01.2006.

[18] *Rossijskaja sistiema priedotwraszczenija tieraktow: spustia god posle Biesłana, Issledowatelskij centr*, agentura.ru, www.studies.agentura.ru, wrzesień 2005.

[19] *Sdacza w plen Magomieda Chambijewa – riezultat spiecopieracii soprowożdawszejsia zachwatom założnikow*, „Memoriał", 10.03.2004.

[20] *Chechnya 2004: Kidnappings and Disappearing of People*, Memoriał, www.memo.ru. Porównaj także: A. Kramer, *Chechnya is Gripped by Political Kidnappings*, „The New York Times", 19.07.2009.

[21] *Chechnya, 2004: New Methods Of Anti-Terror*, Bulletin of Human Rights Center Memorial, www.memo.ru/hr/hotpoints/caucasl/msg/2005/03/m33236.htm.

[22] Emir Magas, *This is War Between Ismal and Kurf [Infidel]*, Kavkazcenter.com, 04.11.2006.

[23] N. Krainova, *Suicide Bomber Kills 2 Police in Chechnya*, „The Moscow Times", 15.05.2009.

[24] *Chechen War Over: Russia*, ABC News, 16.04.2009.

16. ŚMIERĆ W KATARZE
ZABÓJSTWA NA ŚWIECIE

[1] M.N. Katz, *Russia and Qatar*, MERIA 2, nr 4, grudzień 2007 roku.

[2] M. Muradow, *Zelimchan Jandarbijew popal w czornyj spisok OON*, „Kommiersant", 27.06.2004.

[3] B. Baranow, *Borba z tierrorom po szariatu*, „Rossijskaja Gazieta", 27.02.2004.

[4] M. Zygar, *Siergieja Iwanowa podszyli k diełu*, „Kommiersant", 13.04.2004; *Qatar Opens Trial in Yandarbiyev Murder*, Agence France-Presse, 12.04.2004; *The Qatari Police Claims are Also Reported in Tim Parfitt: Russian Agents Face Conviction for Chechen Assassination*, „The Daily Telegraph", 16.05.2004.

[5] Szczegóły dotyczące działań funkcjonariuszy służb specjalnych zaczerpnięte zostały z publikacji *Order to Kill Yandarbiyev Issued by Sergei Ivanov*, Kavkazcenter.com, 01.06.2004. Strona ta prowadzona jest przez separatystów czeczeńskich, nie było możliwości sprawdzenia umieszczonych na niej informacji. Poza tym korzystaliśmy z tekstu *The Assassination of Zelimkhan Yandarbiyev: Implications for the War on Terrorism*, The Jamestown Foundation, 17.05.2005, a także reportaży z gazety „Kommiersant".

[6] M. Zygar, *Siergieja Iwanowa podszyli k diełu*, „Kommiersant", 13.04.2004.

[7] A. Złobin, *Waszyngton rasskażet Moskwie o postsowieckom prostranstwie*, „Wriemia Nowostiej", 22.03.2004.

[8] *Yandarbiyev Assassination: Still More Questions Than Answers*, The Jamestown Foundation, 23.03.2004.

[9] *Russia's Media Loss*, UPI, 02.06.2004.

[10] *Obmien ariestowannymi w Dochie i Moskwie niewozmożen: dipłomaticzeskij istocznik w rossijskoy stole*, ITAR-TASS, 02.03.2004.

[11] Zgodnie z informacją AFP: „W toku incydentu, który przekształcił się w skandal dyplomatyczny między Katarem a Rosją, Katar pod koniec zeszłego miesiąca wydalił z kraju pierwszego sekretarza rosyjskiej ambasady, wcześniej zatrzymanego razem z innymi Rosjanami podejrzewanymi o zabójstwo Jandarbijewa, który zginął w wyniku eksplozji samochodu. Informacji o jego odesłaniu do Rosji udzielono kilka godzin po powrocie do Dauhy dwóch obywateli Kataru wypuszczonych z moskiewskiego więzienia". *Russia to Respect Qatari Court Verdict*, 20.04.2004.

[12] M. Zygar, M. Muradow, *W tiszynie dwa miesiaca*, „Kommiersant", 27.04.2004.

[13] J. Al Harmi, *Two Russian Intelligence Officers Sentenced to Life in Prison in Assassination of Chechen Rebel Leader*, AP, 30.06.2006.

[14] M. Zygar, *Katarskich uznikow wozwraszczajut na rodinu*, „Kommiersant", 11.11.2004.

[15] T. Parfitt, *Qatar Hands Back Moscow Agents Jailed for Murder*, „The Daily Telegraph", 16.01.2005.

[16] *Qatar Meets Russia's Request to Hand Over Two Citizens*, Bahrain News Agency, 24.12.2004.

[17] *Gierojew dadut?*, „Kommiersant", 24.12.2004.

[18] T. Parffit, *Qatar Hands Back Moscow Agent Jailed for Murder*, 16.01.2005.

[19] *Whereabouts of Yandarbiyv's Accused Killers Unknown*, The Jamestown Foundation, 22.02.2005.

[20] P. Jewdokimow, *Brejd-wympieł KGB (po wspominanijam gienierała Jurija Drozdowa, naczalnika Uprawlenija „S" (nielegalnoj razwiedki), w strukturu kotorogo wchodził otriad „Wympieł"*, Spiecnaz Rossii, 01.08.2009, www.fsb.ru.

[21] *Putin postawil spiecłużbam zadaczu najti i uniczożyt' wsiech ubijc sotrudnikow rossijskogo posolstwa w Irakie*, ITAR-TASS, 28.06.2006.

[22] *Spiecsłużby sdiełajut wsio, sztoby pojmat' ubijc dipłomatow*, www.vesti.ru, 28.06.2006.

[23] A. Sołdatow, *U FSB prosto nie ostołos' sił*, „Nowaja Gazieta", 10.07.2006.

[24] *FSB budiet łowit' tierroristow za graniciej*, Oficjalna strona partii Jedna Rosja: www.edinros.ru, 06.06.2006.

[25] Uchwała Federalna Federacji Rosyjskiej z 27 lipca 2006 roku, nr 153-F3 „O wniesienii izmienienij w otdielnyje zakonodatielnyje akty Rosijskoj Fiedieracji w swiazi z priniatijem Fiedieralnogo zakona" „O ratifikacii Konwiencii Sowieta Jewropy o priedupriеżdienii tierrorizma" oraz Uchwały federalnej „O protiwodiejstwii tierrorizmu". Postanowienie Rady Federacji z 7 lipca 2006 roku, nr 219-SF „Ob ispolzowanii formirowaniij Woorużenych Sił Rossijskoj Fiedieracii i podrazdieleniij spiecialnogo naznaczenija za priediełami tierritorii Rossijskoj Fiedieracii w celach priesieczenija mieżdunarodnoj tierroristiczeskoj diejatielnosti".

[26] *Hamzat Gicba był szurinom Szamila Basajewa*, Kavkazkij Uzieł (agencja prasowa założona przez stowarzyszenie Memoriał), 18.08.2007.

[27] *Jego ublili priszłyje*, Prague Watchdog, 01.08.2008; *North Caucasus Rebels Seek to Expand into Abkhazia, South Ossetia, and Azerbaijan*, The Jamestown Foundation, 26.09.2008.

[28] Wywiad autorów z abchaskim urzędnikiem, wrzesień 2007.

[29] S. O'Neill, *Baikal: The Gangster's Gun*, „The Times", 21.07.2008.

[30] *Chechen Refugees in Azerbaijan Ask for Help*, The Jamestown Foundation, 11.01.2007.

[31] *Europe and Central Asia. Summary of Amnesty International's Concerns in the Region*, lipiec-grudzień 2006; *Prawozaszczytniki triebujut nakazat ubijc bieżenca iz Czeczni*, Agencja informacyjna Kawkazskij Uzieł, 14.04.2007.

[32] A. Sołdatow, I. Borogan, *Likwidatory. Prawiła powiedienija likwidacii za rubieżom*, „Nowaja Gazieta", 13.12.2007.

[33] Wywiad autorów z oficerem MSW, który chciał pozostać anonimowy, październik 2008 roku; A. Sołdatow, I. Borogan, *Likwidatory. Prawiła powiedienija likwidacii za rubieżom*, „Nowaja Gazieta", 13.12.2007.

[34] *Dubai Police Chief Says Criminal Group Behind Yamadayev's Murder*, RIA Nowosti, 31.03.2009.

[35] *Itanbul'da gizli Zezen zirvesi*, „Sabah", 21.03.2009.

[36] *French Intelligence to Help Turkish Secret Service to Investigate Russian Hitmen Murders*, www.axisglobe.com, 23.03.2009.

[37] A. Sołdatow, I. Borogan, *Tri towariszcza iz FSB*, 15.12.2003.

[38] Global Security: Russia, second report of session 2007–2008, House of Commons, Foreign Affairs Committee, 07.11.2007.

17. POWRÓT SZPIEGÓW
WYWIAD FSB

[1] Uchwała federalna z 3 kwietnia 1995 roku nr 40-F3 „O organach Federalnej Służby Bezpieczeństwa w Federacji Rosyjskiej".

[2] A. Sołdatow, *Skolko u nas razwiedok*, „Wiersija", 10.06.2002.

[3] N. Poroskow, *U razwiedczikow mirnoj żyzni nie bywajet*, „Wriemia Nowostiej", 19.12.2003.

[4] Zgodnie z raportem Conflict Studies Research Center przy Akademii Wojskowej w Wielkiej Brytanii „brak służb wywiadowczych we wszystkich byłych

republikach radzieckich był o wiele poważniejszym problemem niż słabość ich organów bezpieczeństwa. Aparat wywiadu Związku Radzieckiego nie wymagał dużej ilości kadr operacyjnych w republikach... Wszystkie operacje były planowane, przeprowadzane i kontrolowane z Moskwy. Fragmenty ogólnej „mozaiki" były wysyłane do Moskwy, gdzie przeprowadzano niezbędne analizy i podejmowano adekwatne decyzje. W okresie postsowieckim organy wywiadowcze poszczególnych republik miały czasami możliwość wglądu w to, co dzieje się u sąsiadów, ale nie miały środków ani do działania w bardziej oddalonych krajach, ani śledzenia wydarzeń w świecie". G. Bennett, *The SVR: Russia's Intelligence Service*, Sandhurst, UK: Conflict Studies Research Center, marzec 2000 roku.

[5] Uchwała federalna nr 86-F3 z 30 czerwca 2003 roku.

[6] A. Sołdatow, *Wojska priewraszczajutsia w organy*, „Moskowskije Nowosti", październik 2004; A. Sołdatow, *Skolko u nas razwiedok*, „Wiersija", 10.06.2002; A. Sołdatow, I. Borogan, *Naszy spiecsłużby na tieritorii bywszego Sojuza*, „Nowaja Gazieta", 27.03.2006.

[7] R. Jakowlewskij, *Gienierał Uszakow wychodzit na swiaz'*, „Biełorusskaja Diełowaja Gazieta", 02.04.2003.

[8] A. Stchiwo, *X:files: Jurije Roszka-1. Portriet odnogo politiczeskogo trupa*, „Mołdawskije Wiedomosti", 03.04.2009.

[9] O. Dżemal, *Wybor „Kałasznikowa"*, „Nowaja Gazieta", 04.11.2004.

[10] *Gława FSB Patruszew: w Bratisławie gotowitsia swierżenije Łukaszenko i riewolucija w Biełorusii*, NEWSru.com, 12.05.2005; *Belarus: NGOs Deny Plot to Overthrow Govt*, IPS News, 14.05.2005.

[11] D. Miniejew, *U niżniegorodskich czekistow – nowyj naczalnik*, „Komsomolskaja Prawda", 10.06.2009.

[12] Bardziej szczegółowe informacje na ten temat oraz wizerunek emblematu znajdują się w części poświęconej DOI na www.agentura.ru.

[13] CIS Antiterrorism Center: *Marking Time in Moscow, Refocusing on Bishkek*, Institute for Advanced Strategic and Political Studies, 03.11.2002. Zdaniem grupy analityków izraelskich pracujących w Waszyngtonie „podobny system kontroli zawiera w sobie ukrytą groźbę skierowaną przeciwko krajom WNP, które stają się polem działalności rosyjskiego resortu bezpieczeństwa".

[14] Informacja o Centrum Antyterrorystycznym WNP na stronie agentura.ru. Latem 2007 roku Armien Zacharian, przedstawiciel Armenii w Centrum

Antyterrorystycznym, powiedział autorom tej książki, że wysłano go do Moskwy, po tym jak pokłócił się z naczelnikiem Służby Bezpieczeństwa Narodowego Armenii.

[15] Nikołaj Patruszew: *Spiecsłużby dołżny rabotat na opierieżenije*, „Niezawisimaja Gazieta", 23.08.2005.

[16] *Gława Antiterrosticzeskogo cientra SNG: Naibolieje sierioznaja tierroristiczeskaja ugroza dla stran SNG ischodit s tierritorii Afganistana*, ITAR-TASS, 19.10.2005.

[17] S. Grey, *Ghost Plane: The True Story of the CIA Torture Program*, St. Martin's Press, NY, 2006; patrz również: F.A. Clements, *Conflict in Afghanistan: A Historical Encyclopedia*, Santa Barbara, 2003, s. 260-261.

[18] USA również pomagały: Islamski Ruch Uzbekistanu w roku 2001 został umieszczony na liście międzynarodowych organizacji terrorystycznych. W maju 2002 roku nowe proamerykańskie władze Afganistanu wydały pierwszych ośmiu członków IDU Uzbekistanowi. *Uzbekistan: There's No Place Like Home*, www.eurasianet.org, 18.09.2002.

[19] *Aliszer Usmanow etapirowan iz Kazani w Uzbekistan*, RIA Nowosti, 24.10.2005.

[20] A. Sołdatow, I. Borogan, *Spiecsłużby bywszego Sojuza – na tierritorii Rossii*, „Nowaja Gazieta", 27.02.2006. Jako pierwsze taktykę tę zastosowały władze Turkmenistanu. Zgodnie z informacją rosyjskich obrońców praw człowieka w połowie lat 90. w ambasadzie Turkmenistanu w Moskwie istniał specjalny oddział zajmujący się porywaniem turkmeńskich dysydentów. Na czele tego oddziału stał pierwszy sekretarz ambasady Rachman Ałłakow. Źródło: *Turkmenistan/Rossija: kto stoit za napadienijem na Awdi Kulijewa?*, Memoriał, 15.08.2003. W roku 2002 w Moskwie próbowano porwać Ramina Nagijewa, podpułkownika Ministerstwa Bezpieczeństwa Narodowego Azerbejdżanu, informatora, który w 1998 roku uciekł do Moskwy.

[21] O szczegółach tych poinformowali adwokaci Iskandarowa Karinna Moskalenko i Anna Stawicka.

[22] I. Borogan, *S takimi druzjami wragow nie nado*, Jeżedniewnyj Żurnał, 27.11.2008.

[23] I. Borogan, *GB biez granic*, „Nowaja Gazieta", 21.08.2008.

[24] Normative Documents: Shanghai Convention on Combating Terrorism, Separatism, And Extremism, www.ecrast.com.

[25] *Canada Angry at Uighur Sentence*, BBC, 20.04.2007.

[26] *China Bans Falun Gong*, Xinhua News Agency, 22.06.1999.

[27] *Timeline of Illegal Expulsions of Refugees from Russia to the Countries of Their Origin, Report by Elena Ryabininia*, Program of Assistance to Political Exiles from Central Asia of the Civic Assistance Committee.

[28] *Hizbut-Tahrir, IMU Try to Spread Their Activity to Russia*, www.uzreport.com, 02.04.2008.

18. WOJNA W SIECI HAKERZY PATRIOCI

[1] Narodowy Komitet Antyterrorystyczny (NAK) powstał wiosną 2006 roku jako część FSB (i pod kierownictwem dyrektora FSB). Zespół ten tworzyło 300 oficerów FSB. Podstawową misją była koordynacja wszystkich antyterrorystycznych przedsięwzięć i operacji na poziomie federalnym.

[2] A. Sołdatow, *Kibier-siurpriz*, „Nowaja Gazieta", 31.05.2007.

[3] Głos Ameryki, 16.12.1999.

[4] Masza Ejsmont została zatrzymana i przeszukana na moskiewskim lotnisku Wnukowo po powrocie z Czeczenii 25 grudnia 1999 roku. Oskarżono ją o przemyt narkotyków, ale wypuszczono po pięciu dniach. Babicki przepadł w Czeczenii 15 stycznia 2000 roku. Na początku władze rosyjskie ogłosiły, że nie mają informacji o jego miejscu pobytu, ale 28 stycznia przyznały, że jest zatrzymany i znajduje się pod strażą. FSB przedstawiła mu zarzuty „uczestnictwa w nielegalnej formacji zbrojnej", po czym wymieniła Babickiego na dwóch żołnierzy rosyjskich pochwyconych przez Czeczenów. W taki oto sposób odpowiedzialność za dalsze losy dziennikarza została przekazana w ręce bojowników. Ani rosyjskie, ani zagraniczne media, ani światowe agencje informacyjne nie uwierzyły w tę wersję i żądały wyjaśnień. Ostatecznie Babicki został uwolniony i 25 lutego znalazł się w Dagestanie. Szczegóły historii Babickiego: A. Pronin, *Obmien s dopłatoj*, „Kommiersant-Własť", 15.02.2000, a także konferencja prasowa Babickiego, Federal News Service, agentura.ru, 07.03.2000.

[5] *Chechnya: Rebels Use Internet in Propaganda War with Russians*, Radio Swoboda, 05.05.2000.

[6] A. Mursalijew, *S Lermontowym napieriewies*, „Kommiersant-Własť", 07.09.1999.

[7] *Tomskije hakiery tri goda wiedut informacionnuju wojnu protiw czeczenskich ekstremistow*, NEWSru.com, 30.10.2002.

[8] *FSB nie sczytajet hakierow hakierami*, Interfaks, 02.02.2002; *FSB nie widit naruszenija zakona w diejstwijach tomskich hakierow protiw sajta Kawkaz-Centr*, NEWSru.com, 04.02.2002.

[9] Bardziej szczegółowe informacje o FAPSI można znaleźć na stronie www.agentura.ru.

[10] Bazy w Zatoce Kamran oraz w Lourdes na Kubie zostały zamknięte w 2002 roku.

[11] Federation of American Scientists, Secrecy Project, FAPSI profile, www.fas.org.

[12] A. Sołdatow, *FAPSI – obszczestwiennosti: „Mieńsze znajesz, kriepcze spisz"*, „Siegodnia" 02.12.1999.

[13] Były szef Zarządu Trzeciego FAPSI Władisław Szerstiuk w roku 1999 stanął na czele komisji do spraw bezpieczeństwa informatycznego Rady Bezpieczeństwa FR. Koncepcja wrogiej inwazji jako podstawowego zagrożenia Rosji w sferze internetu stała się istotną częścią rosyjskiej doktryny wojny informacyjnej. W roku 1997 Władimir Markomienko, ówczesny zastępca dyrektora FAPSI i jedyna oficjalna osoba, która wypowiedziała na głos rosyjską doktrynę wojny informacyjnej, przekonywał, że „wojna informacyjna" składa się z czterech etapów:

1. zniszczenie infrastruktury systemu obrony przeciwnika, jego systemów informacyjnych i telekomunikacyjnych (walka radioelektroniczna);
2. przejęcie informacji przekazywanych kanałami łączności (wywiad radioelektroniczny), a także analiza źródeł jawnych;
3. włamywanie się do zasobów informatycznych przeciwnika;
4. walka o wpływ na opinie społeczeństwa drogą rozprzestrzeniania kanałami informacyjnymi albo sieciami globalnymi dezinformacji lub informacji tendencyjnej, których celem jest wpłynięcie na oceny, poglądy i orientacje narodu i osób podejmujących decyzje (wojna psychologiczna).

Patrz rozdział FAPSI na stronie agentura.ru.

[14] Gleb Pawłowski – urodzony w 1951 roku na Ukrainie były radziecki dysydent i więzień łagrów, rosyjski politolog. W czasie pierwszej i drugiej

kadencji doradca prezydenta Rosji Władimira Putina, wcześniej zaś jego poprzednika na tym stanowisku – Borysa Jelcyna. Dyrektor i twórca Fundacji Efektywnej Polityki. Obecnie krytyk rosyjskich władz.

[15] N. Hodge, *Kremlin Launches „School of Bloggers"*, www.wired.com, 27.05.2009.

[16] J. Czernienko, D. Gusiewa, *Napriażenije w Sieti*, „Russkij Newsweek", 17.08.2009.

[17] W roku 2004 strona Kavkazcentr.org zaczęła działać na serwerze w Szwecji: przeniosła się tam z Litwy, gdzie została zamknięta przez miejscowe władze na podstawie oskarżenia o podżeganie do nienawiści narodowej w związku z publikacją listu Szamila Basajewa, w którym wziął on na siebie odpowiedzialność za zamach terrorystyczny na szkołę w Biesłanie.

[18] *Monitoring of Violations of Journalist's Rights, Coverage of Events in Chechnya*, Center for Journalism in Extreme Situations, www.cjes.ru, październik 2005.

[19] A. Sołdatow, *Tierror: ocienka ugrozy*, „Bolszaja Politika", kwiecień 2006, www.agentura.ru.

[20] A. Bright, *Estonia Accuses Russia of „Cyberattack"*, „Christian Science Monitor", 17.05.2007.

[21] *Estonija nie naszła sled Kriemla w atakach hakierow*, www.lenta.ru, 06.09.2007.

[22] A. Greenberg, *When Cyber Terrorism Becomes State Censorship*, „Forbes", 14.05.2008.

[23] *Pro-Russian Cyber Attack Hits Lithuania: Regulator*, Agence France-Presse, 30.06.2008.

[24] Project Grey Goose („Szara Gęś") to inicjatywa analizy jawnych źródeł uruchomiona 22 sierpnia 2008 roku przez grupę specjalistów i akademików z obszaru bezpieczeństwa internetowego w celu analizy cyberwojny, którą prowadzili rosyjscy hakerzy przeciwko internetowym stronom gruzińskim.

[25] *Russia/Georgia Cyber War – Findings and Analysis* (przedstawiony autorom przez Rafała Rogożyńskiego), Project Grey Goose: Phase I Report, 17.10.2008.

[26] D. Danchev, *Coordinated Russia Vs Georgia Cyber Attack in Progress*, ZDnet, 11.08.2008.

[27] A. Maplas, *British Diplomat Quits Amid Sex Tape Scandal*, „The Moscow Times", 10.07.2008.

[28] *U.S. Protest Russian „Sex Tape" Used to Smear American Diplomat*, ABC News, 23.09.2009; K. Hatcher, *U.S. Complains to Russia About „Sex Tape" Smear Campaign Against American Diplomat*, Huffington Post, 23.10.2009.

ZAKOŃCZENIE

[1] *Medvedev: Terrorist Bombers Are Animals*, UPIS, 30.03.2010.

[2] Uchwała Prezydenta Federacji Rosyjskiej z 21 grudnia 1993 roku nr 2233 „O likwidacji Ministerstwa Bezpieczeństwa Federacji Rosyjskiej i utworzeniu Federalnej Służby Kontrwywiadu Federacji Rosyjskiej" („Ob uprazdnienii Ministierstwa biezopasnosti Rossijskoj Fiedieracii i sozdanii Fiedieralnoj służby kontrrazwiedki Rossijskoj Fiedieracii").

SPIS TREŚCI

Wstęp. Czekiści i arystokraci 5

Wstęp do polskiego wydania.
Kto zaczął nową zimną wojnę 11

CZĘŚĆ 1. FSB ODZSYSKUJE SIŁY

Wstęp 23

1. Świt nowej ery 29
2. Przyjaciele na stanowiskach 44
3. Tego wymaga interes państwa 56
4. Wewnętrzne zagrożenie 73
5. Namierzając ekstremistów 88
6. Nagroda za służbę 101
7. Kibice z pagonami 110
8. Andropow 118
9. Poprawić wizerunek 129
10. Metro 2 147
11. Cisza za murami 155

CZĘŚĆ 2. WALKA Z TERROREM

12. Szturm na „Nord-Ost” 167
13. Biesłan 184
14. Więcej generałów 193
15. Likwidacje 207
16. Śmierć w Katarze 220
17. Powrót szpiegów 236
18. Wojna w sieci 255

Zakończenie 267
Podziękowania 281
Przypisy 285